# Digitales Neuland

Thomas Becker Carsten Knop
(Hrsg.)

# Digitales Neuland

Warum Deutschlands Manager jetzt Revolutionäre
werden

*Herausgeber*
Thomas Becker
Frankfurt am Main
Deutschland

Carsten Knop
Frankfurt am Main
Deutschland

ISBN 978-3-658-09691-5  ISBN 978-3-658-09692-2 (eBook)
DOI 10.1007/978-3-658-09692-2

Die Deutsche Nationalbibliothek verzeichnet diese Publikation in der Deutschen Nationalbibliografie; detaillierte bibliografische Daten sind im Internet über http://dnb.d-nb.de abrufbar.

Springer Gabler
© Springer Fachmedien Wiesbaden 2015


*Lektorat:* Eva-Maria Fürst

Gedruckt auf säurefreiem und chlorfrei gebleichtem Papier

Springer Fachmedien Wiesbaden ist Teil der Fachverlagsgruppe Springer Science+Business Media
(www.springer.com)

# Die Idee zu diesem Buch

Die Herausgeber beschäftigen sich seit Jahren mit dem Thema der Digitalisierung und deren Auswirkungen auf die Wirtschaft: Carsten Knop in seiner journalistischen Tätigkeit als verantwortlicher Redakteur für Wirtschaftsberichterstattung und Unternehmen, Thomas Becker als Personalberater mit dem Schwerpunkt in der Besetzung von Führungs-, Vorstands- und Aufsichtsratspositionen in den Bereichen Technologie und Digitalisierung. Die auslösende Anregung zu diesem Buch kam durch eine Veranstaltung, zu der Thomas Becker und Russell Reynolds Associates im Jahr 2014 Aufsichtsräte deutscher Dax-Unternehmen eingeladen hatten. Das Thema lautete: Wie digital sind unsere Aufsichtsräte? Carsten Knop berichtete in einem Beitrag für die „Frankfurter Allgemeine Zeitung" über diese Veranstaltung. Aufgrund der sehr positiven Resonanz entstand gemeinsam mit dem Verlag Springer Gabler die Idee zu diesem Buch.

In dem Buch „Digitales Neuland – Warum Deutschlands Manager jetzt Revolutionäre werden" wollen die Herausgeber Vorstandsvorsitzende deutscher Dax-Konzerne sowie Familienunternehmen über deren Ideen und Konzepte zu Industrie 4.0 zu Wort kommen lassen. Darüber hinaus beschreiben zwei Manager aus dem Bankenbereich den Weg ihrer Banken in das digitale Neuland. Aber auch der Bereich Lehre und Forschung muss in einem so zukunftsweisenden Thema eingebunden sein. Prof. Dr. Peter Buxmann von der Technischen Hochschule Darmstadt beschreibt in seinem Beitrag neue Geschäftsmodelle für die Future Internet Economy und Frau Professor Isabell Welpe von der TU München geht in ihrem Beitrag auf die Führung im digitalen Zeitalter ein.

Das Buch erhebt keinen Anspruch auf eine komplette Abdeckung aller Industriebereiche. Es soll zeigen, wie die deutsche Industrie und deren Chefs das Thema angehen, um auch künftig eine führende Rolle in ihrem jeweiligen Industriesegment einzunehmen. Sie müssen dazu ihre Organisation revolutionieren, das heißt neue Organisationsformen etablieren, agile Teams formen, neues Denken zulassen und alte Geschäftsmodelle über Bord werfen.

Die Herausgeber wollen mit diesem Buch einen Beitrag leisten, die Wichtigkeit dieses Themas zu beleuchten. Wir sind der Meinung, dass es „fünf vor zwölf" ist: Politik, Wirtschaft und Gesellschaft müssen das Thema jetzt gemeinsam nach vorne tragen.

Frankfurt am Main im Sommer 2015                                    Thomas Becker
                                                                   Carsten Knop

# Inhalt

# Die Herausgeber

 **Thomas Becker** wurde am 18. Juli 1959 in Mainz geboren. Nach seinem Abitur studierte er in Darmstadt und Mainz Betriebswirtschaftslehre mit dem Schwerpunkt Wirtschaftsinformatik.

Nach dem Studium war Thomas Becker ab 1984 in unterschiedlichen Führungspositionen im Vertriebs- und Marketingbereich bei IBM Deutschland tätig. In seiner letzten Aufgabe verantwortete er als Direktor der IBM Deutschland die nationale und internationale Betreuung namhafter Unternehmen der Finanzbranche.

1996 wechselte er zu Russell Reynolds Associates, einem international tätigen Unternehmen im Bereich Executive Search. 1999 wurde er zum Partner des Unternehmens ernannt. Thomas Becker berät Unternehmen in der Besetzung von Führungs-, Vorstands- und Aufsichtsratspositionen. Seine inhaltlichen Schwerpunkte liegen in den Bereichen Technologie, Digitalisierung (alle Industrien) sowie in kaufmännischen und Finanzpositionen. Darüber hinaus ist er seit mehreren Jahren für die Partnerschaften mit zwei globalen Technologiemarktführern verantwortlich.

Thomas Becker war als Country Manager für das deutsche Geschäft von Russell Reynolds Associates verantwortlich und ist heute neben seiner Beratertätigkeit Vorstandsmitglied der deutschen Landesorganisation der Association of Executive Search Consultants (AESC) und ebenso Mitglied in deren European Council.

**Carsten Knop** wurde am 10. Februar 1969 in Dortmund geboren. Schon vor dem Abitur am dortigen Humboldt-Gymnasium führte das Praktikum in einer Lokalredaktion der „Westfälischen Rundschau" zur langjährigen freien Mitarbeit bei dieser Zeitung. Während des Studiums der Betriebswirtschaftslehre mit dem Schwerpunkt Organisation und Personalwirtschaftslehre an der Universität Münster hat er die meisten Semesterferien mit Vertretungen für Redakteure verbracht. Dem Studium folgte 1993 das Volontariat bei der „Frankfurter Allgemeinen Zeitung" (F.A.Z). An die journalistische Ausbildung schloss sich 1995 die erste Redakteursstelle bei der ebenfalls in Frankfurt am Main erscheinenden „Börsen-Zeitung" an. Dort stand sehr schnell die Versetzung als Korrespondent nach Düsseldorf fest. Der Ortswechsel machte 1996 die Rückkehr in das Düsseldorfer Büro der F.A.Z. möglich, das schon die Außenstation des Volontariats gewesen war.

Nach drei Jahren Berichterstattung über die Unternehmen an Rhein und Ruhr ist er im Mai 1999 als Wirtschaftskorrespondent nach New York gezogen. Im April 2001 folgt der Umzug nach San Francisco, um die Wirtschaft an der Westküste der Vereinigten Staaten und besonders das Geschehen im „Silicon Valley" zu beobachten. Im Frühjahr 2003 Rückkehr in die Frankfurter Zentrale. Dort ist er bis Ende 2006 zuständig für die Branchen Pharma/ Biotechnologie, die Informationstechnologie und die Seite „Menschen und Wirtschaft", danach für die Seite „Die Lounge". Seit Anfang 2007 arbeitet Carsten Knop als verantwortlicher Redakteur für die Unternehmensberichterstattung, seit Herbst 2014 auch für die Wirtschaftsberichterstattung.

Im Jahr 2011 erschien sein erstes Buch „Big Apple – Das Vermächtnis des Steve Jobs". Im Jahr 2013 folgte „Amazon kennt dich schon", im Jahr 2015 „Gescheiterte Titanen – Welche neuen Manager unsere Welt braucht".

# Autorenverzeichnis

**Thomas Becker**  Managing Director, Russell Reynolds Associates

**Roland Boekhout**  Vorstandsvorsitzender der ING-DiBa AG

**Dr. Prisca Brosi**  Lehrstuhl für Strategie und Organisation, TUM School of Management, Technische Universität München

**Prof. Dr. Peter Buxmann**  Technische Universität Darmstadt

**Dr. Elmar Degenhart**  Vorstandsvorsitzender der Continental AG

**Georg Fahrenschon**  Präsident des Deutschen Sparkassen- und Giroverbands

**Dr. Lars Finger**  VP, E-Commerce Competence Center, Otto Group

**Dr. Dietmar Harting**  Vorstandsvorsitzender, HARTING Technologiegruppe

**Philip F. W. Harting**  Vorstand, HARTING Technologiegruppe

**Dr. Rainer Hillebrand**  stellvertretender Vorstandsvorsitzender, Otto Group

**Timotheus Höttges**  Vorstandsvorsitzender der Deutschen Telekom AG

**Joe Kaeser**  Vorstandsvorsitzender der Siemens AG

**Carsten Knop**  Verantwortlicher Redakteur, FAZ

**Kasper Rorsted**  Vorstandsvorsitzender der Henkel AG & Co. KGaA

**Tanja Schwarzmüller**  Lehrstuhl für Strategie und Organisation, TUM School of Management, Technische Universität München

**Carsten Spohr**  Vorstandsvorsitzender der Deutschen Lufthansa AG

**Prof. Dr. Isabell M. Welpe**  Lehrstuhl für Strategie und Organisation, TUM School of Management, Technische Universität München

**Dr. Dieter Zetsche**  Vorstandsvorsitzender der Daimler AG

# 1

# Upload: Wo steht Deutschland beim Thema Digitalisierung?

Thomas Becker, Managing Director, Russell Reynolds Associates, Carsten Knop, Verantwortlicher Redakteur, FAZ

**Zusammenfassung** Alles wird miteinander vernetzt. Jede Maschine, jedes Produkt bekommt eine Adresse im und eine Verbindung zum Internet. Maschinen können sich in der Produktion miteinander unterhalten, Bestellungen auslösen, in Echtzeit über weite Distanzen hinweg über ihren Zustand informieren. Sensoren sind überall. Menschen tauchen an vielen Stellen der Wertschöpfungskette immer seltener auf. Programmierer werden wichtiger, andere dürfen ausführen, was die Computer ihnen sagen. Und die Chips werden mit der Geschwindigkeit einer Exponentialfunktion leistungsfähiger. Hat Deutschland verstanden, wie sehr sich die Welt verändert? Wo stehen wir am Beginn dieser neuen Epoche?

## Die Welt verändert sich

Deutschland, Europa und die Welt stehen mit der Industrie 4.0 am Anfang eines tiefgreifenden gesellschaftlichen und wirtschaftlichen Umbruchs. Disruptive Geschäftsmodelle verändern mit einer nie da gewesenen Geschwindigkeit unser wirtschaftliches Ökosystem, mit dem Deutschland nach dem Zweiten Weltkrieg zu einer der führenden Wirtschaftsmächte aufgestiegen ist. Die zunehmende Digitalisierung, die als die vierte industrielle Revolution bezeichnet wird, wurde mit der sogenannten „New Economy"- oder auch „Dotcom"-Phase in den Jahren1998/1999 eingeleitet. Sie konnte sich aber

T. Becker (✉) · C. Knop
Frankfurt am Main, Deutschland

wegen der zu geringen Durchdringung des Internets und der mit ihm zu jeder Zeit verbundenen „Connected Devices" noch nicht durchsetzen, nicht zuletzt waren die Mobilfunk- und Breitbandnetze noch nicht ausreichend ausgebaut. Letztlich platzte im März 2000 erst einmal die „Dotcom-Blase". Das aber war nur der Anfang, die Ouvertüre zu einer umfassenden Digitalisierung der Welt und ihrer Wirtschaftsprozesse, die inzwischen ein atemberaubendes Tempo angenommen hat.

Apps, mit dem Internet verbundene mobile Endgeräte und Sensoren haben begonnen, unser Leben nachhaltig zu verändern. Allein zwischen den Jahren 1999/2000, dem Höhepunkt der New Economy, und 2015 stieg die Anzahl der Internetnutzer auf der Welt von einer Milliarde auf 4,5 Mrd. Menschen. Schätzungen gehen davon aus, dass heute ca. 20 Mrd. sogenannter Connected Devices genutzt werden. Laut einer Analyse von Cisco wird diese Zahl bis zum Jahr 2020 auf 50 Mrd. ansteigen, was dem 6,5-Fachen der Weltbevölkerung entspricht.

Dieser Entwicklung entspricht die in einem Jahr anfallende Datenmenge. Im Jahr 2020 werden es 41 Zettabytes sein. Und hinter einem Zettabyte stehen 21 Nullen. Damit wird untermauert, mit welcher nie da gewesenen Geschwindigkeit sich unsere Welt verändert. Wir stehen erst am Anfang dieser Veränderung. Unsere Gesellschaft und Industrie müssen sich dieser digitalen Revolution stellen und dürfen sich ihr aus Angst vor dem noch nicht Greifbaren nicht verschließen. Die Schrumpfung der analogen Welt ist in vollem Gange.

## Chancen der Digitalisierung für Wirtschaft und Gesellschaft

Ein Freitagmorgen in der Frankfurter Innenstadt (Knop 2014): Um 8.00 Uhr brandet vor dem Ladengeschäft eines ausländischen Elektronikherstellers Jubel auf. Die Türen öffnen sich, Hunderte Begeisterte stürzen sich auf ein Telefon für 700 € oder mehr. Das Produkt mit dem Namen iPhone wurde in Amerika entwickelt und in China gefertigt. Ein paar Schritte weiter findet sich eine Filiale des Autoherstellers Tesla, ebenso wie Apple ein Unternehmen aus Kalifornien. Angeboten wird dort ein Auto, dem die technisch grundsätzlich führende deutsche Autoindustrie zu wenig entgegenzusetzen hat. Es handelt sich um das Modell Tesla S, das man mit seinem Elektroantrieb immer häufiger auf den Straßen sieht.

Die Menschen begeistern sich also für Technik. Und was folgt daraus? Im Hochhaus über dem Tesla-Laden wird beklagt, dass ein junges deutsches Unternehmen aus der Pharmabranche Schwierigkeiten habe, Eigenkapital für eine Wachstumsfinanzierung einzusammeln. Um 9.00 Uhr blickt man dann aus dem Hochhausfenster über die Stadt – und im Raum steht die Frage, wie lange es gut gehen soll, wenn die Technik, die begeistert, immer häufiger aus fernen Ländern kommt. Denn zurzeit geht es ja gut. Die Arbeitslosigkeit ist niedrig. Der Exportmotor läuft noch rund, wenn man von der einen oder anderen Ausnahme wie Russland absieht.

Die Deutschen haben es geschafft, die Herausforderungen zu bestehen, welche die Endphase der letzten industriellen Revolution für sie bereithielt. Sie haben von den Japanern gelernt, wie sich Fertigungs- und Organisationsprozesse optimieren lassen. Sie wissen, wie „just in time" funktioniert, und wurden zu Effizienzweltmeistern. Im Maschinenbau und in der Automobilindustrie konnten sie das mit der landestypischen Tüftlermentalität verbinden – und am Ende auch den Lehrmeistern aus Japan zeigen, wie man Gutes besser machen kann. Hinzu kamen ein paar sinnvolle Arbeitsmarktreformen. Ergebnis ist ein Wohlstand, der es vielen Menschen ermöglicht, ein Telefon für bis zu 1000 € Jahr für Jahr unbesehen neu zu kaufen.

In diesem Land fühlt man sich wohl. Es erfindet die Mütterrente. Man hält wenig vom störenden Ausbau der Infrastruktur, treibt die Energiepreise in fantasievolle Höhen – und im Zweifel wird das Unbequeme verboten. Gerne kauft man Sachen, die gut und alt aussehen. Nur auf dem immer neuen Smartphone von Apple oder Google tauscht man sich etwas schizophren über die Datensammelwut amerikanischer Internetkonzerne aus. Die Stimmung im Land wird von Vorstandschefs aus der Softwarebranche inzwischen „Biedermeier des 21. Jahrhunderts" genannt. Und das ausgerechnet jetzt, wo die nächste industrielle Revolution schon begonnen hat und zur gesellschaftlichen Herausforderung wird.

Denn das „Internet der Dinge" hält Einzug. Alles wird miteinander vernetzt. Jede Maschine, jedes Produkt bekommt eine Adresse im und eine Verbindung zum Internet. Maschinen können sich in der Produktion miteinander unterhalten, Bestellungen auslösen, in Echtzeit über weite Distanzen hinweg über ihren Zustand informieren. Sensoren sind überall. Menschen tauchen an vielen Stellen der Wertschöpfungskette immer seltener auf. Programmierer werden wichtiger, andere dürfen ausführen, was die Computer ihnen sagen. Und die Chips werden mit der Geschwindigkeit einer Exponentialfunktion leistungsfähiger.

Vielleicht waren es die Deutschen, die mit als Erste auf dieses Phänomen und seine Folgen aufmerksam geworden sind. Der hierzulande geprägte Begriff „Industrie 4.0" zeugt davon. Was folgte, ist ebenfalls sehr deutsch: Seither befasst man sich in aufwendigen Normungsprozessen damit, langwierig Standards für die Kommunikation im Internet der Dinge festzulegen. In Tagungen und Workshops diverser Industrieverbände wird zwar über die neue Technikwelt geredet, akuten Handlungsdruck aber spürt man kaum. Besonders kleine Mittelständler sind zurückhaltend.

Derweil geben die Amerikaner Gas. Geht es um das Wort „Digitalisierung", spielen sie ihre Trümpfe aus – und das jetzt auch in traditionellen Industrien. Dort stehen Risikokapitalgeber bereit, Ideen mit Millionen zu finanzieren. Am Tellerwäscher-Spruch hat sich nichts geändert: Mancher Gründer wird in wenigen Jahren Millionär oder gar Milliardär. Nicht selten investieren sie dann in weitere Gründungen. Während der amerikanische Netzwerkausrüster Cisco in Berlin also mal eben 30 Mio. US-Dollar nur für ein weiteres Forschungszentrum für das Internet der Dinge springen lässt, schleppt sich das Land Baden-Württemberg zu einem Unterstützungsfonds zu diesem Thema, für den in zwei Jahren zunächst 8,5 Mio. € zur Verfügung stehen.

Mit der Hilfe vom Staat allein wird Deutschland, „Hightech-Strategie" hin oder her, also kein Innovationsweltmeister. Mut wird hierzulande aber nicht belohnt, eine Meinung oder ein Produkt, das dem biederen Mainstream entgegensteht, schon gar nicht. Es wird Zeit, dass die Deutschen merken, dass ein Zug den Bahnhof verlässt: am besten mit Sensoren aus deutscher Produktion an den Radlagern, die der Bahn jederzeit sagen, wie der technische Zustand der Waggons ist. Wenn es schon mit den Handys nicht geklappt hat.

Gelänge es der deutschen Wirtschaft, in den Bereichen Maschinen- und Anlagenbau, Elektrotechnik, Automobilbau, Chemische Industrie, Landwirtschaft, Informations- und Kommunikationstechnik im Rahmen von Industrie 4,0 und dem Internet der Dinge die entscheidende Rolle zu spielen, ließe sich hieraus jährlich ein zusätzliches Wachstum des Bruttosozialproduktes von rund 1,7 % erzielen – so eine Studie der BITKOM. Diese Wachstumseffekte resultieren vor allem aus den Bereichen Embedded Systems, Cloud Computing, Smart Factory Networks und Security. Voraussetzung hierfür sind ausreichende Netzkapazitäten, geeignete Anwendungen und vernetzte Endgeräte. Damit schafft das mobile Internet die Grundlage für die nächste Ausbaustufe der digitalen Transformation.

## Wo steht Deutschland im digitalen Wandel?

In Zeiten unsteten Wirtschaftswachstums könnte das Internet der Dinge bis zum Jahr 2030 mit 14,2 Billionen US-Dollar zur globalen Wirtschaftsleistung beitragen. Das geht aus einer Studie des Beratungsunternehmens Accenture hervor, die zur Eröffnung des Weltwirtschaftsforums 2015 in Davos veröffentlicht wurde (Knop 2015). Die potenziellen Einnahmen sind aber nach den Erkenntnissen der Accenture-Berater höchst ungewiss, denn weder Unternehmen noch Regierungen zeigen aus ihrer Sicht ausreichende Anstrengungen, um die benötigten Voraussetzungen zur umfangreichen Verbreitung neuer digitaler Technologien zu schaffen.

Das Internet der Dinge ermöglicht die Entwicklung neuer digitaler Services und Geschäftsmodelle mit intelligenten, miteinander vernetzten Endgeräten und Maschinen. Diese Symbiose sei der Schlüssel für erhebliches Wachstum in den entwickelten Märkten, prognostiziert Accenture in der Studie „Winning with the Industrial Internet of Things". Allein in den Vereinigten Staaten werden Investitionen in das Internet der Dinge und die daraus resultierenden Produktionsschübe bis 2030 voraussichtlich 6,1 Billionen US-Dollar zum kumulativen Bruttoinlandsprodukt (BIP) beitragen. Würden die Vereinigten Staaten von Amerika 50 % mehr in die Technologien des industriellen Internets der Dinge und dessen ausschlaggebende Infrastruktur – wie Anwendungsfähigkeiten und das Breitbandnetz – investieren, könnte der Zuwachs 7,1 Billionen US-Dollar betragen. Das BIP könnte demnach um 2,3 % mehr wachsen, als es die bisherigen Trendprognosen voraussagen. Gleiches gilt, wie eben schon erwähnt, für den Standort Deutschland. Allerdings sind diese Wachstumssteigerungen keineswegs sicher, wie eine Befragung von 1,400 Führungskräften globaler Unternehmen, darunter 736 Vorstandsvorsitzende, zeigt. 73 % der Befragten haben nämlich bis dato keine konkreten Pläne für das Internet der Dinge. Über eine umfassende digitale Strategie verfügen lediglich sieben Prozent der Teilnehmer.

Die fehlende Überzeugung von den neuen Technologien des Internets der Dinge ist maßgeblich auf die Herausforderung zurückzuführen, die neuen Strukturen in Ertragsströme zu überführen. Obgleich die Mehrheit (57 %) der Unternehmen neues Wachstum als zentrale Stärke des Internets der Dinge wahrnimmt, geht nur einer von acht Befragten (13 %) davon aus, dass das eigene Unternehmen tatsächlich davon profitieren wird. Für die meisten Unternehmen (44 bis 46 %) stehen vielmehr Effizienzziele und damit die produktivitätssteigernden (44 %) sowie kostensenkenden (46 %) Effekte des Internets der Dinge im Vordergrund.

„Natürlich hilft das Internet der Dinge schon heute, die Produktivität zu steigern und Kosten zu senken", sagt Frank Riemensperger, Vorsitzender der Geschäftsführung von Accenture Deutschland. Das volle wirtschaftliche Potenzial könne jedoch nur gehoben werden, wenn Unternehmen die digitalen Technologien über die reine Effizienzsteigerung hinaus nutzten. Es gehe künftig um „as a Service"-Angebote, in denen Produkte und Services branchenübergreifend neu gebündelt und maßgeschneidert bereitgestellt werden. Dienstleistungen, die physische und digitale Komponenten miteinander kombinieren, würden über Markterfolg und Wachstum auch vieler deutscher Hersteller entscheiden. Die intelligent verarbeiteten Betriebsdaten vernetzter Produkte seien der Treibstoff für solche Angebote.

87 % der Studienteilnehmer hingegen sind schon jetzt davon überzeigt, dass das industrielle Internet der Dinge zukünftig Arbeitsplätze schafft. Die-

sen positiven Effekt unterstreicht auch eine gemeinsame Untersuchung von Accenture und dem World Economic Forum als Veranstalter der Konferenz in Davos. Demnach erweitern digitale Technologien das vorhandene Know-how und befähigen Mitarbeiter dazu, anspruchsvollere Aufgaben auszuüben. So werden etwa Industriefachkräfte ihre Geräte ferngesteuert bedienen können, während sie mit Ingenieuren und Datenanalysten zusammenarbeiten, um die Produktivität und Präzision der Arbeitsschritte zu erhöhen.

## Kompetenzgerangel in der Politik

Auch für die Politik ist diese digitale Revolution Neuland. Das ist vielleicht auch der Grund dafür, warum sie sich auf diesem Gebiet so schwertut: Es ist nicht verständlich, weshalb sie diese Themen, die für die Gesellschaft und die wirtschaftliche Prosperität unseres Landes so elementar sind, nicht nachhaltiger und geschlossener angeht. Ist es verständlich, dass die politische Verantwortung für Technologie, Internet und der Breitbandausbau unseres Landes auf drei Bundesministerien (Bundesministerium für Wirtschaft und Energie, Bundesministerium für Verkehr und digitale Infrastruktur und Bundesministerium des Innern) verteilt ist? Dazu beansprucht auch noch die Forschungsministerin eine entsprechende inhaltliche Richtlinienkompetenz.

In seinem neuen Amt als EU-Kommissar für digitale Wirtschaft ist Günther Oettinger immerhin schnell klar geworden, unter welchem enormen Anpassungsdruck die europäische und damit auch die deutsche Wirtschaft stehen. Nötig sei eine gemeinsame Strategie der 28 EU-Mitgliedstaaten, und um den Vorreitern in Amerika und Asien etwas entgegenzusetzen, hat er im Frühjahr 2015 gefordert, wie die „Frankfurter Allgemeine Zeitung" am 7. März des Jahres unter der Überschrift „Europa gegen Apple und Google" berichtete: „Wir brauchen eine digitale Industriepolitik. Solange es in Europa 28 verschiedene Standards gibt, werden sich Unternehmen wie Google und Apple den Standort mit dem schwächsten Datenschutz suchen." Dort könnten die Daten „wie mit einem Staubsauger" abgesaugt und weiterverwertet werden: „Wer die Daten hat, hat die Macht. Wir brauchen europäische Regelungen, nicht nationale oder gar regionale Gesetze."

Oettinger plädiert für eine Lockerung des europäischen Wettbewerbsrechts. „Der weltweite Wettbewerb ist nicht fair, wenn wir unsere Unternehmen regulieren und drangsalieren, während die amerikanischen freies Spiel haben." Im Kleinfeldturnier haben wir gegen die Amerikaner schon verloren, jetzt kommt es auf das große Feld an, also auf die Digitalisierung in der Industrie, in der Automobilwirtschaft und im Maschinenbau etwa. Wer in fünf Jahren seine Produktion nicht digitalisiert hat, der produziert nicht mehr. Insofern könne die digitale Revolution Unternehmen „in Lebensgefahr bringen". Deshalb müsse in den nächsten Jahren die Netzinfrastruktur flächendeckend ausgebaut werden. Selbst Oettinger beklagt ein „Kompetenzchaos" beim Breitbandausbau. Es müsse geklärt werden, wer den Ausbau mitfinanziere und welche Förderung mit dem europäischen Beihilferecht kompatibel sei.

## Die Sorgen und Ängste der Bürger

Natürlich gehen mit diesem Veränderungen auch Sorgen und Ängste einher. Die Furcht vor dem gläsernen Menschen, Cyberangriffe auf Wirtschaft und Politik, Datendiebstahl, Big Data und Analytics sind nur einige dieser Ängste/Stichworte. Abschottung als Antwort auf diese Ängste wäre allerdings die schlechteste Strategie.

Die digitale Welt endet nicht an der Landesgrenze der Bundesrepublik, sie ist, wie der Name schon sagt, ein globales Thema: Ein Stromausfall, der sich von Italien und Schweden ausgehend über Europa erstreckt, legt künftig vielleicht das öffentliche Leben lahm: kein Strom, kein Benzin, keine Kommunikation. Behörden und Stromversorger tappen im Dunkeln. In Mailand kommt dann möglicherweise ein IT-Spezialist der Ursache auf die Spur: Denn in Italien und Schweden wurden, wenn man der Fiktion folgt, vor einigen Jahren die klassischen analogen Stromzähler durch sogenannte „Smart Meter", also durch digitale Stromzähler, ersetzt. Dort setzt er an. Er hackt sich mit Hilfe seines Laptops, der noch über Akkukapazitäten verfügt, in einen Smart Meter ein. Dort entdeckt er einen Code, der die Stromzufuhr deaktiviert. Er versucht, seinen Verdacht dem Stromversorger mitzuteilen. Dort aber wird er belächelt. So ähnlich schildert es der Autor Marc Elsberg in seinem Buch „Blackout", das sich schon eine halbe Ewigkeit in den Bestsellerlisten hält. Es interessiert die breite Masse ebenso wie den Spezialisten. Beim letzten Besuch einer Reihe von Redakteuren der „Frankfurter Allgemeinen Zeitung" in der Konzernzentrale des Energieversorgers RWE in Essen fragte der Kommunikationschef nach einem langen Gespräch mit dem Vorstandsvorsitzenden: „Haben Sie das Buch schon gelesen?" Denn um Innovationen wie die Smart Meter war es in dem Gespräch zuvor gegangen (Knop 2015).

Spannend ist für ihn die Lektüre vielleicht auch, weil in Deutschland kurz vor Weihnachten 2014 der Entwurf des neuen IT-Sicherheitsgesetzes verabschiedet wurde. Sobald es in Kraft tritt, werden Betreiber kritischer Infrastrukturen rechtlich in die Pflicht genommen. Statt lediglich auf Angriffe zu reagieren, werden eine proaktive Absicherung und das aktive Management aller bekannten Risiken erwartet. Falls das Unternehmen dem nicht ausreichend nachkommt, kann das Management persönlich haftbar gemacht werden.

Auch der Mann, der bei der Deutschen Messe AG in Hannover dafür zuständig ist, die Computermesse CeBIT kommunikativ zu begleiten, hat das Buch auf seinen Dienstreisen gelesen. Ob auf der CeBIT oder der stets etwas später folgenden Industriemesse, in Banken, Unternehmen oder in der Politik: Überall wird derzeit über die vollständige digitale Vernetzung der Welt diskutiert, über das Internet der Dinge und die damit zusammenhängende massenhafte Sammlung von Daten. Das Thema Cybersicherheit, das lange Zeit nur ein paar übernächtigte Nerds interessierte, hat gesellschaftliche und politische Brisanz bekommen.

Es vergeht kaum ein Tag, an dem nicht über die Auswirkungen von Cyberkriminalität berichtet wird, ohne die Fiktion eines Romanautors hinzuzuziehen. Kreditkartendaten, Passwörter und Internet-Identitäten sind permanent der Gefahr ausgesetzt, kompromittiert zu werden. Dabei wechseln sich Hacker und Geheimdienste in ihren Schandtaten ab. Der russische Hersteller von Virenschutz-Software Kaspersky Lab, Interpol, Europol und Institutionen verschiedener Länder haben zum Beispiel Anfang 2015 gemeinsam die Geschichte eines bis dahin beispiellosen Cyber-Bankraubs aufgedeckt.

Dabei wurden bis zu einer Milliarde US-Dollar innerhalb von zwei Jahren von Finanzinstituten auf der ganzen Welt gestohlen. Verantwortlich dafür war eine Bande von Cyberkriminellen aus Russland, der Ukraine, Teilen Europas sowie China. Die „Carbanak"-Bande nutzte für die Cyberüberfälle Techniken aus dem Arsenal zielgerichteter Attacken.

„Der Vorgang markiert den Beginn einer neuen Phase in der Entwicklung der Cyberkriminalität, in der Geld direkt von Banken anstatt von Heimanwendern gestohlen wird", hieß es dazu von Kaspersky, nachzulesen in einer Pressemitteilung vom 16. Februar 2015 („The great bank robbery"). Es sei davon auszugehen, dass die größten Summen durch das Hacken von Banken erbeutet worden seien – bis zu zehn Millionen US-Dollar je Überfall. So werden ganze Unternehmen in ihrer Existenz bedroht, da viele Produkte und Dienste nur noch digital nutzbar sind. Wie ernst digitale Zwischenfälle sein können, zeigt nicht zuletzt der Fall von Sony Pictures Entertainment rund um den Film „The Interview".

„Die Sicherheitssysteme von Sony wurden über ein Jahr vor dem eigentlichen Zwischenfall überwunden. In dieser Zeit konnten die Angreifer mehrere Hundert Terabyte Daten kopieren, darunter so vertrauliche Dinge wie Informationen über neue Filmprojekte, unveröffentlichtes Filmmaterial, Kundendaten, Sozialversicherungsnummern, Gesundheitsinformationen der Mitarbeiter oder auch Managergehälter", beschreibt Veit Siegenheim, Vice President der IT-Berater von Capgemini, in seinem am 29. April 2015 publizierten Blogbeitrag „Cybercrime – Vom Internet of Things zum Internet of Threats" diesen Fall.

Dabei sei die Angriffsmethode trivial gewesen. Ein namentlich nicht genannter Hacker gab an, sogenannte „Spear-Phishing"-E-Mails an Sony-Angestellte in Russland und Asien geschickt zu haben. Im Anhang befand sich ein als PDF-Datei getarnter Trojaner, der einen Fernzugriff auf die jeweiligen Computer ermöglichte. Kein Antivirenprogramm soll zu jenem Zeitpunkt über eine passende Erkennungssignatur verfügt haben. „Unternehmen können nur so sicher sein wie das schwächste Glied in einer (Daten-)Lieferkette", folgert Siegenheim in seinem Blogbeitrag weiter. Eine kontinuierliche, proaktive Anpassung und Weiterentwicklung aller Sicherheitsmaßnahmen werde zur Pflicht. Doch kaum ein Unternehmen kommt ihr nach.

Das Schlimme ist: Die Dinge sind kompliziert, Freund und Feind lassen sich nur schwer unterscheiden. Sind die Amerikaner mit ihren Spionen von der NSA böse? Sind es Internetkonzerne wie Google? Hacker aus Ländern im Osten? Google jedenfalls hat gerade erst einen Vorschlag des US-amerikanischen Justizministeriums kritisiert, die Rechte des Inlandsgeheimdienstes FBI zum Erfassen und Sammeln von digitalen Daten auszuweiten.

Damit könne das Hacken „jeder Anlage der Welt" durch die US-amerikanische Justiz genehmigt werden. Bürgerrechtler kritisieren, dass Nutzer von Verschlüsselungstechnologie wie dem Netzwerk „Tor" unter Generalverdacht gestellt würden. Staatsanwälte befürworten die Gesetzesänderung mit der Begründung, dass Kriminelle immer öfter auf Verschlüsselung zurückgriffen, um sich den Ermittlungen der Sicherheitsbehörden zu entziehen.

Aufschlussreich ist eine Rede, die Rachel Whetstone, Senior Vice President Communications and Public Policy von Google, anlässlich der Münchner Sicherheitskonferenz 2015 im Bayerischen Landtag gehalten hat. Nachzulesen ist die Rede im offiziellen Google-Produktblog unter dem Titel „Quo vadis Cyber Security?" vom 7. Februar des Jahres: „Niemals erlauben wir, dass Regierungen sich einfach selbst bei unseren Nutzerdaten bedienen", sagte Whetstone. Keine Regierung – auch nicht die der Vereinigten Staaten – habe durch eine wie auch immer geartete Hintertür Zugang zu Google oder Überwachungsanlagen in unseren Netzwerken installiert. Danach beginnt sie einen Werbefeldzug für die Verschlüsselung: „Auch deshalb ist Verschlüsselung wichtig, weil sie dafür sorgt, dass Regierungen sich an die rechtsstaatlichen Wege halten müssen. Es gibt keine andere Möglichkeit für sie, verschlüsselte Daten zu erhalten, außer sich in unsere Systeme zu hacken oder einzelne Nutzer auszuspionieren."

Wenn aber einzelne Unternehmen Angriffe geheim hielten, werde es für andere Unternehmen unter Umständen schwieriger, die eigenen Verteidigungsmaßnahmen zu verbessern. Das müsse sich ändern. Auch israelische Fachleute für Computersicherheit hatten auf dem Weltwirtschaftsforum in Davos dazu aufgefordert, beim Thema Cybersicherheit viel stärker als bisher zusammenzuarbeiten.

„Sie müssen besser in Netzwerken kooperieren, viel mehr Informationen über Hackerattacken austauschen und dabei voneinander lernen", sagte Nadav Zafrir, ein ehemaliger General der israelischen Armee, der auf dem Gebiet nun als Unternehmer tätig ist in einer Podiumsdiskussion. Avi Hasson, der Chefwissenschaftler der israelischen Regierung, pflichtete ihm in derselben Veranstaltung bei: „Ohne das Wissen von Wettbewerbern, Wissenschaftlern und die Erkenntnis von Regierungen kann man der Bedrohung nicht mehr begegnen." Die Wahrheit aber ist, dass genau das nicht passiert. Hinzu kommt, dass die Sicherheit in vielen Fällen eben nicht am Beginn der Entwicklung eines neuen Produkts steht, sondern viel zu spät in die Überlegungen einbezogen wird. Denn jede neue Branche, die ins Internet der Dinge einsteigt, macht immer wieder die gleichen Anfängerfehler. Über einen Fall hat die Computerzeitschrift „c't" berichtet, was wiederum von Gregor Honsel in einem Blog unter dem Titel „Keine Sicherheit, nirgends" am 2. Februar 2015 aufgegriffen wurde: Es ging um eine Beinprothese, die über ihr Bluetooth-Modul zu Hackerangriffen eingeladen hat. „Wenn die Prothese aktiv ist, signalisiert ihr Bluetooth-Modul dauerhaft Pairing-Bereitschaft an alle in der Nähe befindlichen Mobilgeräte", heißt es in dem Bericht. „Außerdem ist als Pairing-Pin eine Standardziffernfolge (0000) im Chip hinterlegt. In der aktuellen Modellreihe (Stand: Dezember 2014) lassen sich weder Pin noch Pairing-Modus ändern – was den Prothesenträger in einer belebten Umgebung durchaus irritieren kann. Über Bluetooth kann ein Hacker, der sich in der Nähe aufhält, die Prothese steuern." Und selbst der große Autohersteller BMW wurde vom ADAC dabei ertappt, dass Daten zum Öffnen der Türen unverschlüsselt über das Mobilfunknetz versendet werden.

Cybersicherheit ist zudem mehr als eine technische Angelegenheit, sie hat sehr viel mit den handelnden Personen zu tun. „Sichere Organisationen entstehen nur dann, wenn man einige sehr harmlos klingende Dinge, nämlich Kooperation, Partnerschaft und Kompetenz, mit der sichersten Hard- und Software kombiniert", sagt zum Beispiel Luis Alvarez, der Vorstandsvorsitzende von BT Global Services. Denn Cyberangriffe würden technisch immer ausgefeilter und heimtückischer. Die Fachleute aus Israel machen sich über die weitere Entwicklung keine Illusionen: „Das Rennen mit den Hackern um die ausgefeilteste Technik wird nie zu Ende sein, bei diesem Thema wird man sich nicht mehr zurücklehnen können", sagt Zafrir. Man müsse auch lernen, dass es nicht möglich sei, alle Daten zu jedem Zeitpunkt zu schützen.

Spannend ist in diesem Zusammenhang auch das Rennen um die Entwicklung hochleistungsfähiger Quantencomputer, welche mit ihrer völlig neuen Technik die Rechenkapazität heute bekannter Computer in den Schatten stellen. Sie könnten dann in Sekunden jede derzeit existierende Verschlüsselung knacken. Dann beginnt die nächste Runde.

## Wie steht es um die digitale Kompetenz unserer deutschen Manager und Aufsichtsräte?

Disruptive Geschäftsmodelle, digitale Transformation, agile Organisationen, neue Office-Konzepte, flexiblere Arbeitszeiten und das Homeoffice in der Küche der privaten Wohnung erfordern auch vom Management neues Denken und Handeln.

Unsere heutige Managergeneration kann man als „Half Digital Natives" bezeichnen. Das Internet hatte seine Geburtsstunde am Ende der akademischen Ausbildung dieser Generation. Die volle Dynamik dieser neuen Technologie aber war erst in den letzten 15 Jahren mit zunehmender Geschwindigkeit und Bedeutung zu spüren. Bis die nächste Managementgeneration, also unsere „Full Digital Natives", auf die entsprechende Entscheidungsebene gelangt, wird noch einige Zeit vergehen. Executives mit ausgeprägter Digitalkompetenz sind in unserer heutigen Unternehmenswelt absolut „unique" und damit eher selten anzutreffen. Umso wichtiger ist es, dass unsere heutigen Managements – auch mit externer Unterstützung – jetzt beginnen, ihre Unternehmen zu revolutionieren.

Eine von Russell Reynolds Associates durchgeführte Studie hat Kompetenzanalysen an zwei Managementgruppen durchgeführt. Dabei wurden sogenannte „Digital Transformal Game Changers" in 60 Kompetenzfeldern analysiert. Die Ergebnisse wurden aggregiert und mit den aggregierten Ergebnissen von mehr als 3500 befragten Managern aus unterschiedlichen Rollen und Funktionen in stärker analog geführten Bereichen verglichen. In 21 der 60 Kompetenzbereiche gab es interessante Unterschiede. Diese sind im Wesentlichen in den folgenden fünf Bereichen zu finden: Innovation, Disruption, Socialization, Leadership und Determination.

Der bei Russell Reynolds Associates für die Leadership Assessment Practice verantwortliche Partner, Dr. Joachim Bohner, beschreibt die Unterschiede wie folgt:

„Ein Digital Transformation Game Changer vereint in sich Persönlichkeitsmerkmale und Managementfähigkeiten, die sich eindeutig von denen eines klassischen General Managers abheben. Er muss förmlich in einer anderen Liga spielen können, da er scheinbar gegensätzliche Führungsansätze in sich vereinen und flexibel nutzen können muss, um wirklich die Transformation anführen zu können.

Höchste Ausprägungen bezüglich Intellekt, Durchsetzungsstärke, Mut, Unabhängigkeit, Führung, Aggressivität und Empathie muss er in einer Art Kür-Übung miteinander verknüpfen, die üblicherweise nur in Einzelaspekten von Führungskräften gezeigt werden, oder die in anderen Führungsaufgaben nur in Teilen mehr oder weniger erforderlich sind. Er ist damit ein richtungsweisender

Hybrid aus sich zum Teil widersprechenden Merkmalen, die in der Synthese ein Rollenmodell für alle anderen Manager, aber auch insbesondere andere Industrien darstellt, die sich den disruptiven Veränderungen stellen müssen."

Die Erfolgsfaktoren für einen Digital Transformation Game Changer lauten also:

*Innovation* Wirklich und radikal „Outside the Box" denken können, ohne Rücksicht auf bisherige Modelle, Herangehensweisen, Traditionen, getroffene Entscheidungen und zementierte Strategien. Ein hohes Maß an geistiger, analytischer und intellektueller Unabhängigkeit, aber insbesondere Mut sind ausschlaggebend, um diese Innovationskraft zu entwickeln.

*Disruption* Seinen eigenen Weg konsequent zu gehen und andere, auch Entscheider, kritisch in ihrer Meinung zu hinterfragen und herauszufordern, sind wesentliche Erfolgsfaktoren. Dies muss er, auch mit dem fundamentalen Risiko, von der Mehrheit nicht akzeptiert oder auch im Extremfall abgestoßen zu werden, in Kauf nehmen. Konsequenterweise muss er sich auf neue Situationen agil und flexibel einstellen können. Ebenso konsequenterweise wird er aber auch ein nicht transformationswilliges Unternehmen verlassen, um sich neuen Herausforderungen zu stellen.

*Socialization* Er stellt die Antipode der beiden bisher dargestellten Erfolgsfaktoren und gleichzeitig den wichtigsten Werthebel eines Digital Transformation Game Changers dar. Wenn die Fähigkeit des interpersonellen Verständnisses, der entsprechenden Anpassungsfähigkeit und der maßgeschneiderten Einflussnahme fehlt, besteht die große Gefahr, entweder im Elfenbeinturm zu verhungern (Innovation) oder als zu kritischer Stachel im Fleisch einer Organisation (Disruption) abgestoßen zu werden. Personen mit einer hohen Ausprägung in der Dimension Socially Adept verfügen darüber hinaus über ein starkes Selbstbewusstsein und können sich nicht zuletzt entsprechend souverän auf gesellschaftlichem Parkett bewegen.

*Leadership* Seine Mannschaft von vorne durch herausfordernde Veränderungsprozesse führen zu können, insbesondere innerhalb dynamischer und unsicherer Rahmenbedingungen, ist ausschlaggebend für seinen Erfolg. Er ist der Treiber und gleichzeitig der Fixstern für das Team, um dieses schnell und nachhaltig auszurichten, aber auch durch seine Energie zu motivieren. Gleichzeitig ist er der Mentor seines Teams, der dieses zielgerichtet weiterentwickelt. Allein durch diese Fokussierung wird er zum Talent-Magnet für High Potentials und ist dadurch in der Lage, ein High Performance Team aufzubauen.

*Determination*  Eine sehr hohe Leistungsorientierung und den Biss, sich und anderen ambitionierte Ziele zu setzen, ist die Energiequelle für den Digital Transformation Game Changer. Aufgrund unserer Analyse und unserer Erfahrung in der Zusammenarbeit mit Digital Transformation Game Changern müssen diese darüber hinaus in hohem Maße optimistisch gegenüber den Herausforderungen der Zukunft sein, dass sie diese bewältigen werden. Dieser unumstößliche Optimismus ist auch ein wesentlicher Aspekt der internen Überzeugungsarbeit, um sein Team, die Entscheider und das gesamte Unternehmen im Rahmen der Transformation mitnehmen zu können.

„Die Rolle eines Digital Transformation Game Changers ist sicher eine der herausforderndsten Managementaufgaben in der heutigen Zeit, aber damit auch eine der interessantesten über alle Industrien hinweg. Dies ist wohl die wesentliche Kernaussage aller Gespräche, die wir tagtäglich mit diesen richtungsweisenden Managern führen."

Manager mit stark ausgeprägter Digitalkompetenz sind also fundamental andere Persönlichkeiten und bringen ein anderes Skill Set in ihre jeweilige Organisation ein. Von daher sprechen wir heute neben der Bedeutung des IQ und des EQ auch von der Wichtigkeit des DQ (Digital Quotient).

Aber wie sieht es nun mit unserer digitalen Kompetenz in unseren deutschen Aufsichtsräten aus?

Unternehmen, die der digitalen Transformation mit Spezialexpertise auf Aufsichtsratsebene begegnen, profitieren am meisten von dem enormen ökonomischen Potenzial der aktuellen Disruption. Dabei weisen die großen deutschen und europäischen Player gegenüber US-Wettbewerbern in diesem strategisch entscheidenden Feld erheblichen Nachholbedarf auf: Lediglich ein Prozent der Non-Executive Directors (NEDs) in den Aufsichtsräten der größten europäischen Unternehmen sind ausgewiesene Digitalexperten. Im Vergleich dazu haben von den US-amerikanischen Fortune 100-Konzernen derzeit 24 % mindestens zwei Digital Non-Executive Directors in ihren Aufsichtsräten. In den hundert entsprechenden europäischen Unternehmen sind es gerade einmal vier Prozent, im Raum Asien-Pazifik sogar nur zwei Prozent. Diese enorme Lücke rührt zum einen von der langjährigen Vorreiterrolle der US-amerikanischen Technologie- und Internetkonzerne und deren digitalbasierter Innovationskraft her. Zum anderen fehlt in Europa wie Asien aktuell ein mit dem Silicon Valley vergleichbarer Talentpool. Die Erkenntnis, dass Digitalexperten auf Aufsichtsratsebene einen signifikanten Beitrag zum Unternehmenserfolg leisten, hat sich offensichtlich noch nicht durchgesetzt.

In Deutschland verfügen per Ende November 2014 lediglich neun der 206 Dax-30-Aufsichtsräte über ausgewiesene Digitalkompetenz (Russell Reynolds Associates 2014). Dies entspricht einem Anteil von 4,4 %. Nur zwei Dax-30-Unternehmen haben in ihrem Aufsichtsrat zwei oder mehr Mitglieder mit Digitalkompetenz. Auffällig ist, dass keiner der Aufsichtsräte mit Digitalkompetenz aus den Vereinigten Staaten oder auch aus Asien kommt. Dieses Manko wiegt umso schwerer, als das Thema digitale Innovation sehr stark aus Amerika heraus getrieben wird. Dieser Umstand liegt zum einen darin begründet, dass der Pool an qualifizierten Aufsichtsrats-Mitgliedern mit Digitalkompetenz aktuell noch sehr klein ist, zum anderen aber auch darin, dass die Relevanz des Themas erst langsam von deutschen Aufsichtsgremien erkannt wird. Beim Thema Digitalisierung bedarf es in Deutschland einer nachhaltigen Veränderung. Nicht zuletzt aufgrund unseres hohen Exportanteils dürfen wir in diesem erfolgskritischen Feld nicht den Anschluss an die Weltwirtschaft verlieren.

## Download: Zwischen Medien und Medizin

In den folgenden Kapiteln nähern sich Autoren verschiedenster Branchen und Fachrichtungen der Digitalisierung der Wirtschaft – auf zwei wichtige Brachen soll hier direkt zum Einstieg geblickt werden: die Medien und die Gesundheitswirtschaft. In der Medienwelt hat sich der digitale Wandel schon in einem Ausmaß vollzogen, der die Geschäftsmodelle fast aller Spieler auf dem Markt auf den Kopf gestellt hat. Denn die von den Journalisten oder Künstlern produzierten Inhalte lassen sich schon seit geraumer Zeit vollständig digitalisieren. In der Gesundheitswirtschaft wiederum, die traditionell durch erhebliche Ineffizienzen gekennzeichnet ist, steht der Wandel hingegen noch bevor – erste Anzeichen dafür gibt es. So nutzen Millionen Menschen Smartphones, um ihren Gesundheitszustand zu kontrollieren. Patienten werden per Telemedizin aus der Ferne untersucht und behandelt. Versicherungen gewähren demjenigen Rabatte, der per App Einblick in seinen Lebenswandel gibt. „EHealth" verspricht der Wirtschaft enormes Wachstum. Die meisten neuen Systeme verarbeiten besonders sensible, personenbezogene Gesundheitsdaten. Versäumnisse beim Datenschutz können für Unternehmen fatale Folgen haben.

Als Beispiel für das, was auf den Markt zukommt, soll eine Ankündigung des amerikanischen Elektronikkonzerns Apple aus dem Frühjahr 2015 stehen. Die Pressemitteilung „Apple Introduces ResearchKit" vom 9. März mitsamt ihrer Aufzählung diverser Beispielanwendungen spricht Bände. Hier macht ein Handy- und Computerhersteller einer Branche Beine, die bisher vor allem von ihren starren Verwaltungsstrukturen geprägt ist. Apple hat ein Programm mit dem Namen „ResearchKit" angekündigt. Dabei handelt es sich um eine Open-Source-Softwareumgebung, entwickelt für die medizinische und gesundheitliche Forschung, die Ärzte und Wissenschaftler unterstützt, Daten regelmäßiger und zuverlässiger von Teilnehmern zu sammeln. Forschungsinstitute haben schon Apps mit „ResearchKit" entwickelt, um Studien über Asthma, Brustkrebs, Herz-Kreislauf-Erkrankungen, Diabetes und Parkinson durchzuführen. Anwender entscheiden selbst, ob sie an einer Studie teilnehmen möchten und wie ihre Daten geteilt werden.

„Unsere Apps helfen bereits Millionen von Kunden beim Beobachten und Verbessern ihrer Gesundheit. Mit Hunderten Millionen von iPhones im weltweiten Einsatz sahen wir eine Möglichkeit für Apple, eine sogar noch größere Wirkung zu erzielen, indem wir Menschen befähigen, sich an der medizinischen Forschung zu beteiligen und dazu beizutragen", wird Jeff Williams, Senior Vice President of Operations von Apple, in der entsprechenden Mitteilung zitiert. „ResearchKit" gebe der Gemeinschaft der Wissenschaftler Zugang zu einer vielschichtigen Bevölkerung auf der ganzen Welt und bietet mehr Möglichkeiten, Daten zu erheben, als jemals zuvor.

Worum geht es genau? „ResearchKit" macht das Apple-Mobiltelefon „iPhone" zu einem Werkzeug für die medizinische Forschung. Wenn der Anwender die Erlaubnis gibt, können die Apps auf Daten der „Health"-App zugreifen. Das sind beispielsweise Gewicht, Blutdruck, Blutzuckerspiegel oder die Nutzung von Asthmasprays, die durch Geräte und Apps von Drittherstellern gemessen werden. „HealthKit" ist eine Softwareumgebung, die Apple mit dem Betriebssystem iOS 8 eingeführt hat, um Entwicklern die Möglichkeit zu geben, dass Gesundheits- und Fitness-Apps miteinander kommunizieren können. „ResearchKit" kann darüber hinaus von einem Anwender den Zugriff auf Beschleunigungssensor, Mikrofon, Gyroscope und GPS-Sensoren im iPhone anfragen, um Informationen über den Gang, die motorische Verfassung, seine Fitness, Sprache und den Gedächtniszustand des Patienten zu bekommen. Das Programm macht es nach Angaben von Apple auch einfacher, Teilnehmer für Langzeit-Studien zu rekrutieren, weil es eine breite Auswahl der Bevölkerung anspricht und nicht nur diejenigen, die in Reichweite zum Institut wohnen.

Studienteilnehmer können Aufgaben erledigen oder Zugriffsrechte an der Studie über die App einräumen, sodass die Forscher weniger Zeit mit Datenverwaltung und mehr Zeit mit der Datenanalyse verbringen können. „ResearchKit" soll es Forschern zudem erlauben, einen interaktiven Einwilligungsprozess anzubieten. Anwender können auswählen, an welcher Studie sie partizipieren und welche Daten sie bei welcher Studie zur Verfügung stellen möchten. „Wir sind erfreut, die neuen ResearchKit-Werkzeuge von Apple zu nutzen, um mehr potenzielle Teilnehmer ansprechen zu können und noch mehr Daten durch die einfache Nutzung einer iPhone App zu erlangen. Die zur Verfügung gestellten Daten bringen uns bei der Entwicklung individuellerer Hilfe einen Schritt weiter", hat Patricia Ganz, MD, Professor an der

Fielding School of Public Health der UCLA, Apple zur Markteinführung zu Protokoll gegeben: Der „Zugang zu vielschichtigen, von den Patienten übermittelten Gesundheitsdaten hilft uns, mehr über Langzeitnachwirkungen von Krebsbehandlungen zu erfahren und gibt uns ein besseres Verständnis der Erfahrungen von Brustkrebspatienten.“

„Wenn es darum geht, bei der Forschung bessere Diagnosen und Krankheitsvorbeugung zu erzielen, sind Zahlen alles. Durch den Einsatz von Apples neuer ResearchKit-Umgebung sind wir in der Lage, die Teilnahme über unseren lokalen Radius hinaus auszuweiten und signifikant mehr Daten zu erfassen, die uns dabei helfen zu verstehen, wie Asthma funktioniert“, sagt auch Eric Schadt, PhD, der Jean C. und James W. Crystal Professor of Genomics an der Icahn School of Medicine am Mount Sinai-Hospital. „Durch die Verwendung der fortschrittlichen iPhone-Sensoren sind wir in der Lage, den Zustand des Asthmapatienten besser abzubilden, und das ermöglicht es uns dann, eine persönlichere, noch präzisere Behandlung durchzuführen.“

Entwickelt von der Icahn School of Medicine am Mount Sinai und LifeMap Solutions ist die entsprechende „Asthma Health“-App so konzipiert, dass sie Schulung und Selbstkontrolle von Asthmapatienten erleichtert, positive Veränderung am Zustand kommuniziert und an das Einhalten des Behandlungsplans nach aktuellen Asthmarichtlinien erinnert. Die Studie misst Symptome von individuellen und potenziellen Auslösern von Verschlimmerungen des Zustands, sodass Forscher neue Möglichkeiten bei der individuellen Asthmabehandlung erfahren können. Die „Share the Journey“-App, vom Dana Farber Cancer Institute, Penn Medicine, Sage Bionetworks und dem Jonsson Comprehensive Cancer Center der UCLA entwickelt, ist eine Forschungsstudie, deren Ziel es ist, herauszufinden, warum einige Patienten, die den Brustkrebs überlebt haben, sich schneller erholen als andere, warum ihre Symptome über die Zeit variieren und was getan werden kann, um die Symptome zu verbessern. „Share the Journey“ wird Studien und über iPhone-Sensoren erfasste Daten verwenden, um Müdigkeit, Stimmungsbild, kognitive Veränderungen sowie Schlafstörungen und eine Verringerung der Anzahl an Übungen zu sammeln und zu beobachten.

Die „MyHeart Counts“-App, entwickelt von Stanford Medicine, misst die Aktivität und nutzt Risikofaktoren und Studienergebnisse, um Forscher dabei zu unterstützen, genauer zu beurteilen, wie Aktivität und Lebensstil eines Patienten sich zum Herz-Kreislauf-Zustand verhalten. Dadurch, dass diese Verhältnisse auf einer breiten Basis verglichen werden können, sind Forscher besser in der Lage zu verstehen, wie man das Herz gesünder halten kann. Das Massachusetts General Hospital wiederum hat die „GlucoSuccess“-App entwickelt, um zu verstehen, wie verschiedene Aspekte im Leben eines Menschen – sei es Diät, körperliche Anstrengung und Medikationen – den Blutzuckerspiegel beeinflussen. Die App kann Teilnehmer auch bei der Erkenntnis unterstützen, wie sich ihr Essverhalten und ihre Aktivität in Relation zu ihren optimalen Zuckerwerten verhalten, und sie somit in die Lage versetzen, Abhängigkeiten klar zu erkennen und eine aktivere Rolle für ihr eigenes Wohlbefinden einzunehmen.

Von Sage Bionetworks und der Rochester-Universität entwickelt, hilft wiederum die Parkinson „mPower"-App Menschen, die mit der Parkinsonkrankheit leben müssen, ihre Symptome durch die Aufnahme der Aktivitäten über die iPhone-Sensoren zu beobachten. Diese Aktivitäten beinhalten ein Gedächtnisspiel, Fingerübungen, Sprechen und Gehen. Die Aktivitäts- und Studiendaten vom Mobiltelefon werden mit Daten einer Vielzahl anderer Teilnehmer kombiniert, um die Forschung über Parkinson auf ein bisher noch nie erreichtes Niveau zu treiben und dies zur weltweit größten und umfangreichsten Studie über diese Krankheit zu machen.

So steht die Welt der Gesundheit am Beginn einer technischen Revolution. Und die Medien?

Hierzu ist ein Gespräch aufschlussreich, das Jürgen Dunsch und Carsten Knop im Herbst 2014 mit dem Chef des Schweizer Medienkonzerns Ringier (mit Titeln wie „Blick", „Cash", „Cicero") geführt haben (Dunsch und Knop 2014). Marc Walder hatte zuvor ein paar Tage in Amerika verbracht und in Manhattan mit beinahe allen gesprochen, die zu der Branche etwas Relevantes zu sagen haben. Wieder zurück in Zürich, steckt der ohnehin sportlichdrahtige Walder voller Tatendrang – und ist getrieben von Sorge.

„Die Zeitungen stehen unter Druck", leitet er das Gespräch ein, was ein Allgemeinplatz ist, aber dramatische Auswirkungen hat. In der Schweiz wie in Deutschland sinken Auflagen und Reichweite der Zeitungen, Personal wird abgebaut, sowohl in den Redaktionen als auch in den Verlagen. Walders Punkt aber ist, dass die europäischen Medien alsbald von den Amerikanern überrollt werden könnten, und zwar auch auf ihren Heimatmärkten. „Wir hinken den Amerikanern bei der Digitalisierung unserer journalistischen Produkte um zwei Jahre hinterher", sagt Walder. Dort wisse man, wie digitaler Journalismus heute funktioniere, in Europa hingegen nicht. Der Medienprofi redet Klartext: „Die Radikalität des Vorgehens der Amerikaner hat man in Europa noch nicht erkannt", findet er.

Walder zieht seine Unterlagen hervor und nennt in schneller Folge, beinahe alarmistisch, fünf Punkte, die in seinem Haus wie auch in allen anderen Verlagen des Kontinents sofort begriffen und adressiert werden müssten. „Erstens: Alles bewegt sich auf einen ausschließlich mobilen Zugriff auf unsere digitalen Angebote zu. Zweitens: Soziale Medien müssen viel stärker genutzt werden, um unsere Inhalte zu verbreiten." Drittens gelte es, viel stärker auf Videoformate zu setzen als bisher. „Viertens: Die Werbung muss kreativer werden.

Die sogenannte Display-Werbung im Internet ist – radikal gesagt – tot. Die Zugriffsraten für die Werbebanner rund um die Inhalte stimmen nicht, die Preise erst recht nicht." Es gelte, über kreative Formen gesponserter Inhalte nachzudenken: „Ich weiß, dass das in vielen Häusern bisher als schwierig gilt, wahr ist aber, dass selbst die ‚New York Times' darüber nachdenkt." Als fünften Punkt nennt Walder, gleichsam als Klammer für das zuvor Gesagte, den Zwang zu erheblichen weiteren Investitionen in die Technologie. „Der Bedarf hierzu wird in Europa bisher nicht erkannt. Der Erfolg von digitalem Journalismus basiert ganz wesentlich auch auf Technologie, auch wenn man dies hier nicht gerne hört."

Das sehe in Amerika anders aus. „Neue Wettbewerber wie Buzzfeed oder die ‚Huffington Post' nehmen dort Millionen in die Hand, um ihre technische Basis zu modernisieren und ins Ausland zu expandieren. Das wird denen von den Investoren auch ganz deutlich gesagt." Wenn die europäischen Verlage nicht investierten, weil sie dazu finanziell schon nicht mehr in der Lage seien oder noch immer nicht den Willen hätten, ihre verbliebenen Kräfte für diese Investitionen zu mobilisieren, „dann kommen die großen Amerikaner und werden es tun".

Die zwei Jahre Vorsprung der Vereinigten Staaten in der digitalen Welt sind „kritisch für Europa". Entsprechend wichtig sei es, schnell darauf zu antworten. Gelinge der Sprung in die neue digitale Welt mit Social-Media-Einbindung und erheblich stärkerer Videonutzung nicht, drohe den klassischen europäischen Medienmarken Bedeutungsverlust und damit einhergehend die Möglichkeit, mit dem Angebotenen auch Geld zu verdienen. „Die europäischen Konzepte der Newsrooms, in denen Zeitungen und die zugehörigen Internetangebote produziert werden, sind schon wieder überholt", sagt Walder. Es gelte, Fachleute für soziale Netzwerke wie Facebook oder Instagram oder Twitter, für Videos, für die Analyse der Nutzerdaten in Echtzeit unter dem Stichwort „Big Data" und die zugehörige Technologie in die Mitte der Newsroom-Teams zu setzen. „Wenn wir das nicht machen, haben wir keinen modernen Newsroom." Das sage er durchaus selbstkritisch. „Ein weiteres – substanzielles – Problem wird es in Europa sein, dafür die richtigen Leute zu finden", befürchtet Walder.

Hat der Ringier-Chef mit Blick auf das, was sich in den internen Abläufen ändern muss, also schon klare Vorstellungen, klingt die Antwort auf die Frage, wie das Geschäftsmodell hinter diesen Angeboten aussehen soll, tastender. Sicher ist für Walder, dass es bei den wesentlichen Einnahmequellen Werbung und dem Geld, das für die Inhalte gezahlt wird, bleiben wird. Allerdings müsse man bei der Werbung viel experimentierfreudiger und offener gegenüber neuen Formaten werden. „Zum anderen glaube ich nicht, dass Abomodelle, die einen Preis für alles verlangen, was von einer Redaktion angeboten wird, der Weisheit letzter Schluss sind." Es gelte, den Lesern Informationsangebote zu machen, die genauer auf ihre Bedürfnisse zugeschnitten seien. „Individualisierung ist die entscheidende Frage bei der Monetarisierung der Inhalte", sagt Walder. Zugleich müsse sichergestellt sein, dass sich diese neuen, individuellen Angebote durch hohe Benutzerfreundlichkeit auszeichneten.

Daraus leitet Walder seine Kernforderung an sein Haus und die anderen europäischen Medienhäuser ab: „Der nächste Investitionsschritt muss jetzt kommen!" Gegen welche Macht man antrete, zeige die jüngste Investition, die sich Buzzfeed in Amerika gesichert habe. „Andreessen Horowitz hat 50 Mio. Dollar investiert. Das bewertet das Unternehmen jetzt mit 850 Mio. Dollar. Die haben jetzt mehr als 500 Mitarbeiter, und noch vor drei Jahren hatte die noch niemand auf dem Radar. Das Tempo ist horrend!" Das Ziel heiße eindeutig Auslandsexpansion, und vorstellbar seien dabei Märkte wie Indien, Russland oder eben auch Deutschland. Das Gleiche gelte für die „Huffington Post", die in Deutschland und manchen anderen Ländern schon vertreten sei. Zudem sei die „Huff Po" ein gutes Beispiel für den Erfolg von Videos innerhalb von Nachrichtenangeboten. „Huffington Live' ist in seinen ersten 18 Monaten von null auf eine Milliarde Zugriffe hochgeschnellt", schwärmt Walder. Buzzfeed wiederum schaffe rund 400 Mio. Videozugriffe im Monat. Sehr viel besser müsse man in den europäischen Medienhäusern auch in Fragen der Optimierung der Texte werden. Dabei gehe es nicht, so wie bisher, vor allem darum, in Suchmaschinen ganz oben in der Trefferliste zu landen. Vielmehr müssen die Texte für Social-Media-Dienste wie zum Beispiel Twitter, Facebook oder Instagram jeweils ganz unterschiedlich aufbereitet werden.

Das gelte sowohl für Sprache und Aufbau als auch für die Präsentation und die jeweils zu nutzende Überschrift. Dass diese Veränderungen mit großer Geschwindigkeit erfolgen müssten, müsse auch den Journalisten klar sein, die seit langer Zeit im Beruf tätig seien und an lieb gewonnenen Gewohnheiten im Umgang mit ihren Texten festhielten. Sie müssen nach der Auffassung von Walder zunehmend bereit sein, in der Artikelpräsentation mit Profis außerhalb ihres Metiers zusammenzuarbeiten. „Was passiert, wenn man die Umstellung auf die Erfordernisse einer neuen Zeit nicht schafft, zeigen in der Unternehmenswelt Beispiele wie Polaroid, Kodak, Nokia oder Blackberry: großartige Unternehmen, die sich zu lange am Bestehenden festkrallten." Nachzulesen seien die Abläufe, die dahintersteckten, in einem Buch wie „The Innovators Dilemma" von Clayton Christensen.

Der Ringier-Chef fordert die Journalisten auf, selbst in sozialen Netzwerken aktiv zu werden, dort für ihre eigenen Text zu werben und in einen Dialog mit dem Nutzer zu treten. „Die Journalisten müssen doch daran interessiert sein, ihre Texte in so ein wunderbares Schaufenster zu stellen. Es kann doch nicht sein, dass einem so etwas gleichgültig ist." Grundsätzlich gelte im

Umgang mit Social Media die Erkenntnis, dass es viel wertvoller sei, wenn ein Text von Dritten persönlich weiterempfohlen werde als von dem Algorithmus einer Suchmaschine. Ein anderes Buch, das Walder in diesem Kontext anführt, ist „Tipping Point" von Malcolm Gladwell. Darin werde untersucht, warum ein Produkt auf einen Schlag erfolgreich sei – und ein anderes plötzlich nicht mehr. Und die Verlage müssten mit ihren Titeln reagieren, solange die jeweilige Marke ihre Strahlkraft noch nicht verloren habe. „Ringier hat sich in den vergangenen sechs Jahren zwar schneller verändert als in den 175 Jahren zuvor. Und es geht im gleichen Tempo weiter." Bestehen könne man den Wandel nur, wenn man zugleich die journalistische Qualität halte oder sogar verbessere. Das gelte sowohl für Qualitätszeitungen wie die „Frankfurter Allgemeine Zeitung" als auch für den Boulevard. „Alles, was irgendwo dazwischen hängenbleibt, bekommt ein Problem."

Ringier habe das Glück, signifikante digitale Einnahmequellen jenseits des klassischen Journalismus erschlossen zu haben. Das verschaffe nun die nötige Handlungsfreiheit, um weiter in die journalistischen Marken zu investieren. „Wir sind ein Familienunternehmen und haben in den vergangenen sechs Jahren 1,4 Mrd. Franken in unsere Transformation investiert." In einer vergleichbaren Situation sei in Deutschland nur Springer und damit der Verlag, mit dem Ringier in Osteuropa in einem Gemeinschaftsunternehmen verbunden ist.

In der Führung des 50:50 Joint-Ventures verstehe man sich gut, man teile die gleichen Überzeugungen. Soeben erst hat man in Ungarn gemeinsam eine Online-Stellenbörse übernommen. Klar sei für Ringier stets, dass guter Journalismus die Basis von allem seien müsse, dass Zeitungen per se kein Auslaufmodell seien, die Leser aber erwarteten, auf allen digitalen Kanälen rund um die Uhr bedient zu werden. Und wer im Internet, zum Beispiel auf der Suche nach der schnellen Information zu einem aktuellen Thema, zweimal enttäuscht werde, sei als Leser vermutlich auch danach für die Marke verloren.

Ganz klar: Dieser Medienkonzern ist auf der Suche nach einem neuen, in jedem Fall aber nach einem erweiterten Geschäftsmodell, das für das digitale Zeitalter gerüstet ist. Auch darum geht es in der „Industrie-4.0-Revolution".

Lesen Sie in den folgenden Kapiteln, wie Entscheider in anderen Branchen der digitalen Herausforderung begegnen wollen.

## Literatur

Knop, Carsten. (2014). Die digitale Schizophrenie. *Frankfurter Allgemeine Zeitung.* (26. September 2014).

Knop, Carsten. (2015a). Unter den Managern wächst die Angst. *Frankfurter Allgemeine Zeitung.* (20. Januar 2015).

Knop, Carsten. (2015b). Black-out im Cyberkrieg. *Frankfurter Allgemeine Zeitung.* (21. Februar 2015).

Dunsch, Jürgen, und Knop, Carsten. (2014). Der Der Fünf-Punkte-Plan für die Zukunft der Medien. *Frankfurter Allgemeine Zeitung.* (30. September 2014).

Russell Reynolds Associates. (2014). 2014 Digital Board Directors Study. veröffentlicht im Handelsblatt. (10. Dezember 2014).

**Thomas Becker** wurde am 18. Juli 1959 in Mainz geboren. Nach seinem Abitur studierte er in Darmstadt und Mainz Betriebswirtschaftslehre mit dem Schwerpunkt Wirtschaftsinformatik.

Nach dem Studium war Thomas Becker ab 1984 in unterschiedlichen Führungspositionen im Vertriebs- und Marketingbereich bei IBM Deutschland tätig. In seiner letzten Aufgabe verantwortete er als Direktor der IBM Deutschland die nationale und internationale Betreuung namhafter Unternehmen der Finanzbranche.

1996 wechselte er zu Russell Reynolds Associates, einem international tätigen Unternehmen im Bereich Executive Search. 1999 wurde er zum Partner des Unternehmens ernannt. Thomas Becker berät Unternehmen in der Besetzung von Führungs-, Vorstands- und Aufsichtsratspositionen. Seine inhaltlichen Schwerpunkte liegen in den Bereichen Technologie, Digitalisierung (alle Industrien) sowie in kaufmännischen und Finanzpositionen. Darüber hinaus ist er seit mehreren Jahren für die Partnerschaften mit zwei globalen Technologiemarktführern verantwortlich.

Thomas Becker war als Country Manager für das deutsche Geschäft von Russell Reynolds Associates verantwortlich und ist heute neben seiner Beratertätigkeit Vorstandsmitglied der deutschen Landesorganisation der Association of Executive Search Consultants (AESC) und ebenso Mitglied in deren European Council.

**Carsten Knop** wurde am 10. Februar 1969 in Dortmund geboren. Schon vor dem Abitur am dortigen Humboldt-Gymnasium führte das Praktikum in einer Lokalredaktion der „Westfälischen Rundschau" zur langjährigen freien Mitarbeit bei dieser Zeitung. Während des Studiums der Betriebswirtschaftslehre mit dem Schwerpunkt Organisation und Personalwirtschaftslehre an der Universität Münster hat er die meisten Semesterferien mit Vertretungen für Redakteure verbracht. Dem Studium folgte 1993 das Volontariat bei der „Frankfurter Allgemeinen Zeitung" (F.A.Z). An die journalistische Ausbildung schloss sich 1995 die erste Redakteursstelle bei der ebenfalls in Frankfurt am Main erscheinenden „Börsen-Zeitung" an. Dort stand sehr schnell die Versetzung als Korrespondent nach

Düsseldorf fest. Der Ortswechsel machte 1996 die Rückkehr in das Düsseldorfer Büro der F.A.Z. möglich, das schon die Außenstation des Volontariats gewesen war.

Nach drei Jahren Berichterstattung über die Unternehmen an Rhein und Ruhr ist er im Mai 1999 als Wirtschaftskorrespondent nach New York gezogen. Im April 2001 folgt der Umzug nach San Francisco, um die Wirtschaft an der Westküste der Vereinigten Staaten und besonders das Geschehen im „Silicon Valley" zu beobachten. Im Frühjahr 2003 Rückkehr in die Frankfurter Zentrale. Dort ist er bis Ende 2006 zuständig für die Branchen Pharma/Biotechnologie, die Informationstechnologie und die Seite „Menschen und Wirtschaft", danach für die Seite „Die Lounge". Seit Anfang 2007 arbeitet Carsten Knop als verantwortlicher Redakteur für die Unternehmensberichterstattung, seit Herbst 2014 auch für die Wirtschaftsberichterstattung.

Im Jahr 2011 erschien sein erstes Buch „Big Apple – Das Vermächtnis des Steve Jobs". Im Jahr 2013 folgte „Amazon kennt dich schon", im Jahr 2015 „Gescheiterte Titanen – Welche neuen Manager unsere Welt braucht".

# 2

# From Data to Business: Neue Geschäftsmodelle deutscher Industrieunternehmen

## Joe Kaeser, Vorstandsvorsitzender der Siemens AG

**Zusammenfassung** Der digitale Wandel läutet Paradigmenwechsel ein – in der Wirtschaft genauso wie im Privaten. Die technologischen Fähigkeiten, die Realität mit Hilfe von Algorithmen zu erfassen und zu verarbeiten, sind schier explodiert

Diese Fähigkeiten bereiten den Weg für innovative Produkte und Dienstleistungen und öffnen die Tür für neue Geschäftsmodelle. Virtuelle Kraftwerke regeln das Zusammenspiel unterschiedlicher Energieerzeuger und -verbraucher; durch den Einsatz fahrerloser U-Bahnen lassen sich Strom sparen und gleichzeitig die Taktraten erhöhen; und in der industriellen Produktion verschmilzt dank Industrie 4.0 die virtuelle mit der realen Welt zu einem lückenlosen, sich stetig optimierenden, globalen Wertschöpfungsnetzwerk.

Deutsche Industrieunternehmen können in diesen digitalisierten Märkten auf die breit installierte Basis, fundiertes Branchenwissen und ihr Anwendungs-Know-how bauen. Sie sind die Spezialisten für vertikale Software, die auf die Bedürfnisse ganz spezifischer Industriebranchen zugeschnitten ist. Mit einer modernen Infrastruktur, die dem digitalen Wandel Rechnung trägt, mit exzellent ausgebildeten Menschen und einer mutigen und offenen „Kultur des Experimentierens" wird Deutschland den digitalen Wandel maßgeblich gestalten.



J. Kaeser (✉)
München, Deutschland

# Digitales Neuland

„Das Internet ist für uns alle Neuland." Dieser Satz von Bundeskanzlerin Angela Merkel aus dem Jahr 2013 wurde damals von manchen belächelt – allen voran von den sogenannten Digital Natives, deren Alltag seit Kindheit und Jugend ganz selbstverständlich mit der virtuellen Welt verwoben ist. Und nicht nur die junge Generation ist vertraut mit den neuen digitalen Möglichkeiten: Rund 80 % der Deutschen nutzen heute das Internet. Es dient uns als digitaler Briefkasten, Zeitung, Fernseher, Jukebox, Fernseher, Fotoalbum und vieles mehr.

In immer kürzeren Abständen entstehen neue Trends und Ideen, innovative Produkte und Dienstleistungen. Der digitale Wandel läutet einen Paradigmenwechsel ein, der die Welt der Wirtschaft genauso betrifft wie unser Privatleben. Internethändler wie Zalando machen den traditionellen Schuhhändlern in der Innenstadt Konkurrenz; Flugreisen werden übers Internet gebucht und nicht mehr im Reisebüro; Taxifahrer treten auf einmal gegen Autofahrer an, die mittels einer App miteinander vernetzt sind. Und ob es in Zukunft noch Autokäufer gibt oder nur noch Menschen, die sich ein Auto mit Carsharing ausleihen, ist auch nicht ausgemacht; genauso wenig übrigens, ob man in Zukunft noch Gas- und Dampfturbinen verkauft oder stattdessen Betriebsstunden feilbietet.

Niemand kann vorhersagen, in welchem Ausmaß und in welche Richtungen sich die Geschäftsmodelle in der digitalen Welt verändern. Eines ist aber gewiss: Sie verändern sich! Insofern bleibt das Internet in vielen Teilen eben doch für uns alle „Neuland".

# Tempo-Treiber

Zwei Faktoren bestimmen das Tempo der digitalen Veränderung: die digitale Leistungsfähigkeit und die Kreativität der Menschen, sich immer wieder neue Geschäftsmodelle auszudenken.

Die technologischen Fähigkeiten, die Realität zu erfassen und zu verarbeiten, sind schier explodiert. Was heute ein Smartphone kann, konnte vor gut 30 Jahren nicht einmal ein raumgroßer Rechner. Dieser digitale Leistungssprung liegt vor allem an den beeindruckenden Fortschritten in der *Rechenleistung der Prozessoren*. „Moore's Law" – die Prognose des Intel-Gründers Gordon Moore, nach der sich die Anzahl der Transistoren, die auf einem Chip Platz haben, alle 18 Monate verdoppelt – hat bis heute von seiner Gültigkeit nichts eingebüßt.

Neben der Rechenleistung sind auch die *Kapazitäten der Datenspeicher* in den vergangenen Jahrzehnten enorm gewachsen – und die Preise dafür in gleichem Maße gefallen: Kostete der Speicherplatz für ein Gigabyte 1992 noch fast US\$ 600, so sind es heute wenige Cent. Immer öfter auch werden Daten in der „Cloud" gespeichert, also in Rechenzentren, auf die man online zugreifen kann.

Durch den Ausbau der *Breitband-Internetverbindungen* und Mobilfunknetze sind die Informationen schneller übertragbar und überall zugänglich. Und dank günstigerer *Sensoren* ist auch die Menge an Quellen, aus denen Daten fließen, drastisch gestiegen. Neue Smartphones etwa sind mit einem ganzen Messinstrumentarium für GPS-Ortung, WLAN, Beschleunigung, Fotos und vieles mehr ausgerüstet. Auch in industriellen Produkten kommen Tausende von Sensoren zum Einsatz – etwa in Autos, Windturbinen oder Zügen.

Die Folge dieser neuen technologischen Möglichkeiten ist eine schier unglaubliche Erhöhung des Datenvolumens: „Big Data". Bis zum Jahr 2000 hatte die Welt rund zwei Exabyte neue Informationen generiert. Heute werden so viele Daten – zwei Mal eine Milliarde mal eine Milliarde Byte – an einem einzigen Tag erzeugt.

Daten entwickeln sich zu *dem* Rohstoff der globalen Wirtschaft. Die große Frage lautet: Wie können Unternehmen Daten so aufbereiten, dass sie Mehrwert für ihre Kunden schaffen, wie kommen wir „From Data to Business"? Aufbauend auf der digitalen Leistungsfähigkeit entscheidet nämlich ein zweiter Faktor das Tempo der digitalen Veränderung: der menschliche Ideenreichtum bei der Entwicklung neuer Geschäftsmodelle.

Die Möglichkeiten der Digitalisierung haben die Kreativität geradezu beflügelt. Ein Beispiel hierfür ist etwa die Geschichte von Jack Ma, der als Englisch-Lehrer begann. In den späten 90er Jahren gründete er den chinesischen Online-Marktplatz Alibaba, eine Plattform nicht nur für Privatpersonen, sondern auch für Hersteller, Lieferanten, Importeure, Exporteure und Großhändler. Gehandelt wird hier alles von Autoteilen und -zubehör über Büroartikel und Computer bis hin zu Transportdienstleistungen oder Produkten und Lösungen für den industriellen Einsatz. Inzwischen stellt Alibaba an Umsatz und Gewinn Spitzenunternehmen wie eBay und Amazon in den Schatten.

Als Zweites fällt mir die Geschichte von Uber und seinem Unternehmensgründer Travis Kalanick ein. Mit einer eigentlich einfachen App zur Online-Vermittlung von Fahrgästen sowohl an konzessionierte wie auch private Fahrer hat er ein wirtschaftliches Erdbeben ausgelöst – Taxiunternehmen weltweit bangen um ihr Geschäftsmodell. Der Wert von Uber dagegen schnellte nach oben. Aber es bleibt immer die Frage: Wie lange? Was ist es, womit man das Geld verdient? Bei der digitalen Ökonomie muss ich an den Goldrausch in den USA denken. Es waren meist nicht die Goldsucher, die reich geworden sind, sondern diejenigen, die ihnen die Schaufeln verkauft haben. Die brauchte damals nämlich jeder zum Goldsuchen.

Das immer schnellere Tempo der digitalen Veränderung intensiviert den Wettbewerb, es führt gewissermaßen zu einer darwinistischen Auslese in der

Wirtschaft: Nur wer einen Mehrwert für die Kunden bietet, hat auch weiterhin eine Existenzberechtigung. Die Erfahrung der letzten Jahre zeigt: Große Marken können innerhalb kurzer Zeit verschwinden. Grundig, AEG, Telefunken waren noch vor 50 Jahren gewichtige Namen in der Elektrotechnik. Heute sind diese deutschen Traditionsunternehmen aufgelöst oder verkauft.

Andererseits können sich in innovativen Bereichen mit einem Schlag völlig neue Marktführer etablieren. Apple zum Beispiel spielte bis 2007 keine große Rolle im Geschäft mit Mobiltelefonen – bis es mit dem iPhone den Markt auf den Kopf stellte. Nirgends ist dieser Evolutionsprozess ausgeprägter zu beobachten als im Silicon Valley. Man könnte das Tal in Kalifornien als die „Galapagos-Inseln der digitalen Welt" bezeichnen. Wer nicht rechtzeitig reagiert, der gerät in akute Bedrängnis. Wer allerdings die Veränderungen antizipiert, gestaltet und die richtigen Geschäftsmodelle entwickelt, der hat alle Chancen, überaus erfolgreich zu sein.

## Veränderungen in Schlüsselbranchen

In den Schlüsselbranchen der globalen Wirtschaft führt kein Weg an neuen, digitalen Lösungsansätzen vorbei – die konkreten Herausforderungen allerdings unterscheiden sich von Branche zu Branche. Das möchte ich hier an einigen Wirtschaftssektoren aufzeigen.

Erstens, die Energiebranche. In vielen Teilen der Welt geht der Trend wie in Deutschland in Richtung dezentrale Stromerzeugung. Statt einiger Hundert Großkraftwerke erzeugen Hunderttausende mittlere und kleine Anlagen aus unterschiedlichen Energieträgern wie Wind, Sonne und Biomasse den Strom für Haushalte und Unternehmen.

Diese Stromerzeuger speisen den Strom ungleichmäßig verteilt und zu ganz unterschiedlichen Zeitpunkten ins Netz. Daraus ergeben sich komplett neue Herausforderungen, aber auch Chancen: für die Energieunternehmen, die mehr und mehr auf kleine, flexible Einheiten setzen; für die Netze, die Einspeisung und Verteilung steuern und die großen Schwankungen bei der Stromerzeugung intelligent auffangen müssen; für private und industrielle Kunden, die die Strompreisentwicklung online in Echtzeit verfolgen und Strom dann kaufen können, wenn er am billigsten ist.

Zweitens, das Infrastrukturgeschäft. Durch Sensoren und Software werden Verkehrsnetze, Energienetze und Gebäude immer leistungsfähiger, kosteneffizienter und umweltfreundlicher. Die Systeme reagieren flexibel und automatisiert auf veränderte Bedingungen und Ereignisse wie einen Wetterumschwung, einen Brand oder erhöhtes Verkehrsaufkommen. Sie erfassen, beurteilen und optimieren den Systemzustand eigenständig, in Echtzeit.

Fahrerlose Metro- und U-Bahnsysteme, wie sie Siemens derzeit etwa in der saudi-arabischen Hauptstadt Riad aufbaut, sind dafür ein gutes Beispiel. Dank einer Vielzahl an Sensoren, IP-Kommunikation und moderner Automatisierungssoftware kann das System zuverlässig entscheiden, was Metro-Fahrer bislang anhand von Signalen, ihrer Sinneswahrnehmung und ihrer Erfahrung beurteilt haben. Die Taktung und Anzahl der im Metro-System eingesetzten Fahrzeuge werden kurzfristig an unterschiedlich hohe Fahrgastaufkommen angepasst. Digitale Leittechnik steuert die Bahnen mit optimaler Beschleunigung und Geschwindigkeit und überwacht die Sicherheit an den Haltestellen und auf der Strecke. Das Resultat ist eine um bis zu 50 % höhere Taktfrequenz, Energieeinsparungen von 15 % und pünktlichere Züge (Abb. 2.1).

Drittens, die Medizintechnik. Moderne Krankenhäuser und Kliniken nutzen bereits heute eine Vielzahl digitaler Technologien – vom Magnetresonanztomografen (MRT) bis zu klinischer Software. Dabei entstehen enorme Datenmengen. Es gibt bereits vielversprechende Ansätze, wie sich diese Daten noch effektiver nutzen lassen. Moderne Software kann den Radiologen zum Beispiel beim Erstellen von Befunden unterstützen, indem sie MRT-Bilder oder andere Aufnahmen auf Wunsch mit Krankheitsmustern vergleicht, die von anderen Patienten bekannt sind, und den Radiologen auf Auffälligkeiten hinweist. Darüber hinaus geben digitale Anwendungen Ärzten die Möglichkeit, Bilder, Diagnosen und Befunde anonymisiert in Sekundenschnelle mit

**Abb. 2.1** Fahrerlose U-Bahn von Siemens für die saudi-arabische Metropole Riad. (Quelle: Siemens AG)

Kollegen vor Ort oder sogar Spezialisten weltweit zu teilen. Das spart Zeit und Kosten und erhöht letztlich die Qualität der Diagnose – zum Wohle des Patienten.

Viertens, die industrielle Produktion, eine der tragenden Säulen unserer Volkswirtschaft. Der radikale Wandel der Fertigungsmethoden durch die Digitalisierung wird oft unter dem Schlagwort „Industrie 4.0" oder „Vierte industrielle Revolution" gefasst. Damit ist die vierte tiefgreifende Veränderung der Fertigungs- und Produktionsprozesse gemeint, nach der Entkopplung der Produktion von Wasserrädern und Mühlen durch die Kraft der Dampfmaschine, die arbeitsteilige Massenproduktion durch die Einführung des Fließbandes erst in den Schlachthöfen von Cincinnati und dann in den Automobilwerken von Henry Ford, und der Automatisierung der Fertigungsabläufe dank des Einsatzes von Elektronik und IT.

Mit Industrie 4.0 verschmilzt nun die virtuelle Welt mit der realen Welt. Diese Digitalisierung wirkt sich dabei auf drei Bereiche aus: auf die Wertschöpfungsketten der Fertigungs- beziehungsweise Produktionsprozesse, auf die Produkte selbst und auf die Geschäftsmodelle.

Schon heute können virtuelle Produktentwicklung und parallel dazu digitale Produktionsplanung die Effizienz von Industrieunternehmen steigern. Industrie 4.0 wird es aber ermöglichen, dass ein ganzheitliches digitales Abbild der Wertschöpfungsnetzwerke entsteht, in dem alle Abschnitte des Fertigungsprozesses nahtlos integriert und verknüpft sind. Bereits beim Entwerfen eines Produkts am Computer sind die Anforderungen an die Fertigung sichtbar; Maschinen kommunizieren mit anderen Maschinen und optimieren die Arbeitslabläufe in der Fabrik beziehungsweise einer Produktionsanlage; Erkenntnisse aus dem Service – zum Beispiel über charakteristische Schwachstellen im Produkt – fließen direkt wieder in die Produktentwicklung ein.

Auch die Produkte selbst verändern sich, indem sie nicht nur virtuell geplant, sondern mit Sensoren und eingebetteter Software zum „smarten" Produkt aufgerüstet werden. Sie sind identifizierbar, lokalisierbar, sie kennen ihre Historie, ihren aktuellen Zustand und ihren Zielzustand.

Und auf dieser Basis bereitet die Industrie 4.0 den Weg für völlig neue Geschäftsmodelle. Eine Gasturbine von heute erkennt beispielsweise über eingebaute Sensoren, dass einige ihrer Turbinenschaufeln in wenigen Wochen verschlissen sein werden. Über eine Internet-Anbindung wählt die Software der Anlage daraufhin selbstständig den Zulieferer, der solche Ersatzteile zeitgerecht, in zertifizierter Qualität und zum günstigsten Preis bereitstellen kann. Nach den spezifischen Anforderungen aus der Bestellung stellt die digitale Fabrik des Zulieferers die Ersatzteile selbstständig her. Und ein Service-Techniker macht sich mit den neuen Turbinenschaufeln auf den Weg zum Kunden und baut sie zum gewünschten Termin ein. Dank der digitalen Technologie kann ein technisches Problem also frühzeitig erkannt werden und durch vorbeugende Maßnahmen Ausfallzeiten verhindert werden. Ein klarer Mehrwert für den Kunden.

In der Industrie 4.0 entsteht ein lückenloses, sich stetig optimierendes, globales Wertschöpfungsnetzwerk. Heute sind in globalen Unternehmen Entwicklung und Planung, Werkzeugbau und Produktion, Instandhaltung und Ersatzteillager nicht notwendigerweise unter einem Dach angesiedelt, sondern oft weltweit verteilt. Tausende Zulieferer und eine Vielzahl von Partnern sind beteiligt, wenn ein Konzern ein neues Produkt auf den Markt bringt. Und selbst kleine Unternehmen bedienen sich des weltweiten Angebots von Produzenten und Dienstleistern. Mit der Digitalisierung der gesamten Wertschöpfungskette wird die Koordination der verschiedenen Akteure, Maschinen und Systeme einfacher.

Für Industrieunternehmen ergeben sich dadurch drei Wettbewerbsvorteile: Sie können die Time-to-Market verkürzen, also die Zeitspanne von der Produktidee bis zur Markteinführung – und damit auch die Innovationszyklen. Und sie können ihre Flexibilität erhöhen und Produkte individualisieren, um so nicht nur Kundenwünschen besser gerecht zu werden, sondern auch auf Volatilitäten und Markttrends schneller reagieren zu können. Außerdem können sie ihre Energie- und Ressourceneffizienz steigern. Doch dafür braucht es nicht nur IT- und Software-Know-how, sondern auch fundierte Hardware- und Datenanalytik-Kenntnisse sowie ein tiefes Branchen- und Prozessverständnis. Siemens verfügt über alle diese Kompetenzen in der virtuellen und der realen Fertigungswelt und bündelt sie unter dem Dach des sogenannten „Digital Enterprise". Das Siemens-Portfolio erstreckt sich über Produkte und Lösungen für die Sicherheit in der Automatisierung, industrielle Kommunikationsnetzwerke, zukunftsfähige Softwarelösungen und digitale Services für die Industrie.

## Digitale Fabrik in Amberg

Im Siemens-Elektronikwerk in Amberg kann man bereits einen Blick in diese Zukunft werfen (Abb. 2.2).

In der Amberger Fabrik steuern Produkte ihre Fertigung selbst. Über ihren jeweiligen Produktcode teilen sie Maschinen ihre spezifischen Anforderungen mit und welche Produktionsschritte als Nächstes nötig sind. Möglich ist das unter anderem deswegen, weil das Werk zweimal „existiert": als physische Fabrik und als digitales Abbild, als „digitaler Zwilling". Das bedeutet, dass alle Fertigungsabläufe im Werk parallel auf einem Computersystem simuliert werden. Will man zum Beispiel die Fertigung auf ein neues Produkt um-

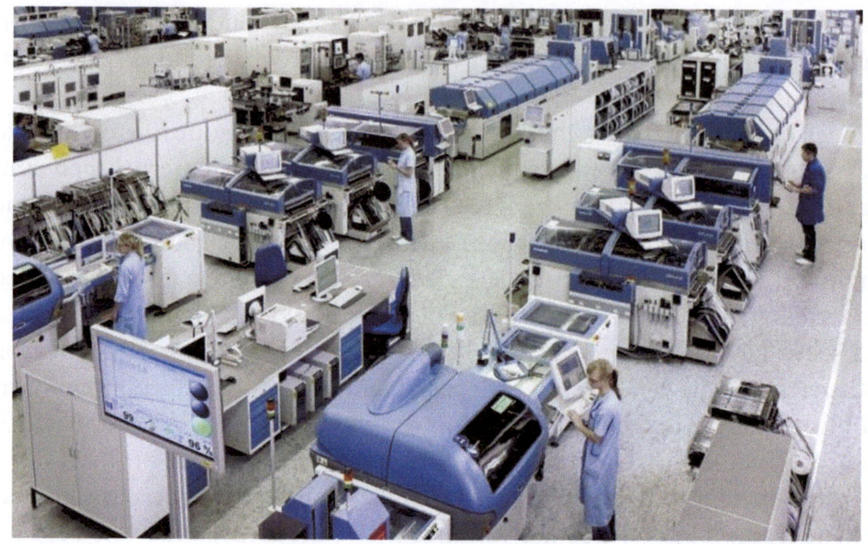

**Abb. 2.2**  Elektronikwerk Amberg: Das Siemens-Vorzeigewerk der „Digitalen Fabrik".
(Quelle: Siemens AG)

stellen, wird dieser Vorgang zunächst im digitalen Zwilling simuliert. Alle Möglichkeiten der Neukonfiguration können in kürzester Zeit durchgespielt, Fehler frühzeitig identifiziert und behoben werden. Nur eine optimale Lösung wird anschließend in der echten Fabrik umgesetzt.

Neben dem „Digital Twin" verfügt die Digitale Fabrik in Amberg über eine einheitliche Datenplattform, an die auch externe Partner angeschlossen sind. So bindet das Werk Lieferanten bereits im Produktentstehungsprozess ein und kann Kundenwünsche frühzeitig berücksichtigen. Das ermöglicht eine umfassende, systematische Produktionsplanung – von der Idee über die Entwicklung und Fertigung bis hin zum Service.

Das Ergebnis ist eine weltweit unübertroffen niedrige Fehlerquote: Bei der Produktion elektronischer Schaltungen liegt die Qualitätsrate des Werks bei 99,9989 %, das heißt, es werden nur elf Fehler bei einer Million Fehlermöglichkeiten gemacht. Vor der umfassenden Digitalisierung des Werks im Jahr 1991 lag die Zahl der Fehler noch bei 550 je eine Million Möglichkeiten im Jahr 1991. Auch die Energieeffizienz wurde mit Hilfe des digitalen Fabrik-„Zwillings" gesteigert. Auf Basis von gemessenen Daten wird der Energieverbrauch der Maschinen beobachtet und Optimierungen werden vorgenommen. Durch gezielte Maßnahmen lässt sich daraus selbst in hochautomatisierten Werken wie Amberg noch ein Einsparpotenzial in Höhe von fünf bis zehn Prozent realisieren. Darüber hinaus helfen in Anlagen integrierte Energiemanagementsysteme, Energie zu sparen, indem nur die Module der Anlage aktiv geschaltet werden, die zur Produktion des jeweiligen Produktes notwendig sind. In Pausen oder anderen Unterbrechungen fährt dann das komplette System automatisch herunter.

## Deutschlands industrielle Stärke als Wettbewerbsvorteil

Die Leistungs- und Innovationsfähigkeit der Industrie ist eine der großen Stärken des Standorts Deutschland. Die Wirtschafts- und Finanzkrisen der vergangenen Jahre haben gezeigt, dass eine breite industrielle Basis eine der wichtigsten Bedingungen für langfristigen wirtschaftlichen Wohlstand ist.

Der Anteil der Industrie am deutschen Bruttoinlandsprodukt ist mit 25,5 % (2013) im internationalen Vergleich besonders hoch – einen ähnlichen Wert erreichen unter den Industrieländern nur Südkorea und Japan. Unser Land verfügt über ein einmaliges Geflecht aus innovativen Kleinunternehmern, Mittelständlern – viele davon heimliche Weltmarktführer –, globalen Unternehmen sowie international anerkannten Forschungseinrichtungen und Universitäten.

Unsere Industrieunternehmen verfügen über ein fundiertes Branchenwissen und großes Anwendungs-Know-how, dank langjähriger Kundenbeziehungen und dank einer breiten weltweit installierten Basis. Wir sind Innovationsführer in der Automatisierung, Energietechnik, Medizintechnik und vielen weiteren Bereichen. 89 % der privatwirtschaftlichen Investitionen für Forschung und Entwicklung werden in Deutschland von der Industrie getragen.

Der Erfindergeist deutscher Industrie-Pioniere wie Robert Bosch, Gottlieb Daimler, Friedrich Engelhorn und Werner von Siemens ist bis heute lebendig und prägend. Nicht umsonst gilt „Made in Germany" international als Qualitätssiegel. Genau dieses Fundament aus Tradition, Neugierde und Wissen ist die Basis für den Erfolg der deutschen Industrie im digitalen Zeitalter. Uns wird zugetraut, die Produktion der Zukunft aufzubauen – und dieses Know-how dann in andere Länder zu exportieren.

Damit Deutschland diese Rolle ausfüllen kann, muss es konsequent in Industrie 4.0 investieren. Einer Studie der Beratungsgesellschaft PwC aus dem Herbst 2014 zufolge befinden wir uns dabei bereits auf einem guten Weg. Demnach wollen die deutschen Industrieunternehmen in den kommenden fünf Jahren rund 3,3 % ihres Jahresumsatzes in die Digitalisierung investieren. Wir reden also von jährlichen Investitionen in Höhe von 40 Mrd. €.

## Angst vor dem Silicon Valley?

Mit der Digitalisierung der industriellen Bereiche verschwimmen die Grenzen zwischen den „Traditionalisten" und reinen Software-Unternehmen immer mehr. Google beispielsweise hat Anfang 2014 das auf Rauchmelder und Thermostate spezialisierte Automatisierungsunternehmen Nest Labs für US$ 3,2 Mrd. gekauft. Und Microsoft präsentierte sich 2015 zum ersten Mal auf der weltweit bedeutendsten Industriemesse, der Hannover Messe.

Wenn wir uns auf dem Markt für digitale Produkte umschauen, dann sehen wir dort einen mächtigen Platzhirsch: die USA. 65 der Top 100 Software-Firmen auf der Welt haben heute ihren Firmensitz in den Vereinigten Staaten. In den vergangenen Jahrzehnten ist dort ein starkes Netzwerk aus Universitäten, Venture Capital, Start-ups, Forschungseinrichtungen und staatlichen Institutionen gewachsen. Wenn die USA heute eine Führungsrolle in der Welt innehaben, dann nicht zuletzt dank dieser führenden Position im Bereich Software.

Muss die deutsche Wirtschaft also Angst vor der IT-Branche aus dem Silicon Valley haben? Nein, denn wir sind schon dort, wo die IT-Unternehmen hinwollen: in den Fabrikhallen, bei den Kunden. Aber wir müssen Respekt vor diesen Unternehmen mit ihrer hohen Innovationskraft und ihren großen Ressourcen haben. Denn sie verstehen es meisterhaft, den „Rohstoff" Daten zu gewinnen und zu verwerten. Die Verbindung der virtuellen mit der realen Welt verlangt jedoch mehr als nur das. Sie fordert nicht nur „Big Data", sondern „Smart Data", also die intelligente Nutzung von Daten, um einen direkten, sichtbaren Mehrwert zu schaffen. Dafür brauchen Unternehmen ein technisches Verständnis beider Welten – und das mit einem spezifischen Blick auf die Geschäftsmodelle der Industrie, den vor allem jene Unternehmen haben, die in diesen Branchen schon lange zuhause sind. Das ist der große Vorteil und Vorsprung deutscher Firmen, ob es Automobilbauer, Elektrounternehmen oder Maschinenbauer sind.

Siemens sieht die Stärke der amerikanischen Weltmarktführer vor allem in den horizontalen IT-Feldern – also Standard-IT-Lösungen wie Datenbanken, Office-Anwendungen und Suchmaschinen, die sich in einer Vielzahl von Umgebungen einsetzen lassen. Wir selbst hingegen konzentrieren uns auf branchenspezifische Technologien sowie auf vertikale Software – also Software, die auf die Bedürfnisse ganz spezifischer Industriebranchen zugeschnitten ist. Diese Kombination aus Technologie und Branchenverständnis ergibt hier einen Wettbewerbsvorteil für uns. „Technology plus Data", das können wir im industriellen Umfeld besser als die Googles und IBMs dieser Welt.

# Erfolgsfaktoren für Deutschland

Ich halte drei Faktoren für entscheidend, um in Deutschland den digitalen Wandel erfolgreich zu gestalten:

1. Wir brauchen eine moderne Infrastruktur.
2. Wir brauchen exzellent ausgebildete Menschen.
3. Wir brauchen einen Kulturwandel.


*Infrastruktur* „Infrastruktur" meint nicht nur eine zuverlässige, bezahlbare und nachhaltige Energieversorgung und intakte Straßen und Schienenwege ohne Schlaglöcher und marode Brücken. Infrastruktur bedeutet auch eine flächendeckende und leistungsfähige Breitbandanbindung. High-Speed-Mobilfunk und Glasfasernetze müssen weiter ausgebaut werden. Wir müssen in die intelligente Steuerung von Verkehrsströmen und Stromnetzen investieren. Und zwar so, dass auch die Industrie mit ihren besonders hohen Anforderungen davon profitieren kann.

An den „Verkehrsregeln" für digitale Datennetze müssen wir ebenfalls arbeiten. Zu einer modernen Infrastruktur zählt auch die Standardisierung im Umgang mit Daten und Schnittstellen. Unternehmen, Verbände, Institute und auch die Politik müssen dabei an einem Strang ziehen. Siemens ist dazu beispielsweise in traditionellen Standardisierungs-Gremien wie der IEC (International Electrotechnical Commission) und der IEEE Association vertreten. Hinzu kommen zudem Konsortien wie OIC (Open Interconnect Consortium) oder das IIC (Industrial Internet Consortium), in denen das Unternehmen auch mit Konkurrenten wie GE, ABB, Bosch und Schneider zusammenarbeitet.

Nicht zuletzt ist die Politik gefordert. Der Gesetzgeber trägt die Verantwortung für klare Richtlinien im Datenschutz sowie der Daten-, Informations- und Netzsicherheit. Ich bin für Netzneutralität im Internet – sie ist ein hohes Gut und hat viele Innovationen der Digitalisierung erst möglich gemacht. Gleichzeitig müssen Schlüsselindustrien die Möglichkeit haben, für bestimmte Datenströme Garantien zu bekommen – zum Beispiel Garantien für Bandbreite, Reaktionsgeschwindigkeit und Ausfallsicherheit. Bei Industrie 4.0 ist das besonders wichtig, denn die weiträumige Vernetzung von Maschinen und Produktionsanlagen in Echtzeit ist Kern des Konzepts.

Ebenso wichtig sind einheitliche gesetzliche Standards für den Umgang mit Daten und Informationen. Wenn wir zu gemeinsamen europäischen Regelungen für den Umgang mit Daten gelangen, dann stärkt das europäische Unternehmen in der Digitalisierung. Denn dann verfügen wir über einen großen Heimatmarkt, auf dem wir experimentieren und wachsen können.

*Bildung und Ausbildung* Ein an Rohstoffen armes Land wie Deutschland muss sich vor allem um die eine Ressource kümmern, die ihm stets gute Dienste geleistet hat: unseren Verstand. Ohne gut ausgebildete und engagierte Menschen können wir den digitalen Wandel nicht bewältigen.

Die Digitalisierung verändert die Arbeitswelt radikal. Berufe wie Mechaniker oder Elektriker werden in Zukunft nicht mehr ohne gründliche Software-Kenntnisse auskommen. Arbeiter in modernen Automobilfabriken greifen immer seltener nach dem Schraubenschlüssel – und immer öfter nach ihrem Tablet-PC. Um Arbeitskräfte für diese neue Produktionswelt zu rüsten, brauchen wir ein Umdenken in der Ausbildung wie auch der Weiterbildung: ein Qualifying und Requalifying. In Schulen, Betrieben und Hochschulen müsste schon heute viel mehr interdisziplinär gedacht werden. Die Lehrpläne müssen kontinuierlich weiterentwickelt werden, Silodenken sollte auch hier der Vergangenheit angehören.

Die Industrie sucht zunehmend qualifizierte Arbeitskräfte, die auch komplexe Prozesse ihrer Fachbereiche über Software steuern können. Sie müssen die Technologie nicht nur einsetzen können, sondern ihr die richtige Richtung vorgeben und sie weiterentwickeln.

Um diese Fachkräfte in ausreichender Zahl zu finden, wird es nicht ausreichen, nur auf dem heimischen Arbeitsmarkt zu suchen. Wir brauchen vermehrt Mitarbeiter aus dem Ausland, die uns verstärken – und damit auch eine Willkommenskultur.

Auch im Zeitalter der Digitalisierung wird es keine menschenleere Fabrik geben. Der Mensch wird auch weiterhin gebraucht. Maschinen mögen immer mehr Standardaufgaben übernehmen. Aber wenn es um den Sonderfall geht und um kreative Lösungen, bleiben die menschliche Intelligenz und Erfahrung unverzichtbar. Der Schlüssel zum Erfolg liegt im Zusammenspiel von Mensch und Maschine und im Beherrschen dieser Schnittstelle.

*Kulturwandel* Wer in der Lage sein will, Paradigmenwechsel zu gestalten, benötigt nicht zuletzt eine „Kultur des Experimentierens". Sie ist Voraussetzung dafür, dass wir auch abseits der eingeschlagenen Wege etwas Neues entdecken.

Das impliziert auch die Gefahr des Scheiterns. In diesem Punkt kann uns das Silicon Valley tatsächlich Vorbild sein: Als ich im Silicon Valley lebte – ein halbes Jahrzehnt lang – habe ich es selbst beobachtet: Wer dort mit einer Geschäftsidee scheiterte, ging zum Bezirksrichter in den ersten Stock und meldete Chap. 11 an. Dann ging er ein Stockwerk höher und gründete ein neues Start-up – mit einer Idee, die sich später vielleicht als „the next big thing", „das nächste große Ding", herausstellt. Dazu kommt es in Deutschland viel zu selten. Denn wer bei uns scheitert, erhält in der Regel keine zweite Chance – und erfährt obendrein noch soziale und gesellschaftliche Ächtung. Viele, die nach früheren Rückschlägen heute sehr erfolgreich sind, sagen: Diese Erfahrung hat mich erst stark gemacht.

Wenn wir Deutsche auch in Zukunft bei der Technologie, aber auch bei den Geschäftsmodellen global vorne mitspielen wollen, müssen wir unsere Angst vorm Scheitern ablegen. Und wir müssen in der Gesellschaft in Deutschland an unserer inneren Einstellung arbeiten. Unternehmertum und Respekt fangen in den Köpfen an – dort sollten wir ansetzen!

Schnelligkeit, Flexibilität und Anwenderfreundlichkeit – das sind weitere Attribute der amerikanischen Wirtschaftskultur, die durchaus nachahmenswert sind: einfache, ansprechende Lösungen zu erfinden und weniger „Engineering um des Engineering willen" zu betreiben. Auch beim Einsatz von Venture Capital im großen Stil, um Geschäftsideen zum kommerziellen Durchbruch zu verhelfen, stecken wir noch in den Kinderschuhen. Klar ist aber auch: Wir müssen unseren eigenen Weg finden. Wir müssen die Amerikaner kapieren, nicht kopieren.

Den digitalen Wandel zu gestalten, erfordert Mut, Zuversicht, Pioniergeist und Risikobereitschaft. Alles Attribute, die Gründerfiguren wie Daimler, Bosch, Siemens oder Engelhorn hatten. All diese Wirtschaftsgrößen aus den Gründerjahren der deutschen Industrie gestalteten Paradigmenwechsel, weil sie eine Vision hatten: eine Vision von einer besseren Welt. Sie ließen sich von Rückschlägen nicht aus der Bahn bringen, sondern gingen ihren Weg konsequent und beharrlich. Sie waren hartnäckig und mutig. Und sie betraten Neuland, so wie wir heute mit der Digitalisierung wieder Neuland betreten. Wir sollten sie uns zum Vorbild nehmen und versuchen, es ihnen gleichzutun.

**Joe Kaeser** ist der Vorstandsvorsitzende der Siemens AG, einem weltweit führenden Unternehmen der Elektronik und Elektrotechnik. Er hat mehr als 30 Jahre Erfahrung bei Siemens, wo er eine Vielzahl leitender Management-Positionen im Finanzwesen und in der Strategie im In- und Ausland innehatte.

Joe Kaeser begann seine Karriere bei Siemens 1980 im Bereich der Bauelemente und Halbleiter, für den er unter anderem auch in Malaysia und den USA arbeitete. 1999 wechselte er in die Zentralabteilung Finanzen. 2001 wurde Joe Kaeser Chief Financial Officer des Bereichs „Information and Communication Mobile". Von 2004 bis 2006 war er Chief Strategy Officer der Siemens AG. Bis unmittelbar vor seiner Berufung zum Vorstandsvorsitzenden im August 2013 war er sieben Jahre lang Chief Financial Officer der Siemens AG.

# 3

# Chancen des digitalen Zeitalters: Das Zusammenspiel zwischen Daten und Menschen

Dr. Dietmar Harting, Vorstandsvorsitzender, Philip F. W. Harting, Vorstand, HARTING Technologiegruppe

**Zusammenfassung** Wie das Geschäftsmodell der HARTING Technologiegruppe in Zukunft aussehen wird, können wir angesichts der exponentiellen Entwicklung im Bereich der Datenverfügbarkeit und deren Analyse nicht voraussagen, wohl aber die Voraussetzungen schaffen. Für uns als Unternehmer ist zudem bedeutend, dass ein Geschäftsmodell nicht losgelöst von der Gesellschaft, in der wir leben, unserer sozialen Marktwirtschaft, existieren kann. Unserer Ansicht nach ist eine Meinungsbildung vonseiten der Zivilgesellschaft, der Verbände, der Wissenschaft, der Gewerkschaften, der Regierung und aller weiteren Partner notwendig.

## Sportliches Vorbild

Im Jahre 1996 fand die Weltmeisterschaft im Roboterfußball in Bremen statt.[1] Die Wettbewerbe der quirligen Roboter entfachten bei Besuchern und in den Medien, vor allem aber bei einigen Unternehmenslenkern große Begeisterung. Ins Blickfeld gerieten die Roboter, die ihr Spielverhalten durch lernende Algorithmen abbilden, durch zwei Aspekte: Zum einen spiegeln sie den aktuellen Stand der Forschung zum Gebiet der künstlichen Intelligenz wider. Zum anderen sind die wissenschaftlichen Teams, die entsprechende Hard- und Software für die Wettbewerbe vorbereiten, nicht nur herausragen-

---

[1] Die HARTING Technologiegruppe unterstützt den RoboCup aktiv als Sponsor seit 2007.

D. Harting (✉) · P. F. W. Harting
Espelkamp, Deutschland

de fachliche IT-Experten, sondern insbesondere teamfähig. Denn die Roboter werden im Wettbewerb oft bis zu Spielbeginn in nächtelanger Kleinarbeit modifiziert und angepasst, das funktioniert nur in einem eingespielten Team. Der RoboCup selbst ist eine internationale Initiative zur Förderung der Forschung in den Bereichen künstliche Intelligenz und autonomer mobiler Roboter. Die wissenschaftliche und technische Herausforderung besteht darin, bis 2050 ein Team von Robotern zu entwickeln, das erfolgreich gegen den menschlichen Fußballweltmeister bestehen kann.

Die faszinierenden Bilder, die von der RoboCup Weltmeisterschaft ausgingen, verfehlten ihre Wirkung nicht und steckten uns an. Wir traten in Kontakt mit Martin Riedmiller, damals noch ein junger Hochschullehrer an der Universität Osnabrück, heute an der Universität Freiburg lehrend. Mit seinen Teams war Martin Riedmiller mehrmals in verschiedenen Disziplinen Weltmeister geworden war und öffnete unserem Unternehmen den Eintritt in die faszinierende Welt der künstlichen Intelligenz, spielerisch sozusagen.[2] Ein zunächst sportlich anmutender, aber folgenreicher Impuls für unsere Technologiegruppe, der zu einer intensiveren Auseinandersetzung mit künstlicher Intelligenz führte.

Heute erleben wir eine epochale Veränderung, auch als vierte industrielle Revolution bezeichnet, die auf der am Roboterfußball skizzierten Veränderung aufbaut: Zukünftig werden Daten und entsprechende Algorithmen maßgeblich sein für die Unternehmensstrategie, und die Software die neue Hardware. Daten aus unterschiedlichen Quellen zu vernetzen und zu analysieren, entscheidet über den Erfolg eines Unternehmens. Im Internet der Dinge und Dienste, in dem jedes Objekt über sich selbst Auskunft geben kann und alle Objekte und Prozesse miteinander vernetzt sind, wird die Handhabung intelligenter Big-Data-Anwendungen von herausragender Bedeutung sein für die Entwicklung von Unternehmen.

Als Unternehmer betrachten wir es als unsere Aufgabe, diesen Wandel für unser Unternehmen und die Gesellschaft aktiv zu gestalten. Besonders der deutsche Mittelstand ist dabei in einer guten Ausgangsposition, denn die Expertise und die Ressourcen zu den industriellen Wertschöpfungsprozessen liegen in unseren Unternehmen. Verknüpfen wir diese intelligent mit Daten, so können wir dem Eintritt in digitales Neuland begegnen und

---

[2] Zudem mündete die Partnerschaft mit der Mannschaft Brainstormers unter Leitung von Martin Riedmiller in ein von der DFG gefördertes Transferprojekt zur Entwicklung eines mobilen Roboters für die RoboCup MidSize-Liga. 2015 schreibt das Unternehmen bereits zum dritten Mal den HARTING Open Source Price aus, mit dem diejenige Mannschaft ausgezeichnet wird, die mit ihrem Open-Source-Beitrag zur Umsetzung des RoboCup Ziels beiträgt. Damit soll der wichtigen Voraussetzung der Wettbewerbe Vorschub geleistet werden, dass nach jedem sportlichen Wettbewerb die Wissensbasis geteilt wird. Siehe http://ml.informatik.uni-freiburg.de/pub/dfg/doku.php, http://ml.informatik.uni-freiburg.de/research/tribots, http://www.robocupgermanopen.de/.

auf Augenhöhe den Wettbewerb mit den IT-Unternehmen aufnehmen. Als Unternehmen ebnen wir diesen Weg ins digitale Neuland durch zahlreiche Projekte, die wir im Unternehmen und in Partnerschaft mit unseren Kunden umsetzen. Einige davon werden im Folgenden vorgestellt. Jede Veränderung bedarf aber auch einer Auseinandersetzung mit den Menschen, die damit in Berührung kommen. Daher ist die Diskussion mit unseren Mitarbeitenden, Kunden und Partnern, der Wissenschaft und auch der Gesellschaft ein wesentlicher Aspekt, um Akzeptanz für die durch die industrielle Revolution hervorgerufenen Veränderungen zu schaffen. Mit dieser, unserer unternehmerischen Verantwortung, setzen wir uns gleichfalls in diesem Beitrag auseinander.

## Daten steuern Prozesse und Produkte

Bis zum Jahre 2020 wird sich das weltweite Datenvolumen alle zwei Jahre verdoppeln, also ausgehend von einem Volumen von 4,4 Billionen Gigabyte im Jahre 2013 auf eine Höhe von 44 Billionen Gigabyte ansteigen (EMC 2014). Einer Befragung von 235 deutschen Industrieunternehmen zufolge werden diese innerhalb der nächsten fünf Jahre 3,3 % ihres Jahresumsatzes zur Verwirklichung des Internets der Dinge und Dienste investieren. Hochgerechnet auf die gesamte deutsche Industrie entspricht dies Investitionen von jährlich 40 Mrd. € bis 2020.[3] Durch diese Investitionen in Industrie 4.0-Lösungen werden im selben Zeitraum Effizienzsteigerungen von 18 % sowie eine Digitalisierung der Wertschöpfungskette bei über 80 % der Unternehmen erwartet. Für diese Periode werden jährlich zusätzliche Umsätze mit digitalen Produkten und Serviceangeboten in Höhe von über 30 Mrd. € prognostiziert (PWC 2014). Die damit verbundene Digitalisierung ganzer Wertschöpfungsketten wird durch die intelligente Nutzung von Daten zu neuen Prozessen und Produkten führen, insbesondere in Form von Dienstleistungen, und darauf basierend neue Geschäftsmodelle hervorbringen.

Diese Entwicklungen stellen auch unsere im ostwestfälischen Espelkamp ansässige Technologiegruppe vor neue Herausforderungen. Unser Unternehmen, das am Markt für sein Lösungsspektrum im Bereich der Verbindungstechnik geschätzt wird, hat schon früh Pionierarbeit geleistet und mit dem Han® Steckverbinder einen bis heute gültigen internationalen Standard geschaffen. Voraussetzung dafür war eine wegweisende Entscheidung meines

---

[3] Bezogen auf die Kernbranchen der Studie, nämlich den Maschinen- und Anlagenbau, den Automobilzulieferern, der Prozessindustrie, der Elektrotechnik- und Elektronikindustrie sowie der Informations- und Kommunikationsindustrie.

Vaters beziehungsweise Großvaters Wilhelm Harting, der das Unternehmen im September 1945 gegründet hatte. Investierte er zunächst in Produkte wie Regler und elektrische Benzinpumpen für den globalen Ersatzteilbedarf von Automobilen oder die Unterhaltungselektronik, so beschloss er gemeinsam mit seiner Frau und Mitarbeitenden im Jahre 1961, den noch jungen Betrieb strategisch neu auszurichten. Um notwendiges Kapital für Investitionen und damit den Ausbau der Steckverbinder zu erhalten, wurde der damals noch sehr erfolgreiche Bereich der Unterhaltungselektronik (Plattenspieler, Musikboxen etc.) aufgegeben zugunsten der Orientierung und Konzentration auf die Steckverbinder-Zukunft.[4] Das bildete das Fundament für den globalen Erfolg der familiengeführten Technologiegruppe mit einem Umsatz von 547 Mio. € sowie mehr als 4000 Mitarbeitenden weltweit.[5] Die Bandbreite der Kundenlösungen reicht vom Ladestecker für Elektromobile über modulare Steckverbinder bis hin zu IT-Lösungen.

Um die durch die vierte industrielle Revolution hervorgerufenen Veränderungen mit zu gestalten, knüpften wir schon frühzeitig Partnerschaften mit der Wissenschaft.[6] So engagiert sich das Unternehmen u. a. gleich mit zwei Forschungsprojekten im Spitzencluster „it's OWL", ist Mitglied der Smart Factory in Kaiserslautern und Gesellschafter des DFKI.[7] Zudem unterstützt die Unternehmerfamilie als Stifter die Professur „Verteilte Systeme" an der Universität Osnabrück, die Nils Aschenbruck innehat.[8]

Darüber hinaus beschäftigt sich die eigene Vorlaufentwicklung mit der Digitalisierung von Produkten und damit verbundenen Serviceangeboten. So wurden beispielsweise Stromsensoren mit digitalen Schnittstellen versehen, die über Mobilfunknetze ausgelesen werden können. So kann sich der Kunde direkt über seine Stromverbräuche informieren und sie entsprechend steuern.

Der universelle Han® Steckverbinder mit seinen vielfältigen Modulen für die Strom-, Daten-, Signal- und Druckluftübertragung als zentrale Schnittstelle für Anlagen, Maschinen oder Schienenfahrzeuge kann zusätzlich überwacht werden und so wertvolle Informationen für die Datenerfassung liefern. Auf diese Weise werden die Prozesse in der Fertigung transparenter, Ano-

---

[4] Wilhelm Harting sah hier die nationalen Marktbegleiter wie Grundig und Telefunken im Vorteil, da diese sich ausschließlich auf die Unterhaltungselektronik konzentrierten, HARTING im Vergleich aber zu breit aufgestellt war. Letztendlich erwies sich die gemeinsame Entscheidung als wegweisend für das Unternehmen, allerdings nicht seine Begründung, denn die nationale Unterhaltungselektronik konnte dem japanischen Wettbewerb nicht standhalten. Siehe u. a. auch Harting 2009.

[5] Die Angaben zum Umsatz beziehen sich auf das Geschäftsjahr 10/2013–09/2014, die Zahl der Mitarbeitenden auf 12/2014.

[6] HARTING ist Teil der Arbeitsgruppe 3 der Industrie 4.0-Initiative der Verbände BITKOM, VDMA und ZVEI.

[7] Weitere Informationen unter www.its-owl.de sowie http://www.smartfactory-kl.de/.

[8] Nils Aschenbruck lehrt und forscht an der Universität Osnabrück am Lehrstuhl für „Verteilte Systeme", http://sys.cs.uos.de/index.shtml.

malien können aufgezeigt, und rechtzeitig erkannt, einen möglichen Ausfall verhindern.

## Daten generieren Wissen

Die durch die Digitalisierung induzierten Veränderungen von Produkten und Prozessen beeinflussen auch grundlegend die Art und Weise ihrer Fertigung. Treibende Kraft dieser Veränderung ist das Streben nach einem vertieften Prozessverständnis. Eine wesentliche Voraussetzung dafür sind Sensoren, die entsprechende Daten aufnehmen und sammeln. Anschließend werden die Rohdaten mit Hilfe statistischer Methoden, dem maschinellen Lernen oder dem Data Mining, veredelt. So können Aussagen zum künftigen Systemverhalten abgeleitet, unbekannte Zusammenhänge aufgedeckt oder auch Verbesserungen der Prozesssteuerung aufgezeigt werden. Auf diese Weise wird implizites Know-how, welches über Jahre in Prozessen und Produkten verborgen war, zu explizitem Wissen extrahiert. Konkret sichtbar wird der enorme Nutzen dieser Methoden beim Stanzen von Stiften, die später in einen Steckverbinder Verwendung finden. Durch die Ausstattung der Stanzen mit Sensorik ist der Verschleißgrad der Matrizen und Stempel kontinuierlich zu ermitteln. Erreicht der Verschleißgrad einen kritischen Wert, kann ein Wechsel beziehungsweise eine Überprüfung des Werkzeugs veranlasst werden, bevor Qualitätseinbußen bei den zu produzierenden Stiften auftreten. Das Ergebnis ist ein intelligentes Verfahren im eigenen Unternehmen, das den Kunden zu hoher Qualität und uns zu effizienteren Prozessen verhilft.

Ein weiterer Aspekt der zunehmenden vertikalen Integration ist die eindeutige Identifizierung und Lokalisierung der Produkte. Sie können nicht nur Auskunft geben zu ihrer Historie, sondern darüber hinaus auch zu ihrem aktuellen Zustand. Zudem passen sie sich direkt den Veränderungen in der Produktion an, indem sie beispielsweise einen alternativen Fertigungsweg durchlaufen. HARTING unterstützt diesen Anspruch hardwareseitig mit seinen RFID-Angeboten. In Bezug auf die Software werden von uns kundenspezifische Systemintegrationsprojekte über die gesamte vertikale Integration, vom Sensor bis in die Business Application, vorangetrieben.

Diesen neuen Herausforderungen hat das Unternehmen auch organisatorisch Rechnung getragen: In Berlin wurde ein Entwicklungszentrum der HARTING IT Software Development GmbH für hardwarenahe Softwareentwicklung und embedded devices eröffnet; in Mannheim eine Niederlassung der HARTING IT System Integration GmbH, die sich auf die Realisierung SAP-orientierter Integrationsprojekte konzentriert.

Eine weitere Herausforderung stellt die Zusammenführung der Produktionsdaten und der Fertigungsprozesse mit weiteren Datenquellen dar. Bei Letzteren handelt es sich in der Regel um unstrukturierte Datenquellen wie Kundenfeedbacks aus sozialen Netzwerken, also Blogs und Portalen. Big-Data-Anwendungen eröffnen hier neue Analyseoptionen zur Identifikation von Trends und Potenzialen, die HARTING helfen, das Verständnis für ihre Kunden noch weiter zu verbessern.

Diese Aufstellung bildet unser unternehmerisches Fundament, um das Sammeln sowie die Analyse von Daten zu ermöglichen. Denn letztendlich ist diese digitale Kompetenz der Schlüssel für künftige Entwicklungen und damit den Unternehmenserfolg.

## Daten flexibilisieren den Fertigungsprozess

Wenn in der digitalen Fertigung die Produkte selbst Auskunft geben über ihren aktuellen Zustand und den Ablauf ihres Fertigungsprozesses bestimmen können, dann rückt der Fertigungsprozess selbst in den Mittelpunkt des Interesses. Denn dieser kann nicht mehr starr konzipiert sein, sondern verlangt nach einer deutlichen Flexibilisierung der Fertigungs- und Produktionsumgebung. Dafür sind modulare Produktionsplattformen notwendig, die vergleichbar mit heutigen Smartphones einfach und unkompliziert konfiguriert werden können, aber zeitgleich die hohen Anforderungen an die Sicherheit und Effizienz von Prozessen abbilden. Dieser Aufgabe stellt sich HARTING gemeinsam mit der Universität Bielefeld in zwei Forschungsprojekten im Rahmen des Spitzenclusters it's OWL.[9]

Der Forschungsansatz stellt modulare Fertigungskonzepte mit Plug & Produce-Eigenschaften in den Vordergrund. Diese können sowohl auf der Ebene der einzelnen Fertigungskomponente als auch der vollständigen Fertigungszelle, d. h. die Summe der Einzelkomponenten, gestaltet werden. Es geht darum, die Konfiguration mit deutlich reduzierten Umrüstzeiten zu realisieren und diese mittels offener Standards vertikal in die eigene Unternehmens-IT zu integrieren.

Ein entscheidender Baustein ist ein Prozessmodell, das auf allen Ebenen und in allen Prozessschritten konsistent bleibt und die vollständige Beschreibung des Produktionsprozesses erlaubt. Der Inhalt des Produkt-

---

[9] Im Spitzencluster-Wettbewerb des Bundesministeriums für Bildung und Forschung im Rahmen der Hightech-Strategie 2020 für Deutschland ist die HARTING Technologiegruppe gemeinsam mit der Universität Bielefeld mit den Forschungsprojekten FlexiMon – Flexibles Montagekonzept durch autonome mechatronische Fertigungskomponenten sowie FlexiMiR – Flexible Montage mit integrierter interaktiver Robotik vertreten.

gedächtnisses wird durch die Modellierung von sogenannten BPMN2-Modellen angereichert (OMG 2014). So wird eine individuelle Produktherstellung ermöglicht, ohne dass die Variantenbildung im Produktionssystem bekannt sein muss (Näheres siehe Franke und Wrede 2014). Auf diese Weise wachsen die üblicherweise semantisch getrennten Systeme der Planung (ERP und MES) und der Ausführung (SPS und NC) zusammen. Gleichzeitig ermöglichen die BPMN-Modelle die Speicherung der individuellen Prüf- und Betriebsdaten eines Produktes und verbessern somit entscheidend die Optionen der Nachverfolgbarkeit sowie der vorbeugenden Wartung. Diese Modellierung ist Voraussetzung dafür, dass die Produkte kundenspezifisch gefertigt werden können. Zudem kann der Kunde seine individuellen Kennzeichnungen von vornherein in den Fertigungsprozess von HARTING integrieren. Das ist ein wesentlicher Schritt zur Stärkung der Kundenintegration.

Durch die BPMN2-Modellierung zeichnet sich deutlich eine Auflösung der Strukturen der Automatisierungspyramide ab. Unter dem Schlagwort IP-All wird entsprechend ein Ersatz von spezialisierten Feldbussen durch IP-basierte Standardkommunikation diskutiert (Wahlster 2014). Derzeit fehlen dafür allerdings noch industrietaugliche und echtzeitfähige Lösungen, sodass kurzfristig nur ein gemischter Ansatz umsetzbar ist: Das heißt, die Nutzung der Vorteile von IP-basierten Systemen mit dezentralisierter Intelligenz wird im Zusammenspiel mit hart echtzeitfähigen SPS-Steuerungen mit eigenen leistungsfähigen Feldbussen erfolgen.

## Daten begegnen Menschen

Ein wichtiger Aspekt der Digitalisierung von Wertschöpfungsprozessen liegt im Zusammenspiel mit den Menschen: Zum einen werden die erhobenen und analysierten Daten die Bedeutung des Menschen in der Wertschöpfung verändern. So gehen beispielsweise die Forscher Frey und Osborne davon aus, dass zukünftig jeder zweite Beschäftigte durch intelligente Roboter beziehungsweise Algorithmen ersetzt wird (ausführlich Frey und Osborne 2013). Beide Ökonomen analysieren, wie und in welchem Umfang 700 Berufe in den USA durch die zunehmende Digitalisierung beeinflusst werden. Gefährdet sind ihrer Analyse folgend insbesondere Tätigkeiten wie die des Juristen, des Büro- und Verwaltungsangestellten, aber auch des Kochs. Nicht beziehungsweise gering betroffen sind Berufe wie der Audiologe, Ergotherapeut oder auch der Sozialarbeiter im Gesundheitswesen. Die Ergebnisse dürfen allerdings nicht überbewertet werden, schließlich führt jede Revolution auch zu einer Veränderung von Berufsprofilen. Gleichzeitig ist zu beachten, dass gerade in Ländern wie Deutschland die demografische Entwicklung Wachstum hemmen und die digitale Automatisierung hier Wertschöpfungspotenziale aufgreifen kann. Von daher sind die existierenden Qualifikationen um den Aspekt der digitalen Kompetenz zu ergänzen. Und die besteht nicht nur darin, Daten zu sammeln und auszuwerten, sondern insbesondere Annahmen für den Aufbau der algorithmischen Netze abzuleiten und die auf Basis der Daten erhaltenen Ergebnisse zu bewerten und umzusetzen (ausführlicher Ehrmann 2014).

Zum anderen entstehen neue Daten durch die Interaktion zwischen Mensch und Maschine. Um Auskunft zu erhalten, wie diese Veränderungen von den Mitarbeitenden selbst angenommen und bewertet werden, hat HARTING eine Interaktionsstudie mit einem kraftgeregelten Roboter gemeinsam mit der Universität Bielefeld durchgeführt (Wrede et al. 2013). Bereits existierende Studien finden in der Regel im wissenschaftlichen Umfeld statt, HARTING hingegen hat sich entschieden, die Mitarbeitenden einzubinden, die eines Tages auch mit den entwickelten Systemen arbeiten beziehungsweise interagieren sollen. So konnten sich die eigenen Mitarbeitenden schon zu einem sehr frühen Zeitpunkt mit der neuen Technologie vertraut machen. Von Beginn an wurden alle Beteiligten, insbesondere aber der Arbeitsschutz, der Betriebsrat sowie die Meister und Mitarbeitenden, einbezogen, um so die notwendige Voraussetzung für Veränderung, nämlich Vertrauen, zu schaffen.

Bei der Durchführung der Studie waren die Mitarbeiter aufgefordert, verschiedene Übungen und Aufgaben mit einem Leichtbauroboter durchzuführen, der sich durch sein Lernverhalten auszeichnet. Auf dieser Basis wurden wichtige Ergebnisse für die Weiterentwicklung der von der Universität Bielefeld entwickelten Lernsysteme gewonnen. Für HARTING erwies sich die Studie als Erfolg, da die Mitarbeitenden den Leichtbauroboter mit seinen intelligenten Assistenzfunktionen als Bereicherung ihres Arbeitsalltages wahrgenommen haben und nicht als Bedrohung für ihre Arbeitswelt.

Auf Basis dieser positiven Erfahrungen legt HARTING in seinen Spitzenclusterprojekten einen Fokus auf die assistierte Inbetriebnahme der dort eingesetzten Leichtbauroboter. Durch eine direkte Interaktion zwischen Maschine und Mensch ist beispielsweise der Bediener selbstständig dazu in der Lage, den Roboter auf Basis eines Anlernprozesses in den Fertigungsprozess zu integrieren. Die Nutzer der Anlage werden so in die Bedienung mit einbezogen, dass ihr Wissen und ihre Anforderungen durch maschinelle Lernfunktionen mit berücksichtigt werden können.

Im Rahmen einer Nutzerstudie erfolgt in puncto Akzeptanz der neuen Technologien eine Zusammenarbeit mit Alfons Bora von der Universität Bielefeld.[10] Entsprechende Interviews mit den Mitarbeitenden werden zurzeit im Hause geführt und bis zum Sommer 2015 Szenarien zur Akzeptanz neuer Technologien wie der vierten industriellen Revolution entwickelt.

## Daten prägen Geschäftsmodelle und Gesellschaft

Im 21. Jahrhundert werden sich nicht nur Berufsbilder und Wertschöpfungsprozesse verändern, sondern auch Geschäftsmodelle: Daten werden das Öl des 21. Jahrhunderts sein beziehungsweise Software die neue Hardware. Die Bewertung von Firmen aus dem IT-Bereich wie Apple, Google oder auch Amazon geben einen ersten Vorgeschmack. Die Schlussfolgerung daraus wird nicht sein, dass wir als Unternehmen zukünftig nur noch Software entwickeln. Denn schließlich bedarf es eines Hardware-Kerns der Wertschöpfung, der sich insbesondere in der deutschen, mittelständisch geprägten Industrie wiederfindet. Aber wir müssen heute beginnen, unser Unternehmen, unsere Prozesse, Produkte und Dienstleistungen zu digitalisieren. Denn nur so können wir zukünftig die notwendigen Gewinne erzielen, die neue Investitionen und damit Wachstum ermöglichen.

Wie das Geschäftsmodell der Technologiegruppe in Zukunft aussehen wird, können wir angesichts der exponentiellen Entwicklung im Bereich der Datenverfügbarkeit und deren Analyse nicht voraussagen, wohl aber die Voraussetzungen schaffen. Für uns als Unternehmer ist zudem bedeutend, dass ein Geschäftsmodell nicht losgelöst von der Gesellschaft, in der wir leben, unserer sozialen Marktwirtschaft, existieren kann. Unserer Ansicht nach ist eine Meinungsbildung vonseiten der Zivilgesellschaft, der Verbände, der Wissenschaft, der Gewerkschaften, der Regierung und aller weiterer Partner notwendig.[11] Der ehemalige Verfassungsrichter Paul Kirchhof weist in einem bemerkenswerten Meinungsbeitrag zum 65-jährigen Bestehen des Grundgesetzes u. a. auf die mit der zunehmenden Digitalisierung verbundene Frage der Verteilungsgerechtigkeit hin: „Das Grundgesetz anerkennt den Erwerb durch menschliche Arbeit; Maschinen haben eine dienende Funktion und

---

[10] Alfons Bora leitet die Abteilung Recht und Gesellschaft der Fakultät für Soziologie an der Universität Bielefeld http://www.uni-bielefeld.de/soz/las/.

[11] Die Wirkungen des zunehmenden Einsatzes intelligenter Roboter und der Digitalisierung auf den Menschen und die Gesellschaft diskutieren insb. Brynjolfsson und McAfee 2012 und 2014.

müssten den Menschen zugeordnet werden, die zu ihrer Nutzung beigetragen haben." (Kirchhof 2014).

Frank Rieger spricht sich in diesem Zusammenhang für die Sozialisierung der Automatisierungsdividende aus, die seiner Ansicht nach an den Grundfesten unserer ökonomischen und gesellschaftlichen Werte ansetzt und sich daher als ein Projekt mit historischen Ausmaßen darstellen wird (Rieger 2012). Jaron Lanier hingegen erörtert die Frage, wer die Verfügungsrechte an den Daten besitzt, die Grundlage der digitalisierten Welt sind.[12] Bisher stellen die meisten Menschen entsprechende Daten und damit Informationen frei zur Verfügung, um dafür beispielsweise kostenlos oder zu einem geringen Preis eine App nutzen zu können. Lanier schlägt vor, dass Menschen für die Informationen von einem Dritten bezahlt werden können. Ein Wert für die Daten ergibt sich dann, wenn der Geschäftspartner diese Informationen als relevant für seine Geschäftsprozesse einschätzt und damit als wertvoll bewertet.

Insgesamt also ein eindringlicher Appell, dass wir nicht nur als Unternehmer, sondern gemeinsam mit der Gesellschaft die durch die Digitalisierung induzierten Veränderungen diskutieren und gemeinsam bereit sind, neue Lösungswege einzuschlagen.

## Ausblick

Die Digitalisierung unseres Wirkens und Handelns lässt schon heute erkennen, dass der Mensch getrennt von seinem Arbeitsplatz wertschöpfend tätig sein wird: Die Tätigkeiten werden anspruchsvoller, können aber gleichzeitig immer stärker an den Bedürfnissen jedes Einzelnen ausgerichtet werden. Intelligente Systeme sind dank riesiger Datenmengen und kluger Algorithmen in der Lage, sich auf jedes Individuum einzustellen, indem Stärken gefördert und Schwächen ausgeglichen werden. Wir sehen diese Entwicklung als eine Bereicherung an.

In welcher Form beziehungsweise ob der Mensch wertschöpfend tätig sein wird, wird letztendlich durch die Gesellschaft mit beeinflusst. Denn es sind Menschen, die jedweden Wandel gestalten: Menschen, die neue Technologien und Prozesse entwickeln und die über deren spätere Nutzung entscheiden. Daher beziehen wir auch unsere Mitarbeitenden, unsere Kunden, unsere Lieferanten, unsere Wissenschaftspartner und weiteren Partner mit ein, um

---

[12] Jaron Lanier bezeichnet diese zur Verfügungstellung von Daten als Entrechtung: „Wenn jedoch, rohe Informationen oder Informationen, die in den Rechenzentren noch nicht verknüpft wurden, nicht als Wert an sich gelten, kommt es zu einer massiven Entrechtung." Lanier 2014, S. 40.

den technologischen Wandel hin zu einer digitalen Welt zu gestalten. Wie diese neue Welt tatsächlich aussehen wird, können wir nicht 100-prozentig voraussagen. Aber wir sind davon überzeugt, dass diese Welt entstehen wird, und daher arbeiten wir gemeinsam mit unseren Mitarbeitenden und Partnern an Projekten, um zusammen Erfahrungen und Erkenntnisse im Hinblick auf den digitalen Wandel zu gewinnen. Letztliches Ziel ist es, diesen digitalen Wandel mitzugestalten. Menschen und damit die Gesellschaft werden schließlich die Frage beantworten, welche Entwicklungen uns in Zukunft begleiten werden.

## Literatur

Brynjolfsson, Erik, und Andrew McAfee. 2012. *Race against the machine: How the digital revolution is accelerating innovation, driving productivity, and irreversibly transforming employment and the economy.* Tokyo: Digital Frontier Press.

Brynjolfsson, Erik, und Andrew McAfee. 2014. *The second machine age: Work, progress and prosperity in a time of brilliant technologies.* New York: W. W. Norton & Company.

Ehrmann, Thomas. 2014. Daten allein besagen – gar nichts. F.A.Z., 26.05.2014.

EMC Digital Universe Studie. 2014. *The digital universe of opportunities: Rich data and the increasing value of the internet of things.*

Franke, Volker, und Sebastian Wrede. 2014, Juli. FlexiMon: Ein Industrie-4.0-Ansatz. www.computer-automation.de.

Frey, Carl Benedikt, und Michael Osborne. 2013. *The future of employment: How susceptible are jobs to computerisation?* Oxford: Oxford Martin School.

Harting, Dietmar. 2009. Navigation in stürmischen Zeiten: Erfolgsfaktoren eines Mittelständlers in der globalisierten Welt. In *Internationales Management. Forschung, Lehre, Praxis,* Hrsg. Michael-Jörg Oesterle und Stefan Schmid, 389–399. Stuttgart: Schäffer-Poeschel.

Kirchhoff, Paul. 2014. Anleitung zum Besseren: Auch 65 Jahre nach seiner Einführung gibt das Grundgesetz Antwort auf die Frage, wie die Ansprüche der hochtechnisierten und globalisierten Wirtschaft mit der Freiheit und Würde des Einzelnen vereinbar sind. Handelsblatt, 18.06.2014.

Lanier, Jaron. 2014. *Wem gehört die Zukunft?* 4. Aufl., Hamburg: Hoffmann und Campe.

Object Management Group. 2014. Business Process Model and Notation (BPMN) Version, 2.0. 2, 2014.

PWC. Hrsg. 2014, Okt. Industrie 4.0 – Chancen und Herausforderungen der vierten industriellen Revolution.

Rieger, Frank. 2012. Bald wird alles anders sein. F.A.Z., 18.05.2012.

Wahlster, Wolfgang. 2014. Vom Smart Product zum Smart Service, EMPOLIS Executive Forum 2014. Berlin. 10.–11.04.2014.

Wrede, Sebastian, Christian Emmerich, Ricarda Grünberg, Arne Nordmann, Agnes Swadzba, und Jochen J. Steil. 2013. A user study on kinesthetic teaching of redundant robots in task and configuration space. *Journal of Human-Robot Interaction* 2 (1): 56–81.

**Dr. Dietmar Harting** ist persönlich haftender Gesellschafter und Vorsitzender des Vorstands. Für sein Engagement in Wirtschaft und Wissenschaft wurde er u. a. zum Ehrenpräsidenten des ZVEI ernannt. Die Leibniz-Universität Hannover verlieh ihm für seine Verdienste die Ehrendoktorwürde, die Erich-Gutenberg-Gesellschaft zeichnete ihn mit dem Praktikerpreis aus. Ferner ist Dietmar Harting persönliches Mitglied im Landeskuratorium NRW des Stifterverbands für die Deutsche Wissenschaft.

**Philip F. W. Harting** ist Vorstand Connectivity & Networks und persönlich haftender Gesellschafter des Familienunternehmens HARTING. Nach seiner Ausbildung zum Industrieelektroniker studierte er Wirtschaftsingenieurwesen in Braunschweig sowie Volks- und Betriebswirtschaft in Köln. 2005 trat er in das Familienunternehmen ein und übernahm im selben Jahr als Managing Director die Verantwortung für den asiatischen Markt. Zudem engagiert er sich in zahlreichen Ehrenämtern, u. a. als Mitglied im ZVEI-Vorstand, im Vorstand des AUMA Ausstellungs- und Messe-Ausschuss der Deutschen Wirtschaft und als Mitglied im Fachmessebeirat Industrial Automation der Hannover Messe.

# 4

# Sicher – Effizient – Intelligent: Digitale Neuausrichtung verändert Fahrzeugtechnik und Zulieferindustrie

## Dr. Elmar Degenhart, Vorstandsvorsitzender der Continental AG

**Zusammenfassung** Die Kraftfahrzeugtechnik befindet sich in einem tiefgreifenden Wandel: Mit fortschreitender Vernetzung wird auch das Fahrzeug zum Teil des Internets. Das verändert nicht „nur" das Auto, sondern auch die Zulieferunternehmen, die ihre Innovationsleistung dazu beitragen. Eine ganze Industrie beginnt, sich zu transformieren, um die Zukunft auf völlig neue Weise zu gestalten. Etwa, um den Straßenverkehr zu einem sich selbst regelnden, sicheren, effizienten und somit intelligenten System zu machen. Möglich macht es die Vernetzung. Zwar erfordert sie zunächst Investitionen, dafür eröffnet die digitale Neuausrichtung richtig genutzt vor allem eine neue Qualität des Autofahrens. Für diesen Evolutionsschritt transferieren Technologiekonzerne wie Continental ihr traditionelles Know-how in neue Anwendungen, neue Geschäftsfelder, neue Abläufe und gestalten damit eine neue Kultur – eine Umwälzung, die auf Hochtouren läuft.

## Was ändert sich mit der Digitalisierung des Fahrzeugs?

Selbst wenn man einrechnet, dass wohl jede Generation dazu neigt, gerade die Veränderungen *ihrer* Zeit für besonders dramatisch zu halten, muss man nüchtern konstatieren: Die individuelle Mobilität und Logistik auf der Straße haben begonnen, sich umfassend zu ändern. Deutlich wird das, wenn man die Entwicklung der Autotechnik in der zweiten Hälfte des 20. Jahrhunderts

---

E. Degenhart (✉)
Hannover, Deutschland

kurz Revue passieren lässt. Anfangs waren Straßenfahrzeuge mechanische Systeme, bei denen alle Funktionen durch eindeutig zugeordnete Komponenten realisiert wurden. Auf einen Tastendruck oder eine Hebelbewegung hin folgte exakt eine Aktion. Der Fahrer war im Prinzip ein „Maschinist", der ausgebildet wurde, um dieses mobile System und seine Bedienelemente zu beherrschen. Elektrik spielte nur in Form von Anlasser, Zündfunkenerzeugung und Licht eine Rolle.

Dann hielt die Elektronik Einzug ins Fahrzeug. Zunächst diente sie dazu, Schwächen und Grenzen der Mechanik zu überwinden, beispielsweise deren Verschleiß, ihre gelegentliche Schwergängigkeit, ihre physikalischen Grenzen sowie den mangelnden Komfort. Drei Dinge änderten sich dadurch: Wo eine Elektronik installiert ist, kann sie Befehle des Fahrers unterstützen, Aktionen eigenständig ohne Fahrerinteraktion ausführen und Fahrzeugzustände ermitteln sowie transparent anzeigen. Außerdem eröffnet Elektronik die Möglichkeit zur Selbstüberwachung und -diagnose von Systemen. Auch vermeintlich unverändert mechanische Komponenten können so in ihrer Funktion aufgewertet werden: Durch Integration eines digitalen Reifendruckkontrollsystems (TPMS) in den Reifen beispielsweise entsteht eine Informationsquelle für neue Lösungen und Dienste. So verschmelzen 140 Jahre Produkterfahrung mit Innovation aus dem 21. Jahrhundert.

Vor allem aber ist Elektronik dazu fähig, Fahrerwunsch, Fahrsituation und Fahrzeugzustand abzugleichen und zu optimieren. Ein Auto mit Elektronik leistet einen aktiven Beitrag zur Fahrsicherheit und zum Komfort. So macht das Anti-Blockier-System (ABS) ein Auto auch bei einer Vollbremsung lenkbar. Die elektronische Stabilitätskontrolle (ESC) verhindert innerhalb der Grenzen des physikalisch Möglichen ein Schleudern und das adaptive Fahrwerk gleicht Bodenwellen aus, um Fahrzeugschwankungen und Fahrgeräusche zu minimieren. Mit anderen Worten: Das Auto hilft dem Fahrer und das nicht nur in Grenzsituationen.

Heutige Fahrerassistenzsysteme (Advanced Driver Assistance Systems, ADAS) nutzen die Stärken der Elektronik gezielt, um Unfälle zu verhindern oder die Unfallschwere zu reduzieren. Elektronische Copiloten wie Notbremsassistenten, Totwinkelassistenten, Spurverlassenswarner, adaptive Tempomaten und viele mehr greifen dann ein, wenn der Mensch am Steuer gar nicht oder nicht adäquat reagiert beziehungsweise reagieren kann. Sie tun das, indem sie mit Sensoren die Umgebung des Fahrzeugs erfassen und diese Daten auswerten. Diese Sensordaten werden dabei über das interne Fahrzeugnetzwerk ausgetauscht und gegeneinander abgeglichen. Eine solche Sensordatenfusion steigert nicht nur die Entscheidungssicherheit eines Fahrerassistenzsystems, sondern ermöglicht auch zusätzliche Funktionen.

## Unfälle aktiv vermeiden

Dieses Prinzip der digitalen Fahrerunterstützung hat sich als wirksamer Beitrag zur Senkung der Unfallzahlen – vor allem der Zahl der Verkehrstoten – erwiesen. Zu den Erfolgen der 2001 gestarteten EU Charta für Straßenverkehrssicherheit leisten aktive elektronische Assistenzsysteme einen wachsenden Beitrag, nachdem in den vorausgegangenen Jahrzehnten vor allem die passive Sicherheit im Vordergrund stand. Zwischen 2001 (6949 Tote) und 2013 (3339 Tote) beispielsweise sank die Zahl der Verkehrstoten in Deutschland um mehr als die Hälfte (Statistisches Bundesamt, 2014/2015). Trotzdem lassen immer noch weltweit über 1,2 Mio. Menschen pro Jahr im Straßenverkehr ihr Leben. Weitere etwa 50 Mio. werden verletzt. In 95 % aller Unfälle spielt menschliches Versagen eine Rolle. In 76 % ist der Mensch sogar die alleinige Unfallursache. Ein inakzeptabler Zustand und ein ethisch nicht vertretbarer Umgang mit kostbarem menschlichen Leben. Assistenzsysteme und ihre kontinuierliche Weiterentwicklung sind ein wichtiger Schlüssel zur „Vision Zero", also zu einem unfallfreien Fahren.

Soweit der Stand heute. Und doch: Bei allem berechtigten Stolz auf die bereits erreichte Innovationsleistung, wir sind noch nicht am Ziel. Auch Fahrzeugsensoren wie beispielsweise Kamera, Radar oder Laser-Systeme (Lidar) sehen in vielen Fahrsituationen nicht weiter, als das menschliche Auge es vermag. Damit ist die systemgestützte Reaktionszeit für Sicherheitsstrategien mit ADAS zunächst nicht wesentlich geringer als beim Fahrer selbst. Kompensiert werden kann jedoch die Schwäche des Menschen, durch nachlassende Konzentration, Müdigkeit oder Ablenkung Fehler zu machen. Für das Erfüllen der Vision Zero genügt das jedoch nicht. Was also tun?

Die Antwort lautet *Vernetzung,* denn auch das, was Autos heute schon können, geht in rapide steigendem Umfang auf die Vernetzung elektronischer Systeme zurück. Aktuell fahren im Auto schon rund ein Gigabyte Software und in hoch ausgestatteten Fahrzeugen bis zu rund 80 Steuergeräte mit. Der Gedanke der Vernetzung ist also bewährt, auch wenn sich das Prinzip im Fahrzeug bisher weitgehend auf Bordsysteme beschränkt. An den Grenzen der Karosserie ist heute im Wesentlichen noch Schluss. Noch sind die meisten Fahrzeuge rollende *Inselnetzwerke,* was sich allerdings bereits heute schrittweise ändert.

## Der Weg zum Connected Car

Zwei Entwicklungsströme sind dabei, das komplett umzukrempeln: Zum einen ist es der digitale Lebensstil, der die fahrzeugübergreifende Vernetzung dramatisch beschleunigt. Wer heute in einer Industrienation aufwächst, für den ist der ständige Internetzugang zu Informationen oder Diensten selbstverständlich – und das zu jeder Zeit an jedem Ort. „Always on" zu sein, ist wohl das prägnanteste Merkmal des „Digital Lifestyle". Da die individuelle Mobilität ein wichtiger Teil des modernen Lebens ist, bleibt sie von diesem globalen Trend natürlich nicht ausgenommen. Cloud-basiertes Infotainment wird es auch im Fahrzeug geben.

Momentan wird die Anbindung an das Internet noch primär via Smartphone ins Auto *importiert*. Fahrer, Beifahrer und Passagiere bringen ihren digitalen Lebensstil quasi mit, wenn sie einsteigen. Damit sie ihre elektronischen Geräte sicher und der Fahrsituation angemessen nutzen können, muss deren Bedienung fahrzeugtauglich umgesetzt werden. Dazu sind Schnittstellenstandards und vor allem angemessene Bedienkonzepte erforderlich. Ergonomie im Auto funktioniert anders als auf dem Tablet-PC. Deshalb sind hier die System-Zulieferer gefordert.

Zum anderen wird das Auto künftig selbst Always on sein. Es wird zum „Connected Car". Technisch heißt das: Autos werden *in sich*, *miteinander* (Car2Car), mit einer die Cloud nutzenden *Infrastruktur* (Car2X) sowie mit dem Internet kommunizieren. Damit erweitert sich der Horizont des Fahrzeugs: Gefahren wird nicht mehr „auf Sicht", sondern mögliche Unfallursachen oder Staus werden dem Fahrzeug lange vor Erreichen der Problemstelle mitgeteilt. Diesen elektronischen Horizont (eHorizon) kann man nutzen, um frühzeitig Sicherheits- und Ausweichstrategien zu aktivieren. Genauso gut eignet sich das Wissen über den Streckenverlauf und den aktuellen Verkehrsfluss, um sparsam zu fahren – beispielsweise angepasste Motordrehzahlen, Getriebeschaltstrategien oder durch Spritsparempfehlungen direkt an den Fahrer, der immerhin rund 20 % seines Kraftstoffverbrauchs „im rechten Fuß" hat. Auf diese Weise lassen sich die ständig wachsenden Anforderungen an saubere sparsame Mobilität mit immer kleinerem $CO_2$-Ausstoß erfüllen. In Hybrid- und Elektrofahrzeugen kann die Fahrstrategie dynamisch an die Strecke angepasst werden, beispielsweise durch die Adaption der Rekuperation, was den Energiebedarf senkt und die Reichweite erhöht.

So unterstützt das Connected Car Megatrends wie Effizienzsteigerung und Elektrifizierung, das unfallfreie Fahren sowie das automatisierte Fahren mit erweitertem eHorizon. Gleichzeitig erfordert das Connected Car Allianzen über Industriegrenzen hinweg. Continental hat solche Allianzen frühzeitig eingeleitet, um mit der Dynamik effizient Schritt zu halten: Die großen Datenströme des Connected Car (Big Data) werden gemeinsam mit IBM verarbeitet und zu Informationen veredelt. Für eine sichere Datenübertragungstechnik steht die Kooperation mit Cisco, und höchst präzises Kartendatenmaterial für den eHorizon kommt von NokiaHERE. Vorausschauendes Fahren mit hoher Effizienz, hoher Sicherheit und großem Komfort wird es allerdings nur geben, wenn es auch auf der „Datenautobahn" Sicherheit gibt. Für das Connected Car wird sich ein sorgfältiger und transparenter Umgang mit (anonymisierten) Daten als Erfolgsfaktor erweisen, den man kaum überbewerten kann: Ohne Datensicherheit wird es für viele attraktive Mehrwerte keine Akzeptanz im Markt geben.

## Automatisiertes Fahren: Rollenwechsel am Steuer

Der frühere „Maschinist" wird im vernetzten und automatisierten Fahrzeug zum Entscheider und Überwacher, der die Aufgabe der Fahrzeugführung phasenweise an sein Auto abgeben kann. Dieser Rollenwechsel stellt neue Anforderungen an die Schnittstelle zwischen Mensch und Auto (das Human Machine Interface, HMI), denn es gilt, das Unsichtbare sichtbar zu machen, um beim Fahrer Akzeptanz für diese neue Fahrsituation zu schaffen. Das Auto soll seinen Fahrern vorschlagen oder ankündigen, was es als Nächstes tun wird. Mit Hilfe moderner Augmented Reality Head-up-Displays kann das Auto dem Fahrer direkt im Sichtfeld anzeigen, was die Bordsensorik gerade erkennt und welche Fahrstrategie der Computer daraus ableitet. So bleibt das Autofahren vorhersagbar. Solche Informationen können zum Beispiel sein: erkannte Objekte wie ein vorausfahrendes Fahrzeug oder das Ankündigen eines Überholvorgangs mittels Markierung.

Die Interaktion zwischen Mensch und Maschine muss zukünftig also noch transparenter sein, damit ein Fahrer Vertrauen in die partnerschaftliche Unterstützung durch sein Fahrzeug aufbaut. Gerade weil das Auto eigenständig „kommuniziert" (mit anderen Autos, mit der Infrastruktur) und phasenweise die Fahraufgabe übernimmt, ist ein Dialog zwischen Auto und Fahrer nötig. Teilweise ist das ein Dialog ohne Worte, der Unsichtbares sichtbar macht. Insgesamt gewinnt das Auto menschliche Züge: Es wird intelligent, und es erhält die Fähigkeit, aus „Sinneseindrücken" Schlüsse zu ziehen.

Da sich das Informationsbedürfnis des Fahrers je nach Situation und aktivem System ändert, erfordert das Auto zukünftig ein ganzheitliches HMI. Gemeint ist damit ein systemübergreifender Ansatz, der aus vernetzten Hard- und Softwarekomponenten besteht, die sich dynamisch an Präferenzen und Bedürfnisse des Nutzers sowie an Situation und Umgebung anpassen. Dieser Teil der Vernetzung schafft Akzeptanz für eine kontextoptimierte Unterstützung des Fahrers.

# Eins führt zum anderen: Industrie 4.0

Das Autofahren – und damit das Auto selbst – wandelt sich also. Aber das ist nur eine Seite der Medaille: Gleichzeitig mit der Vernetzung des Fahrzeugs wird die Produktionslandschaft vernetzt, aus der die Produkte für die Digitalisierung stammen. Diese Vernetzung markiert den Übergang in das Zeitalter der Industrie 4.0 und in leistungsfähigere Fertigungsmethoden.

Ein wesentlicher Schritt dabei, einen Technologiekonzern wie Continental gut für die Zukunft aufzustellen, besteht darin, die Wertschöpfungsketten über die Grenzen des Unternehmens hinaus bis zu den Zulieferern und Kunden zu verlängern. Durch Vernetzung der physischen (≈ Maschine) und virtuellen (≈ Informationen) Ebenen entsteht ein unterbrechungsfreier Informationsfluss im Unternehmen sowie über die Unternehmensgrenzen hinweg. Ein solches „Cyberphysical System" steigert die Effizienz und erschließt neue Möglichkeiten des kollaborativen Engineerings und der Produktion. Wer dieses Veränderungsmanagement heute nicht leistet, wird morgen vom Treiber zum Getriebenen. Continental verbindet diese digitale Neuausrichtung mit Ingenieurskunst, um innovative Produkte für das Zeitalter der Digitalisierung mit anderen und effektiveren sowie effizienteren Fertigungsmethoden herstellen zu können.

# Prozesse über Bereichsgrenzen hinweg glätten

Nun bringen vernetzte Produkte entlang ihres gesamten Produktlebenszyklus höhere Anforderungen mit sich. Um sie trotzdem in höchster Qualität bei kurzer Time-to-Market und dann auch noch profitabel erzeugen zu können, sind die Prozesse entscheidend. Erst recht gilt das für eine Organisation wie Continental mit mehr als 205.000 Mitarbeitern auf allen Erdteilen. Allein mehr als 25.000 Continental Ingenieure (davon rund 13.000 Software-Entwickler) treiben weltweit den Fortschritt voran. Zuletzt flossen 5,6 % vom Umsatz in die Forschung & Entwicklung. Um in einer solchen weltumspannenden Organisation profitabel höchste Qualität hervorzubringen, müssen Reibungsverluste, Stockungen, Fehler und Wartezeiten minimiert werden – verschwenderisches Arbeiten verträgt sich nicht mit komplexen Produkten. Gleichzeitig belegen die Zahlen, welche zentrale Rolle die Software heute schon für die Digitalisierung und Vernetzung spielt. Algorithmen werden daher künftig auch eine größere Rolle in der Wertschöpfung spielen müssen.

# Kundennutzen beginnt in der Fabrik

Um die Transformation der Digitalisierung in Kundennutzen zu übersetzen, muss schon in der Entwicklung eines Produktes vom Endresultat her gedacht werden. Deshalb sind bei Continental standardisierte Vorgehensweisen in der Entwicklung etabliert, die systemtechnisch und administrativ unterstützt werden. Ein wichtiges Merkmal bildet dabei die Kooperation mit Kunden auf Systemebene. Sie erstreckt sich vom Austausch geometrischer Daten bis hin zum Austausch von Softwarekomponenten zwischen OEM und Continental. Im Zeitalter cyberphysischer Systeme wird sich dies noch verstärken, um durch Weiterentwicklung des Engineerings Lösungen für die zunehmende Vernetzung und Komplexität zu entwickeln.

Solche datengestützten und einheitlichen Prozesse sorgen dafür, dass nur Produkte entwickelt werden, die exakt den Anforderungen des Kunden entsprechen und dabei trotz steigender Komplexität wirtschaftlich zu fertigen sind. Vernetzung, Harmonisierung und Standardisierung von Vorgehensweisen und Datengrundlagen sind damit eine essenzielle Grundlage für *Qualität* in einer umfassenden Bedeutung. Aus dieser standardisierten Entwicklungsumgebung heraus lassen sich Neuentwicklungen flexibel und reibungslos in die Produktion überführen. Anders gesagt: Die Industrie 4.0 fertigt ihre Produkte effizienter und effektiver.

# Transparenz schaffen

Bei der genannten horizontalen Durchoptimierung fallen Systemgrenzen und Datenbarrieren. Ein gutes Beispiel liefert die Logistik, deren Aufgabe es ist, die nötigen Rohstoffe und Bauteile für ein Produkt zum richtigen Zeitpunkt in der richtigen Menge und zum richtigen Preis an die Maschine zu liefern. Eine durchgehende Datenplattform schließt hier inzwischen bereits Lieferanten von Continental ein. Sie sind in diese weltweiten Lieferketten eng eingebunden. Gesteuert wird nach den Abrufen der Continental Kunden. Dieser digitale „Forecast" ist ein nahtloser Prozess, bei dem die Fertigung strategisch auf einzelne Werke verteilt wird. Ohne Brüche und nahezu in Echtzeit folgen darauf der Einkauf von Rohstoffen sowie deren datengestützte Bereitstellung bis an die Maschine. Mit den Fähigkeiten der Industrie 4.0 lassen sich also auch strategische Grundsätze, wie die Fertigung „im Markt und für den Markt", systemtechnisch unterstützen. Ländergrenzen spielen hier keine Rolle mehr.

Auf der Ebene der Fertigung schließt sich ein Manufacturing Execution System (MES) nahtlos an die Logistikketten an. Das Auffinden der richtigen Palette und Beherrschen der Lagerungszeiträume nutzt RFID-Technik zur Geolokalisierung von Material/Rohstoffen. Tatsächlich sind es vielfach bereits die Maschinen selbst, die Material für die aktuelle Produktion anfordern. An immer mehr Standorten weltweit macht es die Vernetzung (auf Produktionsebene meist drahtlos) möglich, dass Werker Halbzeuge und Bauteile automatisiert an ihre Maschine angeliefert bekommen. Wo dieses Auto Replenishment intelligenter Maschinen noch nicht umgesetzt ist, erhält der Werker zumindest Halbzeug- und Bauteilelisten direkt an die Maschine.

Sobald die Fertigung läuft, fließen Daten über den Herstellungsprozess zurück an eine übergeordnete Instanz. Durch Analyse dieser Daten lässt sich die Qualität weiter erhöhen, denn der Datenstrom macht Einflussgrößen und Wechselwirkungen innerhalb der Fertigung besser sichtbar. Seit einiger Zeit wird bei Continental zudem der Aufbau eines Data Warehouses mit gesammelten Produktionsdaten vorangetrieben. Diese Datenbank auf einer einheitlichen standardisierten Plattform aufzubauen, ist eine hochkomplexe Aufgabe, weil die einzelnen Daten zunächst dorthin überführt und konsolidiert werden müssen. Aber die Arbeit lohnt sich: Es entstehen neue Datenmodelle für die Qualitätssicherung. In der Reifenfertigung ist das beispielsweise vorteilhaft, weil hier auch natürliche Rohstoffe Verwendung finden, die auf Umgebungseinflüsse individuell reagieren. So sind Qualität und Effizienz der Fertigung eng verknüpft.

Dank dieser weltweit vorangetriebenen Aktivitäten auf dem Weg zur Industrie 4.0 sind immer detailliertere Vorhersagedaten auf allen Ebenen – von der obersten Planung bis zur einzelnen Produktionsmaschine – verfügbar. In zunehmendem Maße entsteht ständige Transparenz über den Erfüllungsstatus von Aufträgen. Mit dieser durchgehenden Planung der Abrufe und deren Erfüllung auf allen Ebenen (Werk, Kunde, Markt) wird die weltweite Fertigung immer effizienter.


## Fertigung wird anspruchsvoller

Zusätzlich zur Komplexität vernetzter Produkte gibt es einen weiteren Trend, der den Informationsfluss in der Fertigung unbedingt erforderlich macht: Viele Produkte sind heute modular und skalierbar aufgebaut. Sie ermöglichen es dem Fahrzeughersteller, Funktionsumfänge und notwendigerweise damit verbundene Kosten transparent zu staffeln. Für den Autofahrer wiederum vergrößert diese Art der Produktkonstruktion die Möglichkeit, sein Fahrzeug an persönliche Anforderungen anzupassen. Für die Fertigung heißt das, dass starre Abläufe sich immer weniger eignen, solche Produkte herzustellen. Die Fertigung muss dafür flexibler werden und unterschiedliche Produkt(ausstattungs)varianten auf ein und derselben Linie wirtschaftlich beherrschen können. In der Elektronikfertigung beispielsweise wird exakt kontrolliert und dokumentiert, welche Bauteile und Fertigungsschritte bei einem bestimmten Einzelprodukt angesteuert werden. Maschinen, Handhabung und Transportsysteme sind dazu komplett vernetzt. Ohne durchgehendes Datenmanagement wäre das gar nicht effizient machbar. Verschwendung zu vermeiden ist also wichtig, um mit einem Zusatznutzen wie der Individualisierbarkeit in den Markt gehen zu können.

Das Prinzip der Vernetzung gilt auch für diese Optimierung: Continental arbeitet aktuell mit Partnern aus Industrie und Wissenschaft an mehreren Projekten für die Entwicklung von Cyberphysical Systems. Ziel dieser vom Bundesministerium für Bildung und Forschung (BMBF) geförderten Aktivitäten ist es, dass Maschinen, Handhabungs- und Transportsysteme intelligent agieren und sich an den kognitiven Fähigkeiten des Menschen orientieren können.

## Vom Umgang mit der „neuen" Technik

Man kann bei der Diskussion über den Weg in die Industrie 4.0 leicht den Eindruck gewinnen, hier ginge es nur um technische Fragen wie Schnittstellen, Datenformate und Funkstandards. Zwar sind diese Aspekte zentral für die physikalische Umsetzung in der Organisation, aber gelebt wird die digitale Neuausrichtung von den *Menschen*. Deshalb darf man über der Beschäftigung mit Abläufen, Vorgehensweisen, Werkzeugen und IT-Strukturen nicht die Mentalität aus dem Blick verlieren, die zur digitalen Neuausrichtung einer großen Organisation gehört. Auch hier bedingt das Prinzip der Vernetzung einige Veränderungen, die nötig sind, wenn man das Potenzial der neuen Arbeitsweise richtig nutzen will.

Tatsächlich bringt der Weg zur Industrie 4.0 eine neue Arbeitsform mit sich. Traditionell ist die Industrie von einer hauptsächlich vertikalen Kommunikations- und Informationskultur geprägt. Die Denkweise ist von der erfolgreichen Arbeitsteilung des Taylorismus geprägt und von überwiegend hierarchischen, klaren, um nicht zu sagen starren, Entscheidungsstrukturen. In einem großen Unternehmen bedeutet das, dass einzelne Bereiche spezialisiert innerhalb ihrer eigenen Top-down-Organisation arbeiten. Eine solche Arbeitsweise funktioniert so lange gut, wie die Informationsflüsse nur innerhalb eines Bereiches oder Standortes benötigt werden. Genau das ist jedoch bei der Vernetzung und Digitalisierung nicht mehr länger der Fall. Komplexe Produkte und Systeme, an denen zwangsläufig viele Experten unterschiedlicher Fachrichtungen beteiligt sind, lassen sich ohne lateralen Kommunikations- und Informationsfluss nicht wirtschaftlich entwickeln und industrialisieren. Der Grund ist einfach: Für komplexe Produkte, die in einem modernen Fahrzeug arbeiten sollen, bedarf es der kollektiven Intelligenz einer großen Organisation mit all ihren Fachbereichen. Um an diese kollektive Intelligenz heranzukommen, ist eine Netzwerkkultur erforderlich, denn das Wissen für komplexe Produkte ist auf die Köpfe vieler spezialisierter Experten verteilt.

Da elektronische Systeme zudem von einer großen Schnelllebigkeit mit kurzen Produktlebenszyklen geprägt sind, erweisen sich die streng hierarchischen Strukturen traditioneller Industrieunternehmen bei der Digitalisierung als Bremse. Um das Wissen aus den Nischen zu holen, eignet sich eine Herangehensweise, die angemessen auf die drei großen Phasen eines Produktlebenszyklus eingeht: *Invention, Innovation* und *Implementierung.*

## Wechsel zwischen Flow-Prinzip und hierarchischem Arbeiten

Gerade in der Phase der Invention, also der eigentlichen Neuschöpfung eines Produktes oder eines Dienstes, setzt Continental konsequent auf ein hierarchiefreies Netzwerkverhalten mit einem hohen Maß an lateraler Kommunikation. In dieser Phase wird quasi in „Echtzeit" ein offener Informationsaustausch unter allen Beteiligten gefördert, bei dem ein Fluss an Ideen, Wissen, Anregungen und Verbesserungsvorschlägen abläuft.

Im Vergleich zur traditionellen hierarchischen Organisation ist diese Netzwerkkultur viel schneller, denn sie muss nicht die langen Wege von „unten nach oben" und in der nächsten Organisationseinheit wieder von „oben nach unten" einhalten, um zu einem nächsten Schritt zu gelangen. Damit wird auch das traditionelle Zeitgefühl einer starren hierarchischen Organisation überwunden. An die Stelle der „Traditionszeit", die ein Prozess erfordert, tritt die Echtzeit in einem weitgehend autonom arbeitenden interdisziplinären Netzwerk. Wissen wird hier freizügig geholt und geteilt, Feedback gegeben und geholt. Wissen wird zum Rohstoff, der sich vermehrt, wenn man ihn teilt. Probleme wie Herrschaftswissen, Bereichsdenken und ein gefilterter Informationsfluss lassen sich so vermeiden.

Mit dem Übergang von der Invention zur Innovation treten neben die Vernetzung auch hierarchisch organisierte Prozesse. Ab dieser Phase sind sie unbedingt erforderlich, um Grundsatzdiskussionen zu beenden und effizient vermarktbare Lösungen zu erzeugen. Mitarbeiter aus unterschiedlichen Funktionsbereichen und Geschäftseinheiten bringen dabei ihre Erfahrungen ein.

Sie kennen ihre Kunden und Kulturen ganz genau. Ab dieser Stufe zählt exzellentes Projektmanagement, verbunden mit einem Blick für das realistisch Machbare und damit verbundene Risiken. Taylorismus und Hierarchie sind also weiterhin notwendig, um Routineprozesse erfolgreich zu gestalten.

In der dritten Phase der Implementierung und Umsetzung in der Großserie schlägt die Stunde der Prozessoptimierer, Kostensenker, Rationalisierer und der Algorithmen. Sie gestalten eingeübte, standardisierte und automatisierte Abläufe. Klares Ziel dabei: ein zuverlässig präzises und reproduzierbares Ergebnis mit höchster Qualität zu geringstmöglichen Kosten.

## Industrie 4.0 ist eine Frage der Mentalität

Bei Continental werden diese drei Stufen ständig optimiert. Sie sind im Continental Business System (CBS) zusammengefasst. Sein Hauptmerkmal ist es, *alle Mitarbeiter* in *allen Unternehmensteilen* zum Mitmachen zu ermuntern. Das geht natürlich nicht einfach durch Knopfdruck oder „Befehl von oben". Eine solche Kultur muss erlernt und dazu vor allem *ermutigt* werden. Damit sind in erster Linie die Führungskräfte gefragt, die immer weniger durch Autorität führen, sondern indem sie im Tagesgeschäft einen Wertekanon vorleben, der zu der neuen Mentalität passt.

Für eine Netzwerkkultur sind Werte wie Vertrauen, Akzeptanz und gegenseitige Wertschätzung wichtig. Nur in einer Atmosphäre, in der diese Werte gelebt werden, wird sich jeder einbringen. Im Continental Wertekanon sind diese Werte unter Schlagworten wie „Verbundenheit" und „Vertrauen" als verbindliche Orientierung für das eigene Verhalten gebündelt. Da Mitarbeiter und vor allem die Führungskräfte an unterschiedlichen Projekten in unterschiedlichen Phasen mitwirken, gehört zur Mentalität der Industrie 4.0 die Fähigkeit, zwischen Hierarchie und Netzwerkverhalten flexibel hin- und herschalten zu können. Für die Mitarbeiter entstehen so neben neuen Anforderungen auch attraktive Angebote: Sie können ihre Arbeit aufwerten und ihr Tagesgeschäft in Teilen verstärkt selbst organisieren.

Natürlich ist es eine Herausforderung, eine solche Netzwerkkultur bei einer globalen Organisation mit mehr als 205.000 Mitarbeitern zu etablieren. Aber auch dabei hilft die Vernetzung: Bei Continental dient seit rund zwei Jahren eine Social-Web-Plattform auf dem Intranet dazu, den Informationsaustausch zu erleichtern. Auf dieser elektronischen Kontaktbörse finden Mitarbeiter anhand von persönlichen Profilen und Klarnamen heraus, wer worauf spezialisiert ist und damit bei aktuellen Fragestellungen helfen kann. Inzwischen ist bereits die Mehrzahl der Continental Mitarbeiter auf diesem Weg vernetzt.

Diese interne Vernetzung ergänzt die umfassende Vernetzung über Unternehmens- und Branchengrenzen hinweg.

## Fazit: Veränderung aktiv gestalten

Auf dem Weg zur Industrie 4.0 verändern sich nicht nur die Produkte, sondern auch die Prozesse und Geschäftsmodelle. Diese Transformation ist ein globaler Trend, der auf Ländergrenzen keine Rücksicht nimmt. Wie jede Veränderung, bietet auch die Digitalisierung Chancen und Risiken. Zur Chance wird sie aber nur für den, der die Transformation aktiv mitgestaltet und das eigene Unternehmen frühzeitig an die neuen Gegebenheiten anpasst. Nicht ganz unproblematisch ist es in diesem Zusammenhang, dass die Technik die Politik und teilweise auch die Legislative überholt hat. Da die Industrie 4.0 eingebettet ist in eine Gesellschaftsordnung, gehört zur digitalen Neuausrichtung auch, dass geeignete Spielregeln für auf anonymisierten Fahrzeugdaten beruhende neue Geschäftsfelder sowie rechtliche Grundlagen des automatisierten Fahrens formuliert werden.

Letztlich geht es allein um den Kundennutzen: Intelligente Transportsysteme auf Basis von Vernetzung bieten eine Win-Win-Situation für die Gesellschaft und für den einzelnen Autofahrer. Continental befindet sich mitten in einer strategischen Veränderung, die Strukturen, Werkzeuge und Werte für die Digitalisierung implementiert. Die Zukunft ist sicher, effizient und intelligent – und das gilt sowohl für die Produkte als auch für das Unternehmen selbst.

## Literatur

https://www.destatis.de/DE/ZahlenFakten/Wirtschaftsbereiche/TransportVerkehr/Verkehrsunfaelle/Verkehrsunfaelle.html.

**Dr. Elmar Degenhart** ist seit 12. August 2009 Vorsitzender des Vorstands der Continental AG sowie zusätzlich zuständig für die Bereiche Unternehmenskommunikation, Qualität und Umwelt Konzern, Continental Business System, Zentralfunktionen Automotive.

Von August 2008 bis August 2009 war er Vorsitzender der Geschäftsleitung Automotive der Schaeffler Gruppe. Nach einer Zwischenstation im Bereichsvorstand Chassissysteme bei der Robert Bosch GmbH führte Dr. Degenhart von 2005 die Keiper Recaro Group, einer der führenden Hersteller für Sitzsysteme und -strukturen.

In den zehn Jahren zwischen 1993 und 2003 war Dr. Degenhart in verschiedenen leitenden Positionen bei den Automobilzulieferern ITT Automotive Europe GmbH und Continental in Deutschland und den USA tätig. Seit 1998 trug er als Mitglied der Geschäftsleitung von Continental Teves die Verantwortung für den Bereich Elektronische Bremssysteme. Während dieser Zeit baute er das Joint-Venture Continental Teves Corp. in Japan auf.

Dr. Degenhart hat einen Abschluss als Diplom-Ingenieur in Luft- und Raumfahrttechnik der Universität Stuttgart. Er promovierte bei Professor Warnecke am Fraunhofer Institut IPA, Stuttgart.

# 5
# Auf der digitalen Autobahn in die Zukunft

Dr. Dieter Zetsche, Vorstandsvorsitzender der Daimler AG

**Zusammenfassung** Individuelle Mobilität ist die Lebensader moderner Gesellschaften – ohne Pkw und Nutzfahrzeuge wäre unser Leben heute kaum vorstellbar. Global profitieren mehr und mehr Menschen von den Vorteilen des Automobils, gerade in den Schwellenländern. Für die Automobilindustrie stehen die Zeichen auf Wachstum. Gleichzeitig steht die Branche technologisch vor fundamentalen Veränderungen. Neben der Elektrifizierung des Antriebsstrangs ist vor allem die Digitalisierung Treiber dieses Wandels – im Wirtschaftskontext immer häufiger mit dem Schlagwort „Industrie 4.0" belegt. In der Produktion ermöglicht sie mehr Flexibilität und Effizienz, im Dienstleistungsbereich entstehen neue Angebote rund ums Fahrzeug. Nicht zuletzt ebnet die digitale Vernetzung den Weg zum autonomen Fahren. Bei allen diesen Aspekten unterstreichen die deutschen Premiumhersteller mit innovativen Prozessen, Services und Produkten einmal mehr ihren Führungsanspruch.

## Einleitung

Vor rund 130 Jahren entwickelten Gottlieb Daimler und Carl Benz unabhängig voneinander das Automobil. Es ist eine spannende Übung, sich vor Augen zu halten, wie tiefgreifend die gesellschaftlichen Folgen dieser Erfindung waren – für die Art, wie Menschen arbeiten, wie sie konsumieren, Kontakte pflegen oder in den Urlaub fahren. Zuvor reisten Europäer im Schnitt etwa

Mit freundlicher Genehmigung der Daimler AG, lizenziert an die Springer Fachmedien Wiesbaden GmbH

D. Zetsche (✉)
Stuttgart, Deutschland

20 km im Jahr. Heute sind es gut 30 km, allerdings pro Tag und meistens mit dem Auto. Auch Nutzfahrzeuge sind aus unserem Leben nicht wegzudenken: Moderne Lieferketten sind auf Lkw und Transporter angewiesen, ob es um frische Lebensmittel für den Supermarkt geht oder um das Paket aus dem Online-Shop. Und Busse sind rund um den Globus eine tragende Säule des Personentransports. Seine Rolle als Motor sozialen Wandels hat das Auto dabei nicht eingebüßt: In vielen Schwellenländern ist die individuelle Mobilität erst auf dem Vormarsch. Infolgedessen ist und bleibt die Autoindustrie eine Wachstumsbranche: Zwischen 2015 und 2025 dürfte der globale Automobilabsatz um rund 30 % zulegen.

Wenn wir heutzutage von Technologien sprechen, die unser Leben von Grund auf verändern, dann geht es in der Regel um die Digitalisierung. Bald soll ein Drittel der Weltbevölkerung über ein Smartphone verfügen. Und nicht nur Menschen kommunizieren virtuell, auch das sogenannte „Internet der Dinge" wird stetig engmaschiger: Die Heizung lässt sich per App steuern, der Drucker bestellt automatisch Toner nach, die Waschmaschine läuft, wenn der Strom am günstigsten ist. Experten gehen davon aus, dass bereits 2020 etwa 50 Mrd. „Dinge" weltweit vernetzt sind.

Was aber geschieht, wenn Automobil und Digitalisierung ihre Kräfte bündeln? Im Wirtschaftskontext wird die Verbindung von physischer und digitaler Welt häufig mit dem Schlagwort „Industrie 4.0" belegt. Gemeint ist die Vernetzung der gesamten Wertschöpfungskette – in unserem Fall also von der ersten Design-Skizze eines Fahrzeugs über Forschung und Entwicklung bis hin zu Produktion und Vertrieb. Dienstleistungen rund um die Produkte gehören ebenfalls dazu. Obwohl der Begriff erst vor wenigen Jahren geprägt wurde, gibt es bereits Berechnungen, wonach die „Industrie 4.0" dem verarbeitenden Gewerbe Produktivitätssteigerungen in Milliardenhöhe bescheren kann.

Für uns bei Daimler steht außer Frage, dass der digitale Wandel unsere Branche grundlegend verändern wird. Das gilt für die Methoden, nach denen wir unsere Fahrzeuge entwickeln, planen und bauen. Es betrifft die Art, wie wir mit unseren Kunden in Kontakt treten. Und nicht zuletzt wird es an unseren Produkten selbst erfahrbar.

Wie sieht das im Einzelnen aus?

## Produktentstehung 4.0: Die intelligente Fabrik

Anfang 2015 erregte auf der Automesse in Detroit ein Stand Aufmerksamkeit, an dem nicht einfach ein bestimmtes Modell ausgestellt wurde, sondern eine ganze Miniaturfabrik. Die 49 Einzelteile des Fahrzeugs kamen aus einem 3D-Drucker. Ist das die Zukunft des Automobilbaus? Wer einen kurzen Blick auf ein modernes Fahrzeug wirft, der weiß: sicher nicht ausschließlich, gerade im Premiumsegment. Dafür sind die Anforderungen an die über 7000 Teile zu unterschiedlich, aus denen zum Beispiel ein Mercedes-Benz CLS besteht. Hochfeste Stähle, Aluminium, Verbundwerkstoffe, Glas, Leder und eine Vielzahl weiterer Materialien sorgen für ein Maximum an Sicherheit, Komfort und Ästhetik.

Trotzdem werden auch wir Premiumhersteller in Zukunft bei bestimmten Bauteilen die Anpassungsfähigkeit des 3D-Drucks nutzen. Tatsächlich fällt das Schlagwort „Industrie 4.0" am häufigsten im Zusammenhang mit neuen, flexiblen Produktionsmethoden. Und die werden wir brauchen. Warum? Weil die Komplexität im Automobilbau zunimmt.

## Neue Vielfalt

Ein Grund dafür ist, dass die Wünsche unserer Kunden immer diverser werden (Abb. 5.1). Das liegt unter anderem am Wachstum in neuen Märkten. So löste 2014 China erstmals Deutschland als zweitgrößten Absatzmarkt für Mercedes-Benz-Pkw ab.

Und die Anforderungen chinesischer Kunden unterscheiden sich nun mal in vielen Punkten von denen europäischer Mercedes-Fahrer. Zum Beispiel sind Limousinen mit langem Radstand im Reich der Mitte deutlich üblicher, da mehr Leute mit Chauffeur unterwegs sind. Gleichzeitig steigt auch in traditionell wichtigen Märkten wie den USA oder Westeuropa die Nachfrage nach Fahrzeugen, die den individuellen Vorlieben ihrer Besitzer bis ins Detail entsprechen. Und wir haben selbstverständlich den Anspruch, jeder Kundin und jedem Kunden dank unzähliger Ausstattungsvarianten ein Auto zu bieten, das perfekt zu ihnen passt.

**Abb. 5.1**   Weltweit wächst die Nachfrage nach Autos und Nutzfahrzeugen. Gleichzeitig werden die Anforderungen der Kunden immer diverser – heute ist das Daimler-Portfolio so breit gefächert wie nie. (Quelle: Thinkstock)

Unterm Strich heißt das für uns: Nicht nur unser Absatz wächst, sondern auch die Vielfalt in unserem Portfolio. Während wir noch in den 70er Jahren die meisten Kundenwünsche mit drei Grundmodellen abgedeckt haben, sind es heute rund zehnmal so viele. Die Konfigurationsmöglichkeiten haben ebenfalls enorm zugenommen. So kommt es in unserem Werk in Sindelfingen praktisch nie vor, dass zwei identische Fahrzeuge unserer S-Klasse vom Band laufen. Bei Nutzfahrzeugen ist der Variantenreichtum aufgrund der extrem unterschiedlichen Einsatzbedingungen sogar noch größer. Hinzu kommt bei den Pkw ein immer breiteres Angebot an Antriebsvarianten. Neben Otto- und Dieselmotoren gehören auch Hybrid-Fahrzeuge zunehmend zum gewohnten Bild. In Zukunft werden wir die Zahl rein-elektrischer Autos mit Batterie und Brennstoffzelle deutlich steigern.

All das heißt: Unsere Produktion braucht ein immer höheres Maß an Flexibilität. Da sich langfristig steigende Rohstoffpreise und zusätzliche Produktfeatures auf die Kosten auswirken, müssen wir gleichzeitig die Effizienz weiter steigern. Bei all dem darf es in puncto Qualität keine Abstriche geben. Mercedes-Benz macht den Kunden schließlich ein einfaches Versprechen: Das Beste oder nichts.

## Auf dem Weg zur „Smart Factory"

Diesem Motto folgte schon Gottlieb Daimler. Insofern arbeiten wir seit jeher konsequent daran, dass unsere Produktionsabläufe – wie unsere Fahrzeuge – zukunftsweisend sind. Als einer der ersten Hersteller in Europa setzten wir ab 1972 bei der Produktion der ersten S-Klasse einen numerisch gesteuerten Roboter zum Schweißen der Seitenwand ein. In einer Unternehmens-Chronik aus dieser Zeit ist zu lesen, aufgrund der leichten Programmwechsel sei „auf diesem Gebiet für die Zukunft noch einiges zu erwarten". Der Chronist behielt recht: Roboter sind heute in unserer Produktion allgegenwärtig – vor allem da, wo die Arbeit für Menschen besonders belastend oder ergonomisch sogar schädlich wäre.

Mit der Vernetzung unserer Produktionsanlagen leiten wir Schritt für Schritt eine neue Ära ein: Die Transparenz der Produktionsdaten erreicht ein neues Niveau, Abläufe steuern sich zunehmend selbst, die Fabrik wird zur „Smart Factory". Bei alldem steht für uns außer Frage: Der Mensch wird immer im Mittelpunkt stehen – an seine Flexibilität kommt keine Maschine der Welt heran. Umso mehr wird es auf eine intelligente Verbindung von Mensch und Technik ankommen. Welche Vorteile versprechen wir uns von diesen Veränderungen?

Zunächst können wir dafür sorgen, dass unser globales Produktionsnetzwerk noch enger zusammenwächst. Seit 2014 rollt zum Beispiel unsere C-

Klasse auf vier Kontinenten vom Band – schließlich ist eine markt- und kundennahe Produktion eine wichtige Voraussetzung, um vom weltweiten Wachstum der Automobilmärkte zu profitieren. Intelligente Anlagen, eine einheitliche Automatisierungs- und Steuerungstechnik, unternehmensweite Standardmodule und neue Online-Zusammenarbeitsmodelle werden in Zukunft einen noch intensiveren Austausch zwischen den Werken ermöglichen. So kann unser C-Klasse-Lead-Werk in Bremen die Standorte in den USA, China und Südafrika bei Neuerungen unmittelbar unterstützen.

Für die Kooperation mit unseren Zulieferern sehen wir ähnliche Potenziale. Probleme an einer Produktionsanlage können beispielsweise per Ferndiagnose erkannt, analysiert und gelöst werden – im Idealfall schon, bevor sie eintreten. Unterm Strich ermöglicht die engere Vernetzung im Unternehmen und mit anderen Firmen schnellere, effizientere Prozesse und noch höhere Qualität.

Ein weiterer Ansatzpunkt für eine vernetzte Produktion ist eine durchgängig digitale Prozesskette. Das bedeutet: Von der Fahrzeugkonstruktion bis zum After-Sales-Bereich stehen alle Planungs- und Prozessdaten in Echtzeit zur Verfügung. So wird es unter anderem möglich, die Auswirkungen von neuen Produkteigenschaften auf die Produktion virtuell durchzuspielen. Die Produkte können dadurch noch konsequenter mit Blick auf einen optimalen Herstellungsprozess gestaltet werden und gelangen schneller zur Marktreife.

Vor allem aber erlaubt uns die Digitalisierung, unsere Produktion sehr viel flexibler zu gestalten – und damit insbesondere eine Herausforderung besser zu bewältigen: langfristig planen und dabei kurzfristig auf Marktschwankungen reagieren zu können. Das Schlüsselwort in diesem Kontext lautet Wandlungsfähigkeit. Schon jetzt können wir unterschiedliche Fahrzeugtypen auf derselben Linie produzieren. In Zukunft wollen wir in diesem Punkt noch mehr erreichen: Unsere Anlagen sollen so konstruiert sein, dass wir sie möglichst einfach auf-, um- und zurückbauen können, um verschiedenste Produkte in zahlreichen Varianten herzustellen.

Ein Beispiel für diese wandlungsfähige Produktion ist das sogenannte Objekt-gekoppelte Montage-System, das in unserem Werk Rastatt im Einsatz ist. Die Idee: Mobile Roboteranlagen lassen sich vielfältig in der Produktion einsetzen, ohne dass dafür das Produktionsband technisch angepasst oder auch nur angehalten werden muss. Die Roboter fahren dort ans Band, wo sie gebraucht werden – in Rastatt zum Beispiel in der Montage von Panoramaglasdächern. Sie docken an die entsprechende Karosserie auf dem Produktionsband an, montieren das Panoramadach, entkoppeln sich wieder und heften sich – bei laufendem Band – an das nächste Fahrzeug. Auch neue Produktvarianten oder Prozesse lassen sich so integrieren, ohne das Band aufwendig ändern oder stoppen zu müssen. Das spart nicht nur Zeit, es macht die Produktion auch flexibler. Denn es ermöglicht Automatisierung nach Maß: Wo sinnvoll und

**Abb. 5.2**    Die Maschine als „Kollege": Durch eine Berührung gibt ein Mitarbeiter dem sensitiven Roboter das Signal, dass dieser ihn bei der Himmelmontage unterstützen soll. Menschen müssten diese Aufgabe in anstrengender Überkopfarbeit erledigen. (Quelle: Daimler)

ergonomisch günstig, übernimmt der Mensch. Wenn dann zum Beispiel kurzfristig mehr Kapazität benötigt wird oder die Montage-Kollegen an anderer Stelle dringender gebraucht werden, springen die mobilen Roboter ein.

Ein Meilenstein auf dem Weg zur wandlungsfähigen Fabrik ist die Mensch-Roboter-Kooperation, die wir als erster Automobilhersteller in unserer Montage eingeführt haben. Was ist damit gemeint? Heute wird ein Montageschritt in der Regel entweder von Mitarbeitern oder von Robotern erledigt. Letztere befinden sich aus Sicherheitsgründen hinter Schutzzäunen. Durch die direkte Kooperation von Mensch und Roboter lässt sich die kognitive Überlegenheit des Menschen optimal mit der Kraft, Ausdauer und Zuverlässigkeit der Roboter verbinden. Das erhöht nicht nur die Qualität, sondern führt auch zu deutlichen Produktivitätssteigerungen. Und nicht zuletzt ergeben sich ganz neue Möglichkeiten in Bezug auf ein ergonomisches sowie altersgerechtes Arbeiten (Abb. 5.2).

Die notwendige Intelligenz dafür bringt die aktuelle Robotergeneration unabhängig von ihrer Größe und Stärke mit. Einen neuen Ansatz ermöglichen sensitive Leichtbauroboter, die ursprünglich für die Raumfahrt konstruiert wurden: das „Robot Farming", das wir in der Getriebemontage anwenden. Je nach geforderter Stückzahl und Fertigungsumfang greifen die Mitarbeiter auf einen oder mehrere Roboter zu, setzen diese mal an der einen, mal an der anderen Station ein oder arbeiten mit ihnen dank der integrierten Sicherheitssensorik in einem Arbeitsbereich zusammen.

Noch stecken viele Ansätze für eine vernetzte Automobilproduktion in den Kinderschuhen. Deshalb haben wir uns mit anderen Unternehmen und mit

Partnern aus Wissenschaft und Forschung zusammengetan, um diese Zukunftsthemen gemeinsam voranzutreiben.

Der Name dieser Zusammenarbeit ist Programm: „ARENA 2036", das steht für „Active Research Environment for the Next Generation of Automobiles". Die Jahreszahl bezieht sich auf den 150. Geburtstag des Autos.

Wie genau unsere Produktionshallen aussehen werden, wenn der Zeitpunkt für diese Feierstunde gekommen ist, wissen wir heute noch nicht. Immer wieder wird die Entwicklung mit Sorge gesehen: Sind die Fabriken der Zukunft menschenleer? Sicher nicht. Das zukünftige Verhältnis Mensch-Roboter wird mehr eine Frage des intelligenten Miteinanders sein. Denn die Erfahrung, die Kreativität und die Flexibilität der Kolleginnen und Kollegen sind in vielen Bereichen der Automobilproduktion schlichtweg unersetzlich. Was sich allerdings grundlegend ändern wird, ist ihr Aufgabenspektrum. Monotone und kraftaufwendige Arbeiten werden noch häufiger Maschinen übernehmen. Die Mitarbeiter werden dagegen in einer wandlungsfähigen Produktion mehr und mehr Planungsverantwortung erhalten. Sie werden beispielsweise nicht mehr nur die Arbeit von Robotern überwachen oder programmieren. Sie werden Hand in Hand mit ihnen arbeiten, sie bei Bedarf per Sprachsteuerung oder Geste als Assistenten zu sich holen und sie für neue Aufgaben „schulen".

## Kundenservice 4.0: Der digitale Weg zum Auto

Natürlich ist klar: Die digitale Revolution endet nicht, wenn ein Fahrzeug die Werkshalle verlässt. Unsere Kunden sind heute daran gewöhnt, rund um die Uhr Zugriff auf Waren und Dienstleistungen zu haben. Sie kaufen ihre Jeans im Online-Shop, chatten bei Bedarf zu jeder Tages- und Nachtzeit mit dem Kundencenter ihres Telefonanbieters und „posten" ihre Lieblingsmarken auf Pinterest und Instagram. Wie sich traditionelle Produkte im digitalen Zeitalter um individualisierte Dienstleistungen ergänzen lassen, haben E-Books oder Musik-Streaming-Dienste vorgemacht. In der Automobilbranche gibt es ebenfalls neue Möglichkeiten für maßgeschneiderte Services, die über die Fahrzeuge hinausreichen und Kunden wie Unternehmen Mehrwert bieten.

Bedeutet das, dass künftig Autos mit Stern im Online-Warenkorb landen? Warum nicht?

Als erster Premiumhersteller startete Mercedes-Benz in Hamburg bereits Ende 2013 den Vertrieb von vorkonfigurierten Neufahrzeugen über das Internet. Das Angebot spricht vor allem jüngere Leute an.

Gerade unter diesen gibt es allerdings viele, die nicht unbedingt ein Auto besitzen wollen, gleichzeitig aber die Vorteile der individuellen Mobilität schätzen. Das gilt besonders in Großstädten. Auch für diese Menschen haben wir ein passendes Angebot: unser Carsharing-Programm car2go. Noch vor wenigen Jahren war es für einen Autohersteller nahezu undenkbar, seine Fahrzeuge zu vermieten. Heute ist car2go mit über einer Million Nutzern das größte Carsharing-Unternehmen der Welt. Einmal mehr liegt das Erfolgsgeheimnis in der Vernetzung: Wer ein Auto mieten möchte, kann per Smartphone-App prüfen, wo das nächste Fahrzeug steht, und dieses buchen. Am Ziel wird das Auto einfach auf einem freien Parkplatz abgestellt. Die Abrechnung erfolgt ähnlich wie bei einem Mobilfunkvertrag minutengenau.

Ein weiteres Angebot ist unsere App moovel, die den Nutzern zeigt, wie sich unterschiedlichste Verkehrsmittel kombinieren lassen, um optimal von A nach B zu gelangen – ob per car2go, Mitfahrgelegenheit, Taxi oder mit öffentlichen Verkehrsmitteln. Der Preis wird gleich mit angezeigt. Wir werden also vom reinen Autohersteller zum Mobilitätsdienstleister.

Diese Beispiele zeigen: Mehr denn je ist das entscheidende Kriterium für erfolgreiche Dienstleistungen der direkte und bequeme Zugriff zu jeder Zeit und überall. Getreu diesem Ansatz haben wir uns bei Mercedes-Benz entschieden, alle unsere Services zu bündeln. Dafür haben wir sogar eine eigene Sub-Marke geschaffen: Mercedes me.

Unabhängig davon, ob die Nutzer einen Mercedes-Benz, ein anderes Fahrzeug oder gar keines besitzen, haben sie online über ihre persönliche Mercedes-ID Zugang zu passgenauen Angeboten. So können sie zum Beispiel auf eine ganze Reihe von Mobilitätslösungen wie car2go und moovel zugreifen.

Natürlich finden auch alle, die selbst einen Mercedes besitzen, bei Mercedes me vielfältige Services rund um ihr Fahrzeug. Das fängt bei neuen Formen des klassischen Kundendienstes an. Steht die Wartung oder Reparatur eines Fahrzeugs an, kann beispielsweise rund um die Uhr online eine Werkstatt kontaktiert werden. Alle durchgeführten Maßnahmen sind für die Fahrzeughalter transparent einsehbar. Individuelle Angebote zu Finanzierung, Leasing oder Versicherungen stehen ebenfalls über Mercedes me zur Verfügung. Selbstverständlich sind Kundendienst und Finanzdienstleistungen weiterhin problemlos offline verfügbar – wir öffnen den Kunden lediglich eine weitere Tür zu uns.

Neue Kommunikationsmöglichkeiten bietet auch das Fahrzeug selbst. Basis dafür ist ein Kommunikationsmodul mit einer fest verbauten SIM-Karte. Bei einem Unfall oder einer Panne kann so eine direkte Sprachverbindung zu einer Rettungsstelle oder zum Mercedes-Benz-Kundencenter hergestellt werden – notfalls automatisch. Der Standort und der Zustand des Fahrzeugs werden gleich mit übermittelt, damit die Hilfe auf dem kürzesten Weg eintrifft. Unsere Fahrzeuge beinhalten dieses Kommunikationsmodul heute serienmäßig. Unter der Bezeichnung eCall soll die Technologie noch in diesem Jahrzehnt für Neufahrzeuge in Europa verpflichtend werden.

Auch im Alltag ist der Informationsaustausch mit dem Fahrzeug hilfreich. Das wissen alle, die in einer fremden Stadt schon einmal den Weg zurück zum Parkplatz gesucht haben. Bei modernen Fahrzeugen lässt sich der Standort einfach per Smartphone orten. Wer möchte, kann auf dem Weg zum Auto bereits die Standheizung aktivieren. Ob die Türen verriegelt sind, wie voll der Tank ist oder wie groß die Reichweite eines Elektrofahrzeugs ist, lässt sich ebenfalls per Fernabfrage feststellen.

Was bringen digitale Dienstleistungen im Nutzfahrzeugbereich? Eine Menge. Da die Besitzer mit ihren Fahrzeugen Geld verdienen, müssen diese durch eine optimale Gesamtwirtschaftlichkeit überzeugen. Anders gesagt: Sie sollten möglichst sicher, effizient und zuverlässig unterwegs sein. Dabei helfen beispielsweise telematikgestützte Internetdienste wie unser System FleetBoard. Disponenten haben damit jederzeit die Position und Verfügbarkeit aller Fahrzeuge der Flotte im Blick und können entsprechend planen. Wartungs- und Verschleißdaten werden regelmäßig an den Servicepartner übermittelt; auf diese Weise können Wartungsarbeiten gebündelt werden.

Und die Analyse der Fahrweise senkt zusammen mit der zugehörigen Fahrerschulung den Kraftstoffverbrauch um bis zu 15 %. Insgesamt können wir unseren Kunden dank Vernetzung also zahlreiche Services bieten, die dafür sorgen, dass sie möglichst viel von ihren Fahrzeugen haben.

## Freiheit 4.0: Das vernetzte Auto

Die Beispiele zeigen auch: Das Auto gehört längst zum „Internet der Dinge". In Zukunft wird es noch intensiver mit seiner Umwelt in Kontakt treten – und so faszinierende Möglichkeiten eröffnen.

Dass Autofahrer ihr Smartphone nahtlos in ihr Fahrzeug integrieren können und so auch unterwegs Zugriff auf ihre Musik, ihre Apps und Kontakte haben, ist innerhalb weniger Jahre fast schon Standard geworden. Gerade bei Premiumfahrzeugen geht die Vernetzung aber noch deutlich weiter. Über Kameras, Ultraschall- und Radarsensoren haben sie ihre Umwelt permanent „im Blick". Mehr noch: Sie können vorausberechnen, wohin sich andere Verkehrsteilnehmer bewegen werden. Möglich wird das, indem wir die verschiedenen Sensordaten im Fahrzeug miteinander verknüpfen.

Mehr als 20 aktive Assistenzsysteme sorgen so in modernen Oberklasselimousinen für die Sicherheit. Sie erkennen, ob der Abstand nach vorne zu gering wird, ob sich ein Fahrzeug im toten Winkel befindet oder ob der Fahrer eine Pause machen sollte. Und sie können vielfältige Hilfestellungen bieten – von dezenter Lenkunterstützung bis zur autonomen Notbremsung. Noch effektiver wird das Ganze, wenn sich Fahrzeuge miteinander und mit der Infrastruktur über Staus und Gefahrenstellen austauschen, denn so geht der Informationsstand weit über die Reichweite der Fahrzeug-Sensoren hinaus.

Es ist kein Geheimnis, worauf all diese Innovationen hinauslaufen: auf das autonome Fahren. Assistenzsysteme ebnen dafür den Weg, weil die Menschen Stück für Stück erleben, dass sie der Technologie vertrauen können. Schon heute können Mercedes-Benz-Pkw im Stop-and-Go-Verkehr selbstständig einem vorausfahrenden Fahrzeug folgen – lenken, bremsen und Gas geben übernimmt der „virtuelle Chauffeur". Wie weit die Technik bereits ist, haben wir 2013 bewiesen: Auf den Spuren der ersten Fernfahrt der Geschichte durch Bertha Benz legte eine seriennahe S-Klasse die rund 100 km lange Strecke von Mannheim nach Pforzheim komplett autonom zurück – völlig problemlos, selbst im komplexen Stadt- und Überlandverkehr.

Wie wird sich das autonome Fahren auf unseren Alltag auswirken? Zunächst ermöglicht es ein völlig neues Komfortniveau, weil wir uns in unangenehmen Fahrsituationen entspannt zurücklehnen können. In einer Welt, die von räumlicher Enge und Hektik geprägt ist, wird das Auto zum privaten Rückzugsraum. Wer möchte, kann den Weg zur Arbeit nutzen, um die Unterlagen für das erste Meeting noch mal durchzusehen – und die Heimfahrt für ein Nickerchen. Und wie wäre es zum Beispiel, wenn das Auto seinen Fahrer vor dem Restaurant absetzt, sich eigenständig einen Parkplatz sucht und ihn später wieder abholt?

Außerdem können autonome Fahrzeuge unser Leben sicherer machen (Abb. 5.3). Ein Großteil aller Verkehrsunfälle geht auf menschliches Versagen

**Abb. 5.3**  Auf dem Weg zum autonomen Fahren: Künftig werden neue Kommunikationsmöglichkeiten zwischen Autos und ihrer Umwelt bestehen. (Quelle: Daimler)

zurück. Sensoren dagegen kennen keine Ablenkung, keine Müdigkeit und keine Schrecksekunde – sie reagieren jederzeit verlässlich und berechenbar. Der Verkehrsfluss könnte sich durch die besonders sichere und angepasste Fahrweise ebenfalls verbessern. Bleibt der Fahrspaß also künftig auf der Strecke? Wir glauben das nicht. Da, wo das Fahren Freude macht, wollen wir den Autofans auch in Zukunft die Möglichkeit geben, das Steuer selbst in die Hand zu nehmen.

Gerade Berufsfahrer wissen aber: Häufig überwiegen anstrengende, monotone Fahrsituationen. Ein Grund, warum das autonome Fahren im Nutzfahrzeugbereich einen ganz eigenen Stellenwert hat. Prognosen zufolge soll der Straßengüterverkehr in der EU in den kommenden Jahrzehnten seinen Anteil am Gütertransport noch weiter ausbauen. Die Zahl der neuen Lkw-Fahrerlaubnisse stagniert in Deutschland dagegen seit Jahren auf niedrigem Niveau. Mit anderen Worten: Fahrermangel wird zum echten Problem. Autonome Lkw können ein Ausweg sein: Die Fahrzeuge werden zu intelligenten Prozessbeteiligten, die Fahrer zu Transportmanagern. Sie können sich ihre Zeit besser einteilen, administrative Aufgaben unterwegs erledigen, den Kontakt zu Familie und Freunden einfacher pflegen und aufgrund einer möglichen Neubewertung der Vorschriften zu Lenk- und Ruhezeiten öfter zuhause sein. Als erster Hersteller hat Daimler mit dem Forschungsfahrzeug „Future Truck 2025" den Weg in diese Richtung gewiesen.

## Die Zukunft kann kommen

In Summe wird deutlich: Das Auto hat mehr denn je das Zeug dazu, ein Motor für gesellschaftlichen Wandel zu sein – nicht zuletzt dank der Verbindung von automobiler und digitaler Welt. Für uns als Hersteller ermöglicht die Digitalisierung effizientere, flexiblere Produktionsprozesse und einen direkteren Zugang zu unseren Kunden. Die Kunden wiederum erhalten maßgeschneiderte Produkte und Dienstleistungen. Das autonome Fahren eröffnet ihnen völlig neue Möglichkeiten, ihre Zeit zu gestalten. Die Gesellschaft schließlich profitiert von zusätzlichen Wachstumschancen, mehr Verkehrssicherheit und einem effizienteren Verkehrsfluss.

Natürlich ist es beim Thema „Industrie 4.0" wie mit vielen Zukunftstrends: Kaum sind sie identifiziert, gibt es bereits Analysen, ob die heimische Wirtschaft hier führend ist oder die Zeichen der Zeit verschlafen hat. Die Beispiele zeigen jedoch: Die deutschen Premiumhersteller sind in Sachen „Autoindustrie 4.0" keineswegs Getriebene, sie treiben den Wandel selbst massiv voran.

Wie jede fundamentale Veränderung bringt auch die Digitalisierung Herausforderungen mit sich. Ganz oben auf der Liste stehen Datensicherheit und

Datenschutz: Wir wollen nicht nur für unsere Kunden die sichersten Autos bauen, sondern auch für ihre Daten. Dafür ergreifen wir umfassende technische und organisatorische Sicherheitsmaßnahmen, die wir entsprechend der technologischen Weiterentwicklung laufend verbessern. Klare Regelungen zum Datenschutz werden in Zukunft noch wichtiger. Eine konstruktive Zusammenarbeit von Wirtschaft, Politik und Forschung ist hier entscheidend. Gleiches gilt beispielsweise für Themen wie die gesetzlichen Rahmenbedingungen zum autonomen Fahren, den Aufbau der Infrastruktur zur schnellen Datenübertragung, die Weiterentwicklung der Bildungslandschaft oder die Schaffung von Industriestandards wie einer festgelegten Frequenz für die Fahrzeugkommunikation.

Das alles wird nicht von heute auf morgen geschehen. Wie beim Einzug des Automobils in unseren Alltag vollzieht sich der Wandel Schritt für Schritt – wenngleich deutlich schneller. Die aktuellen Fortschritte beweisen, dass wir uns keineswegs erst gestern auf den Weg gemacht haben. Wir verfügen in Deutschland über ein einmaliges Netzwerk von Herstellern, Zulieferern und Forschungseinrichtungen. Und als forschungsstärkste Branche der Republik haben wir alle Voraussetzungen, auch auf der digitalen Autobahn vorneweg zu fahren. Die Zukunft kann kommen.

**Dr. Dieter Zetsche** ist seit dem 16. Dezember 1998 Vorstandsmitglied und seit dem 1. Januar 2006 Vorsitzender des Vorstands der Daimler AG. Er ist ebenfalls Leiter des Geschäftsfeldes Mercedes-Benz Cars. Hierzu gehören die Personenwagen der Marken Mercedes-Benz und smart sowie Mercedes-Benz AMG und Mercedes-Benz McLaren. Zetsche wurde am 5. Mai 1953 in Istanbul, Türkei, geboren. Nach der Schulzeit in Frankfurt am Main und dem Abitur studierte er von 1971 bis 1976 Elektrotechnik an der Universität Karlsruhe mit dem Abschluss als Diplomingenieur. 1976 trat er in den Forschungsbereich der damaligen Daimler-Benz AG ein und wurde 1981 Assistent der Entwicklungsleitung im Geschäftsbereich Nutzfahrzeuge. Zetsche promovierte 1982 an der Universität Paderborn zum Dr.-Ing. Ab 1984 war er bei Daimler-Benz in der Nutzfahrzeug-Entwicklungsleitung für die Koordination der Entwicklungstätigkeit im Ausland zuständig.

# 6

# Mehr als nur die „Hardware" Flugzeug: Wie Industrie 4.0 die internationale Luftfahrt revolutioniert

## Carsten Spohr, Vorstandsvorsitzender der Deutschen Lufthansa AG

**Zusammenfassung** Industrie 4.0 zieht in die Werkshallen ein. Intelligente Sensoren und Bauteile revolutionieren die Produktion. Doch Airlines können das „Internet der Dinge" nicht unmittelbar auf ihre Angebote übertragen. Schließlich besteht ihr grundlegendes Geschäft aus nur einer Leistung: dem Transport von Personen und Waren von A nach B durch die Luft. Durch Industrie 4.0 und die zunehmende Digitalisierung eröffnen sich auch den Fluggesellschaften neue Chancen. Sie müssen sich zu Luftfahrtkonzernen entwickeln, die mehr bieten als nur den Transport – im Kontakt mit Passagieren, wo der Flug zum „Erlebnis" wird, oder beim Frachtgut, wo Prozesse effizienter ablaufen. Im Zentrum der Überlegungen steht dabei stets die „Hardware" Flugzeug. Dort ermöglichen intelligente Bauteile künftig eine zielgenaue Wartung und Überholung. Welche Auswirkungen hat Industrie 4.0 auf die Airlines? Was bedeutet das für einen Luftfahrtkonzern wie Lufthansa? Dieser Beitrag wagt einen Blick in die Zukunft.

## Ein Blick in die nahe Zukunft

Wir schreiben das Jahr 2020. In Mainz sitzt ein junger Mann vor seinem Rechner. Er weiß noch nicht, dass er demnächst von Frankfurt am Main ins australische Cairns reisen wird, denn aktuell informiert er sich über Tauch-

C. Spohr (✉)
Frankfurt am Main, Deutschland

kurse in seiner Umgebung. Warum wird er die Reise buchen? Was wird ihn dazu bringen, auf die andere Seite des Erdballs zu fliegen?

Eigentlich sucht der Mann aus Mainz nach einem Tauchkurs im örtlichen Hallenbad. Darüber hinaus denkt er ökologisch. Erst neulich hat er im Internet eine nachhaltig produzierte Jacke bestellt. Er geht gerne in die Oper. Für Weihnachten hat er zwei Karten in der Elbphilharmonie reserviert – online, versteht sich. Er fährt selten in Urlaub. Aber wenn er es tut, dann ist er länger unterwegs. Außerdem mag er warme Gefilde.

Vielleicht wollte er nie nach Australien. Doch während er den passenden Tauchkurs sucht, fällt ihm ein Werbebanner auf. Vier Wochen am Great Barrier Reef, einem Weltwunder der Natur, mit Zwischenstopp in Sydney. Das Angebot kommt von einer Airline. Der Preis ist unglaublich günstig – Transfers, Unterkunft, Opernbesuch in Sydney und Tauchkurs am Riff inklusive. Interessanterweise gilt das Reiseangebot exakt zu der Zeit, zu der er auch im Vorjahr schon auf Reisen ging.

Auch bei dem zurückliegenden Urlaub hatte der junge Mann schon festgestellt, dass ihm seine Airline intelligente Angebote macht, wenn er ihr die Möglichkeit dazu einräumt. Er hat ihr daher sein Einverständnis erteilt, seine Vorlieben aufzuzeichnen und für künftige Urlaube zu nutzen. Daher weiß er schon im Voraus: Wenn er jetzt einwilligt, liegt er genau richtig. Die Reise ist schon durchgeplant – und zwar genau so, wie er es möchte. Er sagt zu.

Demnächst wird er seine Sachen packen. Das kann ihm seine Airline nicht abnehmen. Aber viel mehr muss er nicht tun. Am Tag der Abreise steht der Shuttledienst vor der Tür – pünktlich und der Verkehrslage angepasst. Unser Urlauber hat es nicht eilig. Er weiß: Bleibt er auf dem Weg zum Flughafen im Stau stecken, errechnet seine Airline die neue Ankunftszeit. Notfalls bucht sie ihn auf den nächsten Flug um.

Am Flughafen wird sein Koffer automatisch verladen. Bis zum Abflug ist noch etwas Zeit. Der Urlauber wirft einen Blick auf sein mobiles Endgerät. Die Indoor-Navigation ist angesprungen und zeigt ihm den Weg zu seinem Abfluggate. Auf dem Weg liegen mehrere Geschäfte. Ein Kaffeehaus abseits der Route ist aktuell weniger frequentiert. Unser Reisender vermeidet den Trubel und nutzt die Zeit für eine Pause (Abb. 6.1).

Während er im Kaffeehaus verweilt, zählt sein Endgerät die Minuten bis zum Abflug. Eigentlich könnte er jetzt noch durch die Bekleidungsläden bummeln. Er verzichtet darauf. Der Kaffee schmeckt ihm ausnehmend gut. Er bestellt online eine Tüte der Bohnen, aus denen sein Kaffee gebrüht ist. Dann schlendert er durch die automatische Sicherheits- und Passkontrolle und erreicht sein Flugzeug.

Der Urlauber braucht nicht auf sein Endgerät zu schauen, um zu wissen, wo er sitzt. Es ist Reihe 32, rechts am Gang. Dort saß er auch bei seinem letzten Flug. Er hätte ein paar seiner Flugmeilen einlösen können, um neben einem

**Abb. 6.1**   Mit Big Data wird eine individuellere Kundenorientierung möglich. (Quelle: Lufthansa)

besonderen Fluggast zu sitzen. Seine Airline wüsste, wenn ein australischer Meeresbiologe an Bord wäre, und hätte ihm den Nachbarsitz vorgeschlagen – vorausgesetzt, der Biologe hätte vorab sein Einverständnis erklärt und damit vielleicht ein paar Dollar für seinen Flug gespart.

Offenbar ist kein Meeresbiologe an Bord. Der Reisende steuert seinen Stammplatz an. Der Stuhl hat sich schon auf seine Größe eingestellt, die Höhe des Kopfteils ist perfekt. Auch um das Catering braucht er sich nicht zu kümmern. An Bord bevorzugt er Ginger Ale, für diesen Sonderwunsch bezahlt er sogar extra. Auch das weiß seine Airline und hat sich darauf eingestellt.

Unser Urlauber aus Mainz verankert sein mobiles Endgerät an der Rückseite des Sitzes vor ihm. Seine Airline bietet ihm an, seine Lieblingsserie weiterzuschauen. Zuhause musste er mitten in der zweiten Folge der dritten Staffel abbrechen, doch kaum startet sein Gerät, läuft die Serie an just jenem Punkt weiter. Und bei seinem Anschlussflug mit einer anderen Airline wird das genauso funktionieren.

Im Hotel werden einige Gegenstände auf ihn warten. Etwa sein Gepäck, das serienmäßig mit einem elektronischen Chip ausgestattet ist und dessen Aufenthaltsort er jederzeit prüfen kann. Es werden noch andere Sachen für ihn bereitstehen: die Kleidung für den Opernbesuch in Sydney, inklusive der Schuhe in seiner passenden Größe, in Cairns der Tauchanzug und die Flossen gleich dazu.

Und natürlich der Kaffee, den er vor dem Abflug bestellt hatte.

## Die Industrie weist den Weg

Bei Industrie 4.0 geht es vor allem um das sogenannte „Internet der Dinge". Es beschreibt die wachsende Zahl intelligenter Produkte, die miteinander kommunizieren. Möglich machen dies eine höhere Rechenleistung der Komponenten, ihre Miniaturisierung und die Vernetzung aller Bauteile. Intelligente Sensoren, Prozessoren, Software und Netzwerktechnik eröffnen ganz neue Funktionen. Das Thema RFID oder „radio-frequency identification" (siehe Abb. 6.2), also das Identifizieren und Lokalisieren von Objekten, ist darunter nur ein Aspekt.

Vernetzte Systeme benötigen digitale Informationen. Das Management von großen Datenmengen ist deshalb eng mit dem Begriff des „Internets der Dinge" verknüpft. Dabei steigt nicht nur die Masse an aufgezeichneten Informationen, sondern auch die Fähigkeit, sie zu verarbeiten. Intelligente, vernetzte Bauteile werden deshalb die Produktion dramatisch verändern – und neue Chancen für zahlreiche Branchen schaffen.

Im Mittelpunkt der Überlegungen zu „Industrie 4.0" steht ein physisches Produkt. Um dieses Produkt sind alle Teile der Wertschöpfungskette enger vernetzt und rücken zusammen – angefangen vom Aufnehmen der Kundenwünsche über die Produktion bis zum Recycling. Die zugehörigen Dienstleistungen bilden in diesem Konzept lediglich einen Teil der Wertschöpfungskette. Steht allerdings – wie bei Airlines – eine Dienstleistung im Mittelpunkt der Wertschöpfung, lässt sich das Konzept von „Industrie 4.0" nur teilweise übertragen.

Im Kern bieten Airlines nur eine Leistung an: den Transport von Menschen und Produkten. Diese Leistung ist grundsätzlich austauschbar. Der Kunde differenziert lediglich zwischen Kosten und Zeit – oder er verzichtet auf den Flug und wählt ein anderes Transportmittel. Deshalb geht es für Airlines darum, mehr zu bieten und den Gedanken der Mobilität stärker zu berücksichtigen.

Dabei geht es nicht nur um die Frage, mit welchen Mitteln eine Person oder ein Produkt den Weg zwischen Start- und Endpunkt zurücklegt. Mobili-

**Abb. 6.2** Digitale Revolution in der Warenlogistik, z. B. mit Echtzeit-Tracking dank RFID-Chips. (Quelle: Lufthansa)

tät stellt die generelle geografische Beweglichkeit in den Mittelpunkt der Betrachtung. Sie erweitert den Blick auf das gesamte System an physischen oder virtuellen Transportmöglichkeiten, die vernetzt und aufeinander abgestimmt sind. In diesem Sinne erfordert Mobilität auch den Blick auf vor- und nachgelagerte Prozesse.

Das „Internet der Dinge" und die Digitalisierung fördern die Mobilität, indem sie diese einfacher und effizienter gestalten. Dies wurde zuletzt besonders vor dem Hintergrund der zunehmenden Urbanisierung diskutiert. Die Weltbevölkerung wächst vor allem in den großen Städten. Nach Schätzungen der Vereinten Nationen lebt im Jahr 2050 voraussichtlich rund ein Drittel der Menschheit in Metropolregionen. Das Management dieser Regionen wird die größte Herausforderung des 21. Jahrhunderts – auch im Hinblick auf die Mobilität.

Industrie 4.0 und die steigende Digitalisierung können helfen, die Prozesse künftig besser aufeinander abzustimmen. Nicht nur in den großen Städten kann die Infrastruktur intelligent vernetzt und zentral gesteuert werden. Alle Transportmittel und die dazugehörigen Informationen werden nahtlos miteinander verknüpft. Reisenden und Logistikern stehen jederzeit Daten in Echtzeit zur Verfügung. Sie können zu jedem Zeitpunkt die für sie günstigste und beste Transportart wählen. Ihre mobilen Endgeräte dienen dann zur Identifikation, Buchung und Bezahlung.

Die Unternehmen wiederum können mittels Digitalisierung ihre Angebote individueller gestalten. Sie können stärker auf die Vorlieben der jeweiligen Kunden eingehen und diese in ihrem Angebot berücksichtigen. Diese Angebote wären im Sinne einer „mass customization" umfassend und gleichzeitig individualisiert. Der potenzielle Kunde müsste nur noch seine Einwilligung geben, ohne sich um die Details zu kümmern.

Ziel jeder Airline muss es künftig sein, ein gesamtheitliches Mobilitätskonzept zu bieten, das genau auf die Wünsche der Kunden zugeschnitten ist. Nur so kann sie sich von ihren Wettbewerbern abheben und letztlich auch ihre Gewinnmargen verbessern.

Derzeit agieren Airlines in einem speziellen Marktumfeld. Wenn sie zum Beispiel Flugzeuge beschaffen, stehen sie zwei oder drei Herstellern gegenüber, die auf weitestgehend standardisierte Produkte setzen. Die Veredelung überlässt dieses Oligopol den Airlines, die auch die Kosten dafür tragen müssen. Am Boden sind die Airlines auf Flughafenbetreiber angewiesen, die ebenfalls über eine gewisse Preismacht verfügen. Und nicht zuletzt haben manche Fluggesellschaften große Geldgeber im Rücken und arbeiten hoch subventioniert, was in der Folge für die privaten Airlines zu unfairen Wettbewerbsbedingungen und sinkender Profitabilität führt.

Industrie 4.0 und die fortschreitende Digitalisierung werden den Wettbewerb der Airlines weiter verschärfen. Denn die Investitionen in digitale Kompetenz, in neue Technologien und intelligente Produkte kosten viel Geld. Nur schätzungsweise fünf bis zehn der großen Airlines verfügen über das nötige Kapital. Und wer früh reagiert, kann sich einen Wettbewerbsvorteil sichern.

## Ein Gesamterlebnis für den Flugreisenden

„Flight comes always first", heißt es in der Luftfahrt. Das Erste, woran ein Urlauber bei der Planung seiner Flugreise denkt, ist sein Flug. Danach richtet er die übrigen Teile seines Aufenthalts, etwa Hotel, Transfer oder Tages- und Abendgestaltung. Im Sinne einer umfassenden Wertschöpfungskette muss es das Ziel einer Airline sein, dem Kunden mit dem Flug und allen vor- und nachgelagerten Schritten ein Gesamterlebnis zu offerieren.

Wie kommt ein solches Erlebnis zustande? Sicher nicht durch ein einfaches „Mehr" an Leistungen. Viel hilft an dieser Stelle nicht viel. Zu einem Gesamterlebnis wird die Reise erst dann, wenn sich der Fluggast von seiner Airline „verstanden" fühlt, wenn seine Bedürfnisse erkannt werden, noch bevor sie ihm bewusst sind, und die Airline ihm, wie unserem jungen Mainzer, kontextbasierte Angebote macht und ihm damit einen echten Mehrwert bietet. Dazu muss die Airline die Interaktion mit dem Kunden aktiv gestalten. Digitalisierung und das „Internet der Dinge" funktionieren in diesem Zusammenhang auf zwei Arten. Erstens können sie helfen, die jeweiligen Wünsche und Bedürfnisse früh zu erkennen. Je mehr Daten die Airline über einen Kunden besitzt, desto besser kann sie diese zu einem Gesamtbild aller Bedürfnisse zusammenfügen. Zweitens kann die Fluggesellschaft ihre Leistungen so personalisieren und an die Situation anpassen, wie sie der Kunde benötigt. In diesem Fall verschwimmt die Grenze zwischen Service und Marketing.

Nehmen wir beispielsweise an, dass unser Reisender nach Cairns seiner Airline in puncto Sicherheit und Zuverlässigkeit vertraut. Er weiß, dass die Steuerungstechnik die Wettervorhersagen berücksichtigt und daraus einen ruhigen Flug errechnet. Aber wenn es zu Turbulenzen kommt, wird ihm dennoch etwas unbehaglich. Hat er vorab sein Einverständnis erteilt, könnten die Sensoren an der Armlehne seines Sitzes seine Nervosität registrieren. Im Bedarfsfall geht ein Signal an die Flugbegleiter. Dann kommt eine Mitarbeiterin und erklärt ihm, was die Unruhe des Fluges verursacht und wann es wieder ruhiger wird.

Ein anderes Beispiel: Möchte der Fluggast während des Flugs ein Hotel an seinem Zielort buchen, könnte die Airline aus seinen bisherigen Daten nicht nur schließen, dass er ein Hotel in der höheren Preiskategorie bevorzugt. Sie könnte ein Hotel empfehlen, das sie zuvor auf deutsche Qualitätsstandards geprüft hat. Daneben könnte sie einen Chauffeurdienst vom Flughafen zum Hotel ordern. Ihre Empfehlungen lässt sie sich von dem jeweiligen Kooperationspartner entlohnen, der umso mehr für ein solches Gütesiegel zahlt, je besser die Reputation der Fluggesellschaft ist.

Die Airline könnte aus den Daten auch ableiten, dass der Kunde lieber Privatzimmer bucht oder über das „Couchsurfing"-Netzwerk nach kostenlosen Unterkünften sucht. Dann würde sie einen günstigeren Transportservice vermitteln – vielleicht sogar per Drohne. Eine Airline kann also jederzeit rund um die „Hardware" Flugzeug zusätzliche, personalisierte Leistungen anbieten. Statt eines einzelnen Produkts oder einer Dienstleistung entsteht so ein ganzes System an verschiedenen Leistungen. Dieses muss konsistent und in seinen Teilen aufeinander abgestimmt sein – an jedem Punkt der Reise.

Für ein solch umfassendes Konzept braucht es Partner. Es wird deshalb in Zukunft darum gehen, strategische und digitale Allianzen zu schließen, die eine neue Form der Wertschöpfung erreichen. Nur wenn Luftfahrtkonzerne ihre Kompetenzen mit denen anderer Unternehmen verbinden, schaffen sie ein umfassendes Reiseerlebnis für den Passagier. Voraussetzung sind gemeinsame digitale Standards für den Datenaustausch und die wechselseitige Kombinierbarkeit von Leistungen sowie deren gemeinsame Vermarktung.

In diesem Kontext stellt sich natürlich die Frage nach dem Datenschutz. Grundsätzlich gilt: Der Kunde muss sein Einverständnis geben, damit Informationen über ihn gesammelt werden dürfen. Dabei entscheidet er selbst, auf welche Daten sich seine Einwilligung erstreckt. Viele deutsche Kunden stehen einem solchen Vorgehen positiv gegenüber. Rund die Hälfte könnte sich laut einer Studie von Steria Mummert Consulting vorstellen, ihre privaten Vorlieben einem Unternehmen mitzuteilen, um individuelle Angebote zu erhalten. Allerdings hängt ihre Bereitschaft auch davon ab, welches Unternehmen die Daten sammelt.

Vertrauen zu einer Airline – auch im Hinblick auf den Umgang mit persönlichen Daten – hat der Kunde vor allem dann, wenn die Fluggesellschaft einen guten Ruf hat, als seriös gilt, zuverlässig und technisch sicher arbeitet und Komplexität beherrscht. Am ehesten erfüllt diese Bedingungen eine starke Airline-Marke, eine, die Sicherheit vermittelt – nicht nur in der Luft. Auch das „Heimatland" einer Airline spielt eine große Rolle. Ein Fluggast wird in puncto Datensicherheit eher der Airline eines Landes mit strengen Datenschutzgesetzen vertrauen.

Wenn diese Voraussetzungen erfüllt sind und der Kunde weiß, wie persönlich seine Airline ein Reiseerlebnis gestalten kann, es vielleicht auch schon erleben durfte, dann wird er in aller Regel auch bereit sein, seine persönlichen Präferenzen mit der Airline zu teilen. Und je besser eine Airline ihren Kunden kennt, je früher sie seine Wünsche antizipiert und auf sie eingeht, je individueller ihr Service ist, je mehr sie für den Kunden mitdenkt, je einzigartiger sein Reiseerlebnis ist, desto treuer bleibt er der Airline, die das alles bietet, auch wenn er dafür etwas mehr zahlen muss.

## Fracht braucht kein „Erlebnis"

Airlines bringen nicht nur Kunden und ihre Koffer von einem Ort zum anderen. Sie transportieren temperatursensible Halbleiter, blühende Rosen, Schiffsteile, Raubtiere oder frisch gedruckte Banknoten. Dafür gelten andere Regeln – schon aus dem einfachen Grund, da ein Frachtgut während des Flugs kein „persönliches Erlebnis" erfährt. Frachtairlines differenzieren sich vor allem über ihre Leistungen und Infrastruktur am Boden und an der Schnittstelle zum Kunden (siehe Abb. 6.3). In diesem Geschäft zählt Effizienz.

Der Kunde ist heute meist der Spediteur. Daneben gehören Urversender, andere Airlines, Behörden oder spezialisierte Zolldienstleister zu den Teilnehmern einer Transportkette. Sie alle überblicken einen Abschnitt und verfügen über einen eigenen Satz an Informationen. Daher ist das Geschäft stark fragmentiert. Hinzu kommt ein geringer Grad der Digitalisierung. Bis heute begleiten zahlreiche Papiere die Fracht. Teilweise schreiben die Behörden vor, Frachtbriefe und andere Dokumente „mit Durchschlag" vorzuhalten. Faktisch jedes Land hat eigene Einfuhrregeln.

Luftfracht wird deshalb bis heute nicht durchgängig digital nachverfolgt oder kontrolliert – auch, weil vielen Beteiligten der Transportkette die finanziellen Mittel fehlen, um technisch aufzurüsten. Dennoch muss es in den

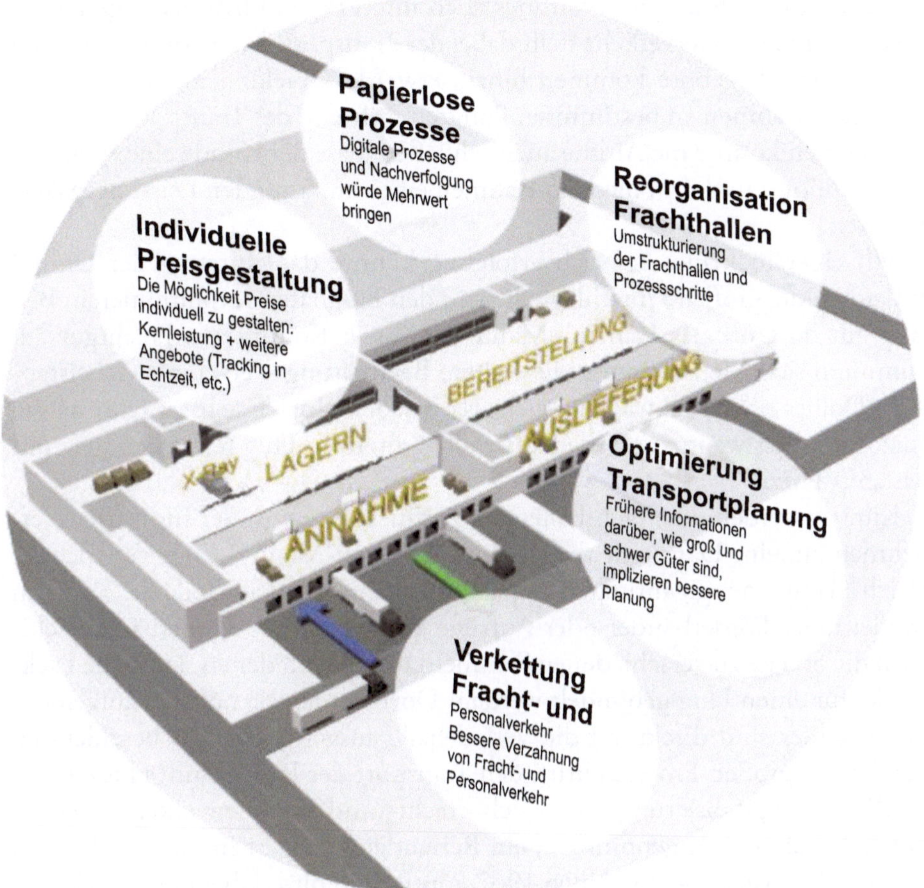


**Abb. 6.3**  Das Frachtzentrum von morgen: Papierlose Fracht, hochintegrierte Prozesse, erweitertes Angebotsportfolio für die Kunden. (Quelle: Lufthansa)

kommenden Jahren das oberste Ziel sein, die Prozesse weitgehend papierlos zu gestalten. Der Vorteil für die Airlines: Sie können zum Beispiel vom Urversender direkt und früher erfahren, wie groß und schwer das Gut ist. Damit können sie auch schneller in die Transportplanung einsteigen.

Im nächsten Schritt könnte die digitale Nachverfolgung entstehen. Diese würde allen Beteiligten einen echten Mehrwert bieten. Schon vor der Anlieferung wüssten die Airlines, ob sich die Ankunft wegen eines Staus verzögert, ob das Gut anders gepackt oder schwerer ist als anvisiert. Kunden könnten unterwegs jederzeit die Temperatur ihres Produkts oder den Grad der Erschütterung nachvollziehen. Registriert ein Sensor etwa, dass ein Gut stärker als beabsichtigt bewegt wurde, kann er sofort Alarm schlagen. Bei Haftungsfragen entfielen kostspielige Nachforschungen.

Damit könnten die Frachtairlines auch ihre Preise individueller gestalten. Analog zum Passagierverkehr stellt dabei der Transport den Kern der Leistung dar. Weitere Angebote kommen hinzu, etwa das Tracking in Echtzeit oder Kameraaufnahmen an bestimmten Punkten während des Transports. Aus den Bestelldaten könnte die Airline auch schließen, dass der Kunde eine Versicherung benötigt, und ihm diese im Rahmen eines umfassenden Leistungspakets anbieten.

Mit einer lückenlosen Nachverfolgung könnte das „Internet der Dinge" außerdem die großen Umschlaghallen an den Flughäfen revolutionieren. Bislang gilt dort oft das Prinzip „Mann zu Ware": Kommt ein Frachtgut an, kümmern sich Menschen um die weitere Bearbeitung – etwa mit Gabelstaplern, Dollies oder Hubwagen. Auch das Beladen eines Frachters läuft häufig analog ab. Erst wenn am Verladeplatz alle Güter pro Flug feststehen, beginnt das „3D-Puzzle".

Künftig werden die Frachthallen der Airlines denen großer Industrieunternehmen ähneln. Dann gilt das Prinzip „Ware zu Mann". Eine Verladehalle gleicht dann einer gigantischen Gepäcksortieranlage. Weite Teile der Strecken werden über Förderbänder oder Aufzüge absolviert. Die Förderbänder schicken die Stücke zu verschiedenen Sammelstationen, an denen sämtliche Packstücke für einen Flug gebündelt werden. Dort werden sie optimal aufgereiht. Die Frachter sind direkt auf die Verladehalle ausgerichtet. Das beschleunigt den letzten großen Prozessschritt: den Transport der Palette zum Flugzeug.

Mit der Digitalisierung lassen sich Fracht- und Personenverkehr überdies besser verzahnen. Angenommen, ein Reisender ersteigert in New York einen großen Gegenstand – etwa einen 1967 Pontiac Firebird. Über eine App könnte er den Transport zurück in seine Heimat buchen. Im Idealfall muss er nur einmal zustimmen, um den kompletten Prozess in Gang zu setzen. Die Transportkette würde dann vom Auktionator über den abholenden Spediteur und der Airline bis hin zu dem Spediteur reichen, der den Pontiac in der Garage des Kunden einparkt. Auch hier wird die Idee einer übergreifenden Wertschöpfungskette real.

## Die Technik muss stimmen

Bei allen Leistungen, die eine Airline ihren Kunden – ob Passagier oder Spediteur – bieten kann, sollte jedoch eines klar sein: Im Mittelpunkt steht immer der Flug. Er muss reibungslos funktionieren – das heißt, Sicherheit wird immer die höchste Priorität haben. Hier kommen Wartung und Technik ins Spiel. Sie müssen zum Beispiel dafür sorgen, dass jede der bis zu 40.000 Nieten an den Rumpfschalen eines Airbus A380 über Jahre hinweg sitzt.

Bei der Übertragung des Konzepts eines „Internets der Dinge" auf die „Hardware" Flugzeug tut sich grundsätzlich ein Spannungsfeld auf. Auf der einen Seite stehen die automatisierten Dienste: Zahlreiche Abläufe rund um den Transport funktionieren in naher Zukunft online. Die Buchung erfolgt schon heute mit einem Mausklick, die Tickets werden automatisch produziert und nicht mehr ausgedruckt, das Einchecken findet elektronisch statt. Dieser Grad der Digitalisierung wird steigen.

Auf der anderen Seite stehen die „Dinge". Viele Industrien arbeiten mit Produkten, deren Lebenszyklus nur einige Jahre beträgt. Im Automobilsektor sind es beispielsweise fünf. In dieser Zeit können die Fahrzeuge recht einfach gewartet werden. Es reicht ein Besuch der Werkstatt, in der ein Computer die fehlerhaften Bauteile aufspürt. Dagegen sprechen wir bei Flugzeugen von einer Lebensdauer von bis zu einem Vierteljahrhundert – mit Bauteilen, die idealerweise ebenso lange halten und teilweise viel stärker belastet sind.

Es wird voraussichtlich bis zur übernächsten Generation von Flugzeugen dauern, bis die analogen Bauteile flächendeckend den „intelligenten" Komponenten weichen. Wir reden hier von den Nachfolgern des A350 oder der Boeing 787, also von einem Zeitraum von rund 30 Jahren. Das bedeutet: Während das „Internet" an vielen Stellen der Luftfahrt bald Alltag ist, wird der Einsatz der intelligenten „Dinge" noch lange hinterherhinken.

Es zeichnet sich aber schon jetzt ab, an welchen Stellen Wartung und Technik digitaler werden. Zum einen werden neue Bauteile das Erlebnis während des Fluges verändern. In der Kabine könnten die Scheiben ein Bild der Landschaft projizieren, über der sich das Flugzeug befindet. Zum anderen können Digitalisierung, Big Data und das „Internet der Dinge" dafür sorgen, dass Wartung und Instandhaltung künftig effizienter ablaufen.

Ein einfaches Beispiel sind die Rettungswesten. Sie werden schon heute mit RFID-Chips ausgestattet, die die Daten ihrer letzten Prüfung enthalten. Künftig könnten auch Bauteile, die hinter Wandverkleidungen sitzen, über einen Chip verfügen. Mit einem Messgerät kann der Techniker ihren Zustand überprüfen, ohne die Verkleidung lösen zu müssen. In Zukunft könnten ihm in einer Brille die zugehörigen Schaltpläne eingespielt werden. Das vereinfacht die Wartung.

Das „Internet der Dinge" kann technisch jedoch deutlich weiter greifen. Ziel muss es sein, dass künftig alle Bauteile eines Flugzeugs eine Selbstdiagnose durchführen. Beispielsweise zeigt eine Hydraulikpumpe heute lediglich einen Defekt an. Ob dieser auf die elektrische Steuerung zurückgeht oder mechanische Ursachen hat, weiß der Techniker erst, wenn er sie vollständig untersucht hat. In Zukunft werden alle Bauteile eine Eigendiagnose vornehmen und ihren Zustand weitergeben – vielleicht sogar direkt auf die Scheibe des Cockpits, die in Zukunft elektrische und mechanische Anzeigen ersetzen wird.

Zudem werden große Datenbestände die Wartung vereinfachen. Intelligente Technik sammelt schon heute die Informationen aus Hunderten von Einzelelementen. Das funktioniert zum Beispiel bei Triebwerken. Eines von ihnen produziert täglich mehr Daten als alle Tweets auf Twitter pro Tag. Durch Auswertung dieser Daten kann eine Airline ermitteln, wie sie weniger Kerosin bei Start und Landung verbraucht, etwa durch eine bessere Ausrichtung der Landeklappen.

Das Sammeln und Analysieren von Daten kann auch helfen, die Haltbarkeit von Bauteilen besser zu bestimmen. Überfliegt ein Flugzeug regelmäßig trockene oder sandige Regionen, werden einzelne Komponenten anders beansprucht als etwa bei häufigen Flügen über Salzwasser. Diese Daten werden beispielsweise mit der typischen Lebensdauer der Bauteile eines Herstellers kombiniert. Darüber kann die Airline den Zeitpunkt einer routinemäßigen Wartung genauer bestimmen und spart unnötige Kosten.

## Was Industrie 4.0 für Lufthansa bedeutet

Die Lufthansa Gruppe wird ihre Prozesse künftig noch viel stärker digital gestalten und das Internet der Dinge besser in alle Abläufe integrieren, um auch bei personalisiertem Service und persönlicher Kommunikation die führende Airline-Gruppe zu werden. Dazu haben wir mehr als 80 Kontaktpunkte während einer Reise definiert, aus der ein Kunde seine Meinung über sein Flugerlebnis ableitet. Dabei hängt die wahrgenommene Qualität auch von den Momenten ab, in denen es einmal nicht so läuft wie geplant. Diese Kontaktpunkte so angenehm und individuell wie möglich zu gestalten, wird uns in den kommenden Jahren beschäftigen.

Bei der Fracht werden wir die Digitalisierung der Transportkette vorantreiben. Hier sind wir schon weiter als die meisten unserer Wettbewerber, aber es bleibt noch viel zu tun. Derzeit verfolgen wir zwölf Initiativen, mit denen wir unseren Service verbessern. Sie beginnen bei unseren Angeboten und reichen über den Transport bis zur Abrechnung. International unterstützen wir die Bemühungen unserer Branchenvereinigung IATA, die behördlichen Abläufe weltweit zu vereinfachen.

Unsere Vorhaben im Bereich von Wartung und Technik laufen in zwei Richtungen. Wir wollen das Erlebnis unserer Kunden durch technische Neuerungen in der Hard- und Software verbessern. Und wir wollen die Wartung optimieren, indem wir stärker als bisher auf papierlose Prozesse bauen, unsere Bauteile in Echtzeit prüfen und ihre Daten früher mit bestehenden Informationen kombinieren. Darüber können wir anfallende Reparaturen besser abschätzen und Kosten im laufenden Betrieb sparen.

Ein Teil der Menschheit würde längst auf dem Mars leben, wenn alte Visionen Realität geworden wären. Doch nicht jede technische Innovation findet ihren Weg in die Praxis. Dazu braucht es sinnvolle Prozesse und Menschen, die sie umsetzen. Es braucht Mitarbeiter, die technische Informationen richtig einschätzen können. Ein Ingenieur muss in der Lage sein, Flugdaten mathematisch zu interpretieren. Umgekehrt muss ein Datenwissenschaftler verstehen, aus welchen realen Vorgängen sich seine Informationen speisen, um damit sinnvoll arbeiten zu können. Auch Industrie 4.0 wird daher sicher nicht in der Form Wirklichkeit werden, wie sie derzeit auf dem Reißbrett entsteht.

Denn trotz der Begeisterung über die Technik braucht es die menschliche Fähigkeit, Wichtiges von Unwichtigem zu trennen und die technischen Informationen in einen vernünftigen Zusammenhang zu bringen. Außerdem gilt: Menschen wünschen sich persönliche Interaktion. Wir möchten, dass unsere Bedürfnisse erkannt werden und dass uns Experten bei Problemen weiterhelfen. Menschen wollen von Menschen verstanden werden. Eine gute Dienstleitung steht und fällt daher immer mit der ausführenden Person. Diese Aufgabe werden Maschinen den Menschen auch in Zukunft nicht abnehmen können. Zum Glück!

**Carsten Spohr** geboren am 16. Dezember 1966 in Wanne-Eickel, ist seit dem 1. Mai 2014 Vorstandsvorsitzender der Deutschen Lufthansa AG. Er führt den Lufthansa Konzern mit den Geschäftsfeldern Passage Airline Gruppe, Logistik, Technik, Catering und IT Services mit rund 117.000 Mitarbeitern weltweit. Carsten Spohr ist Inhaber der Lufthansa-Kapitäns-Lizenz für die Flugzeugmuster der Airbus A320 Familie. Er ist verheiratet und Vater von zwei Töchtern.

# 7

# Einkaufen in der Zukunft: Wie die Digitalisierung den Handel verändert

Dr. Rainer Hillebrand, stellvertretender Vorstandsvorsitzender, Dr. Lars Finger, VP, E-Commerce Competence Center, Otto Group

**Zusammenfassung** Der Handel befindet sich in einem tiefgreifenden Wandel, der durch fundamentale Änderungen im Kundenverhalten sowie das Auftreten zahlreicher neuer, vor allem auch internationaler Wettbewerber gekennzeichnet ist. Beidem liegen die Möglichkeiten neuer Technologien und deren rasante Adoption in breiten Bevölkerungsschichten zugrunde. Die Otto Group hat bereits sehr frühzeitig die Herausforderungen und Chancen der Digitalisierung erkannt und diese bereits seit Mitte der 90er Jahre mit konkreten Kundenangeboten adressiert.

## Einleitung

Der Handel befindet sich in einem tiefgreifenden Wandel, der durch fundamentale Änderungen im Kundenverhalten sowie das Auftreten zahlreicher neuer, vor allem auch internationaler Wettbewerber gekennzeichnet ist. Beidem liegen die Möglichkeiten neuer Technologien und deren rasante Adoption in breiten Bevölkerungsschichten zugrunde. Was zu Zeiten der ersten Internetwelle Ende der 90er Jahre zwar in Businessplänen niedergelegt, aber nicht in breiten Bevölkerungsschichten angekommen war, ist mittlerweile Alltag, wesentlich getrieben durch die Entwicklung der Breitbandabdeckung in Deutschland, die in 2014 knapp 90 % der Haushalte beträgt (vgl. Eurostat 2014). E-Commerce, verstanden als „digitally enabled commercial transactions between and among organizations and individuals" (Laudan und Traver, Carol Guercio 2015, S. 49), ist selbstverständlich geworden. Vier Fünf-

---

R. Hillebrand (✉) · L. Finger
Hamburg, Deutschland

tel der deutschen Internetnutzer kaufen online ein (Institut für Demoskopie Allensbach 2014). Dabei werden nahezu alle Sortimente online nachgefragt, Fashion ist bei Weitem die beliebteste Kategorie weit vor Büchern und Unterhaltungselektronik. Auch ist Online Shopping längst nicht mehr auf junge Zielgruppen beschränkt, zwei Drittel der über 55-Jährigen kaufen mindestens einmal im Monat online ein (vgl. PwC 2014).

Dabei ist insbesondere der technologische Wandel im Versandhandel enorm. Kaum befindet sich der Channelshift vom katalogbasierten Distanzhandel zum E-Commerce in den letzten Zügen, schon steht die Branche einer weiteren technologischen Herausforderung gegenüber. Die immer höhere Anzahl verschiedener Endgeräte und eine zunehmende Fragmentierung der Art der Zugangsdevices lassen die Ansprache des Kunden immer komplexer werden (Haack et al. 2013).

In diesem Kontext ist es entscheidend, konsequent das sich laufend verändernde Umfeld zu adressieren, im Rahmen einer fokussierten Strategie zu agieren sowie die Gesamtorganisation und das Führungsverständnis ständig zu hinterfragen und anzupassen. Der Weg, den die Otto Group in den vergangenen Jahren eingeschlagen hat, sowie die zentralen Veränderungstreiber und -dimensionen werden in den folgenden Kapiteln beleuchtet.

## Treiber der Digitalisierung im Handel

Ein zentraler Treiber liegt im veränderten Kundenverhalten, das durch den Online-Kanal überhaupt erst ermöglicht wurde. Kunden sind heutzutage anders, mobiler, untreuer, spontaner und unberechenbarer, als es vor der Digitalisierung der Fall war.

Um die volle Bedeutung der sich vollziehenden Entwicklungen zu erfassen, ist es hilfreich, eine Gegenüberstellung vorzunehmen. Während der Kunde früher eine begrenzte Anzahl an Massenprodukten zur Verfügung hatte (Supermärkte haben typischerweise eine Auswahl von 2.000 bis 50.000 Produkten), gibt es im heutigen E-Commerce eine praktisch unbegrenzte Anzahl an Produkten (auf deutschen Webshops der Otto Group können beispielsweise zwei Millionen verschiedene Artikel bezogen werden). Auch hat sich die Rolle des Händlers als Experte und gesuchter Berater für den Endkunden gewandelt; heutzutage werden Transparenz und Beratung durch Kundenbewertungen und Produkttests über die Online-Suche immer wichtiger für die Kaufentscheidung. Schließlich ist es möglich, völlig unabhängig von Öffnungszeiten des klassischen Handels rund um die Uhr online zu kaufen, und zwar weltweit (mehr als die Hälfte der Deutschen hat bereits von einer ausländischen Seite online gekauft (vgl. Postnord 2014)). Die größte Veränderung liegt wahrscheinlich in der durch das Internet ermöglichten völligen Preis- und Leistungstransparenz, in der Schwächen im Sortiment und nicht angemessene Preise durch eine einfache Internetsuche schonungslos offengelegt werden.

Die Verbreitung des Internets und mobiler Services als Basis für Beratungs- und Transaktionsleistungen haben zu einer einzigartigen Steigerung der Kundenerwartungen an die generelle Geschwindigkeit geführt (vgl. Elsner et al. 2014). Die langjährig praktizierte Sortimentsgestaltung in halbjährlichen Saison-Intervallen ist obsolet, genauso wie vormals akzeptierte mehrtägige Lieferzeiten. Der Kunde erwartet heute eine kontinuierliche Steuerung und Weiterentwicklung des Angebots, das in kürzester Zeit mit dem Wandel der eigenen Bedürfnisse Schritt hält. Der Anspruch hat sich hier bereits heute zu *Next-Day-Delivery* entwickelt und wird dies zukünftig noch weiter in Richtung *Same-Day-Delivery* tun.

Der Kunde durchläuft heute eine komplexe, oft nur schwer nachvollziehbare Customer Journey, deren einzelne Informations-Touch-Points für den Kauf viel entscheidender sein können als der eigentliche Transaktionskanal, in dem dieser letztlich ausgeführt wird. Je nach Gebrauch von Smartphones, Tablets, Hybrid-TV o. Ä. wird das Angebot der Händler unter unterschiedlichen Nutzungskontexten bewertet und hat demnach andere Anforderungen an Usability, Angebot und Informationstiefe zu befriedigen.

Bereits heute zeigt sich, dass Gatekeeper den Zugang zum E-Commerce-Kunden durch personalisierte Informationen sowie Skalen- und Netzwerkeffekte weitreichend dominieren können und durch Daten- und Hardware-Kontrolle nachhaltige Lock-in-Effekte erzielen werden. Intermediäre wie Produkt- und Preissuchmaschinen werden hingegen zum Teil ihre Wertschöpfung auf die Transaktion ausdehnen, um etwa durch Marktplatzansätze dem Handel Wertschöpfung und Marge abzunehmen. Die gesamte Branche wird sich auf dieser Kernwertschöpfungsebene stark konzentrieren – auf diejenigen Player, die sich Kontrolle auf Zugangs- und Angebotsebene nachhaltig sichern und/oder sich über Service differenzieren können.

Darüber hinaus werden bestehende Wettbewerbsstrukturen im Handel durch Markenartikler unter Druck gesetzt, die durch Vertikalisierung zunehmend in der Lage sind, ihre Markenbekanntheit in direkten Online-Kundenkontakt über ihre Online-Shops umzumünzen. Die starke Marke und vorliegende Produktinformationen erleichtern den Kundenzugang über Gatekeeper und Intermediäre bei gleichzeitig sinkenden Einstiegsbarrieren durch weitverbreitete und performante E-Commerce-Enabling-Lösungen etwa im Bereich Fulfillment und Payment. So sind Markenartikler immer weniger auf den Handel angewiesen und immer mehr in der Situation, die Transaktion direkt mit dem individuell an ihrer Marke interessierten Konsumenten abzuwickeln. Sie werden sich insgesamt in große, zunehmend dominant agierende globale Marken und in eine Vielzahl kleinerer, spezialisierter, aber unter Einsatz der digitalen Kanäle mit relativ großer Reichweite agierende Player ausdifferenzieren.

Technologieseitige Herausforderungen liegen vor allem in der Tatsache, dass durch hohe Investitionen und institutionelle Förderung sowie schnelle Diffusionsmöglichkeiten Innovationszyklen immer kürzer werden. Der hierdurch weiter beschleunigte Wettbewerb fordert immer stärkere Abgrenzungsmerkmale zu anderen Wettbewerbern. Allerdings birgt der technologische Wandel auch eine ganze Reihe an Potenzialen. So lässt die steigende Vielzahl internetfähiger Devices, Augmented Reality Tools und Wearables das Internet immer mehr Bestandteil des echten Lebens werden. Durch die zukünftige Transformation dieser Inhalte mit dem „Internet der Dinge" zu einem semantischen Netz wird eine Verknüpfung von realen mit virtuellen Objekten ermöglicht.

Das Smartphone als täglicher Begleiter wird in Zukunft andere alltägliche Gegenstände substituieren, wie z. B. Mobile Payment das Bargeld, NFC und kontaktloser Datenaustausch alle Kredit-, Kunden- und sonstige Karten. Daraus folgen die ständige Erreichbarkeit und lokale Unabhängigkeit bei der Kommunikation. Informationen werden ohne Weiteres jederzeit und an jedem Ort miteinander ausgetauscht. Somit wird die konsequente Ausrichtung aller Unternehmensprozesse in Richtung Mobile First erfolgskritisch, um die zentrale Bedeutung von Smartphones in der Kundennutzung abzubilden. Abbildung 7.1 veranschaulicht das „Everywhere Commerce" Phänomen, nämlich die Tatsache, dass der Kunde praktisch den ganzen Tag über sein Smartphone zum Shopping bzw. der Produktsuche nutzt.

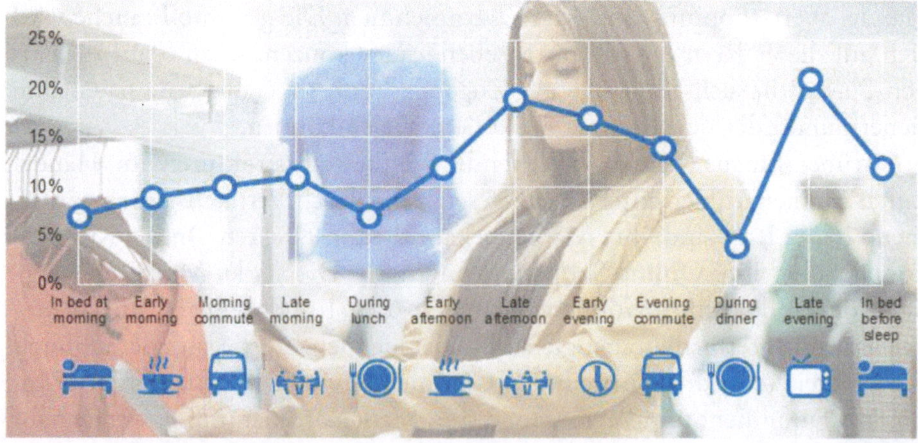


**Abb. 7.1**   „Everywhere Commerce" durch mobile Endgeräte im Tagesverlauf. (Quelle: Otto Group)

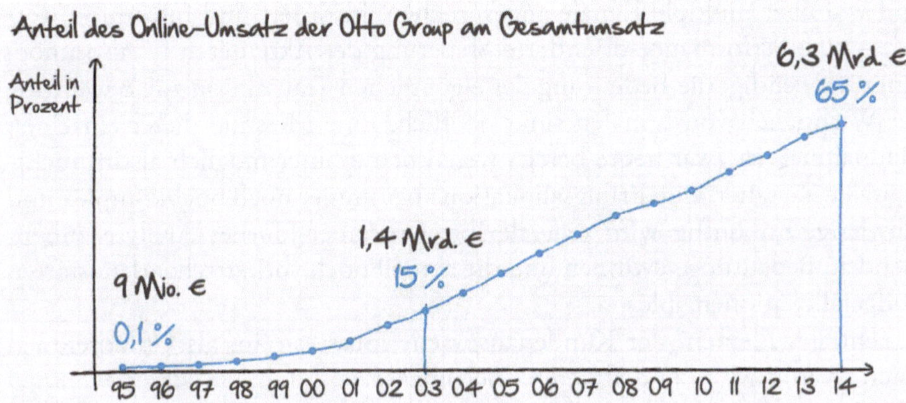


**Abb. 7.2**   Otto Group Online-Umsätze im Zeitverlauf. (Quelle: Otto Group)

## Digitale Transformation in der Otto Group

Die Otto Group hat bereits sehr frühzeitig die Herausforderungen und Chancen der Digitalisierung erkannt und diese bereits seit Mitte der 90er Jahre mit konkreten Kundenangeboten adressiert. So feiert otto.de in diesem Jahr seinen 20. Geburtstag. Aber auch was das Thema neue Endgeräte angeht, haben Unternehmen der Otto Group frühzeitig Marktchancen genutzt: Der erste Mobile Shop von Otto im Jahre 2000 (damals mit dem heute vergessenen WAP-Standard) oder auch der erste Tabletshop eines großen deutschen Händlers mit bonprix zeigen, dass frühzeitig neue Technologien erkannt und in einen Kundennutzen umgesetzt worden sind.

Mittlerweile kommen 65 % des Gesamtumsatzes der Otto Group aus dem digitalen Kanal (Abb. 7.2). Dieser hat damit den Katalog seit geraumer Zeit abgelöst; wir verstehen den Katalog als ein Instrument im Marketing-Mix.

Um den Herausforderungen durch den technischen Strukturwandel begegnen zu können, hat sich die Otto Group den drei strategischen Erfolgsfaktoren „Lead" (Leitung von Traffic-Strömen und Gewinnung von Neukunden), „Speed" (agile Ausrichtung der Organisation) und „Data" (datengetriebene Entscheidungsgrundlagen) verschrieben, um so einen nachhaltigen Umbau der einzelnen Konzerngesellschaften zu „e-driven companies" gewährleisten zu können.

*Lead* – Neue technische Rahmenbedingungen machen eine veränderte Ansprache der Kunden unabdingbar. Ehemals durch Unternehmenszentrierung geprägtes Marketing verliert zunehmend an Bedeutung und muss konsumentenzentrisch durch eine immer individuellere Ansprache der einzelnen Kunden bzw. Kundengruppen ersetzt werden (vgl. Fritz 2004). Der Kunde kann und will über multiple Kanäle angesprochen, inspiriert und informiert werden – eine Performance-orientierte Steuerung der Aktivitäten ist also unbedingt notwendig; die Bedeutung der eigentlichen Transaktion zur Bewertung der Wichtigkeit von Kanälen sinkt deutlich. Eine Messung dieser einzelnen Maßnahmen ist zwar heute bereits wesentlich exakter möglich als im nicht-digitalen Zeitalter, eine Erfolgsallokation aber immer noch hochkomplex und schwierig. Zukünftig wird eine flexible Customer-Journey-Analyse zunehmend an Bedeutung gewinnen und die aktuell noch vorherrschenden, starren Budgetallokationen ablösen.

Zentrales Element der Kundenansprache muss es sein, als Unternehmen einen „reason why" zu definieren und umzusetzen, d. h. ein klares Merkmal oder Merkmalbündel, weshalb ein Kunde ausgerechnet bei diesem Leistungen nachfragen sollte.

*Speed* – Die rasante Entwicklung stellt althergebrachte IT-Strukturen vor große Herausforderungen und erfordert einen grundlegenden Umbau und eine dauerhafte Weiterentwicklung der technischen Infrastruktur. Der Abbau starrer Strukturen und die Schaffung flexibler Prozesse sind dabei genauso wichtig wie agile Entwicklungsmethoden zur Beschleunigung von Entwicklungszyklen. Eine der wichtigsten Voraussetzung für den erfolgreichen Veränderungsprozess wird für den gesamten Markt allerdings die Verfügbarkeit geeigneter Arbeitskräfte in ausreichender Zahl mit relevanten Kenntnissen auf diesen Gebieten sein.

*Data* – Traditionell hat der Händler aufgrund seiner Erfahrung und seines Gespürs für Trends eine Sortimentsauswahl vorgenommen, das Angebot wurde also quasi im Einkauf zusammengestellt. In Zeiten vollautomatischer Datenerhebung und auswertung werden die Sortimente im Verkauf entschieden. Echtzeitanalysen für laufende Zeitabschnitte machen Reporting und Controlling auf Tages-, Stunden- oder Minutenbasis möglich und erlauben so eine dauerhafte Optimierung und Verbesserung der angebotenen Produktpalette. Die IT hat somit auch die ursprüngliche Kernaufgabe des Händlers übernommen und langjährig aufgebaute Sortimentskompetenz nahezu überflüssig werden lassen. Dem Kunden kann durch eine Integration von Tracking- und Backend-Daten ein auf ihn zugeschnittenes Angebot gemacht werden, das er zunehmend auch erwartet. Zukünftig werden Unternehmen in diesem Sektor also verstärkt dafür Sorge tragen müssen, dass sie über IT-Systeme verfügen, die die Steuerung sämtlicher Geschäftsprozesse anhand von Daten ermöglichen und sicherstellen (vgl. Bloching et al. 2012). Der dafür notwendige Veränderungsprozess des „Mindsets" wird dabei zunehmend Management-Aufgabe werden.

Die Menge an Daten, die erstellt, vervielfältigt und konsumiert wird, beträgt Schätzungen zufolge im Jahre 2020 etwa 40 Zettabytes, das entspricht

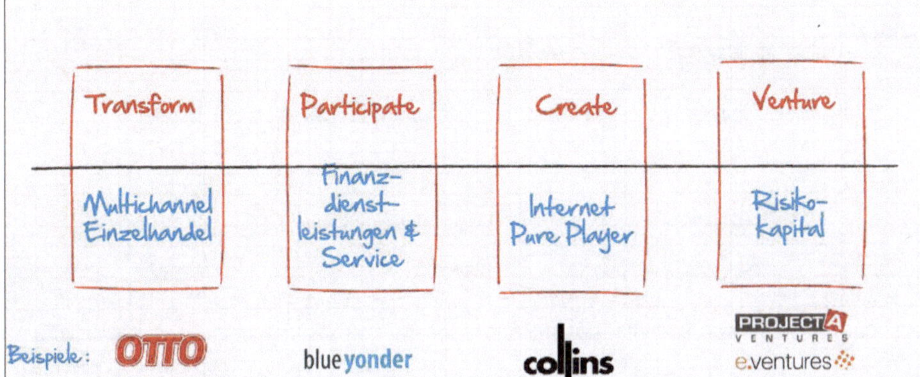


**Abb. 7.3** Otto Group E-Commerce Strategie. (Quelle: Otto Group)

57-mal der Menge an Sandkörnern alle Strände der Erde (vgl. EMC 2014). Und es werden immer mehr: Das Volumen des Datenbestandes verdoppelt sich alle zwei Jahre. Aufgrund dieser schieren Datenmenge sowie der sich stetig verbessernden Verfahren zur Mustererkennung lassen sich Bedürfnisse der Nutzer früher erkennen und ermöglichen die kontinuierliche Empfehlungsverbesserung. Mittels ausgereifter Predictive-Analytics-Algorithmen ist die Vorhersage von Trends und zukünftigen Entwicklungen in Echtzeit möglich, so lassen sich etwa Sortimente entsprechend anpassen, Distributions- sowie Bestandsplanungen optimieren. In Zukunft sind große Unternehmen in der Lage, diese Daten übergreifend zu sammeln, zu interpretieren und folglich zu monetarisieren. Die Otto Group befasst sich daher konsequent mit Innovationen in den Bereichen Mobile, Multi-Device und Big Data und sieht sich daher für die kommenden Entwicklungen gut gerüstet.

Die digitale Transformation anhand dieser drei strategischen Erfolgsfaktoren wird maßgeblich durch die E-Commerce-Strategie gestaltet, die die Otto Group seit geraumer Zeit verfolgt und die auf vier Säulen fußt (Abb. 7.3).

Die Säule *Transform* setzt auf die konsequente digitale Transformation ehemals katalog- oder stationärgeschäftsgeprägter Geschäftsmodelle in Richtung *e-driven companies*. Mit *Participate* profitiert die Otto Group von handelsnahen Finanz- und Servicedienstleistungen, die Dritten angeboten werden. Beispielsweise bietet blue yonder Software für Predictive Analytics an, mit der sowohl Einkaufsprognosen als auch dynamische Preisfindungen auf Basis von Algorithmen mit bis 40 % höherer Genauigkeit getroffen werden können. *Create* meint den Aufbau von Internet Pure Plays, wie beispielsweise Collins mit dem Open-Commerce-Projekt aboutyou.de. Im Bereich *Venture* schließlich investiert die Otto Group bereits seit 2008 in erheblichem Umfang in vielversprechende Start-ups mit E-Commerce-Ausrichtung. Der Konzern si-

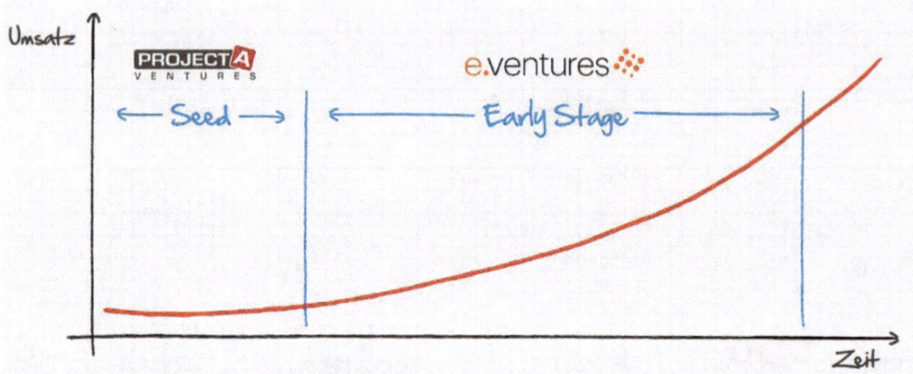


**Abb. 7.4**   Venturing-Aktivitäten der Otto Group in allen Investmentphasen. (Quelle: Otto Group)

chert sich auf diese Weise frühzeitigen Zugang zu Ideen und aussichtsreichen Online-Geschäftsmodellen. Während der Company Builder Project A bereits in der Seed-Phase bei Start-ups einsteigt und diese mit operativer Unterstützung durch die wesentlichen Phasen einer Unternehmensgründung begleitet, sucht e.ventures weltweit nach cleveren Gründern auf dem Digital-Business-Markt und investiert in aussichtsreiche Start-ups in Europa, Asien, Russland sowie Nord- und Südamerika mit verschiedenen globalen Fonds (Abb. 7.4).

## Auswirkungen auf Führung und Organisation

Der im Rahmen einer Google/GfK-Studie bereits im Jahr 2008 in die Diskussion eingeführte sogenannte ROPO-Effekt („Research Online, Purchase Offline") bezeichnet den Sachverhalt, dass auch Stationärkäufen zunehmend eine Online-Recherche vorausgeht (vgl. Google/GfK 2008). Dieser Effekt hat sich in den vergangenen Jahren derartig verstärkt, dass in einzelnen Sortimenten, etwa der Konsumelektronik, mittlerweile drei Viertel der Offline-Käufe eine Online-Recherche vorausgeht (vgl. Google 2014). Hierin wird die zentrale Funktion des Internets nicht nur als Transaktionsmedium, sondern als Zugangsmedium deutlich. Wer auf Google-Ergebnisseiten als Unternehmen nicht präsent ist, wird nicht mehr gefunden. Aus diesem Grund ist es auch so entscheidend, das Verständnis für den digitalen Wandel und die disruptiven Veränderungen darin, wie der Kunde Zugang zu Waren und Dienstleistungen erlangt, tief in die Organisation und jeden einzelnen Mitarbeiter – unabhängig davon, ob dieser einen direkten Kundenzugang hat oder nicht – einzuimpfen. Es gilt, eine konsequente Online- und Kundendenke in die gesamte Organisation zu implantieren.

Beispielhaft kann das Projekt TEMPO bei der Otto Einzelgesellschaft verdeutlichen, welche Auswirkungen auf die Organisationsentwicklung die in vorherigen Kapiteln geschilderten Entwicklungen haben. Der Webshop otto.de wurde mit Beginn der Online-Aktivitäten Mitte der 90er Jahre durch einen eigenen E-Commerce-Bereich betrieben, der über lange Jahre alle wesentlichen Digitalthemen verantwortet und gesteuert hat. Im Zuge dieser Entwicklung konnte dem Online-Kanal zwar die Mehrzahl der Umsätze zugerechnet werden, digitales Know-how war aber im Wesentlichen auf den Bereich beschränkt und ein erheblicher Nachholbedarf in der Gesamtorganisation eingetreten. Daher war es Ziel des Projektes, den breiten Aufbau von E-Commerce-Wissen in der Gesamtorganisation zu gewährleisten, eine quellenneutrale und plattformübergreifende Sortimentierung zu ermöglichen, Prozessorientierung und -integrität sowie die klare Zuordnung von Aufgaben, Kompetenzen und Verantwortung zu erreichen. Zentrales Designprinzip der Organisationsgestaltung war der Fokus auf den Kunden sowie den Online-Kanal. Im Ergebnis wurden die Verantwortlichkeiten aus dem ehemaligen E-Commerce-Bereich so verteilt, dass die gesamte Organisation an digitalen Strukturen und Prozessen ausgerichtet werden konnte. Im Zuge des Projektes gelang der Wechsel von Einkaufs- und Vertriebssilos hin zu einem integrierten Angebots- und Category-Management. Die Stärkung der E-Commerce-Kompetenzen in der Gesamtorganisation gelang unter anderem durch die konsequente Besetzung von Positionen in allen Unternehmensbereichen durch im E-Commerce erfahrene Mitarbeiter.

Zentraler Erfolgsfaktoren eines derartigen unternehmensweiten Change-Prozesses sind die starke Verankerung des Wandels im Top-Management sowie eine sehr umfassende Begleitung des Projektes durch unterschiedlichste Kommunikationsinstrumente.

Ein weiteres Beispiel, das zudem die zentrale Bedeutung einer technologiegetriebenen Veränderung aufzeigt, ist das Projekt Lhotse. Im Jahr 2013 hat die Otto Group das größte europäische E-Shop-Plattformprojekt Lhotse gestartet und otto.de auf einer eigenen Shop-Software mit über 100 Mitarbeitern komplett neu entwickelt. Dabei kam es darauf an, eine individuelle und innovative Softwarelösung zu schaffen, die auf bestehende, aber vor allem zukünftige Kundenbedürfnisse flexibel anpassbar ist. Der hierfür gewählte Ansatz, weg vom Wasserfallmodell hin zu agilen Entwicklungsmethoden, hat jahrzehntelang praktizierte Formen der Zusammenarbeit auf den Kopf gestellt. Zunächst erforderte die Vorgehensweise ein radikales Umdenken bezüglich des eigenen Selbstbildes: vom Händler zum Technologen. Das agile Vorgehen in der Softwareentwicklung erfordert neue Prozesse, Strukturen und Führungsstile. Das ständige Hinterfragen, lediglich die Vorgabe von Zielen ohne das Aufzeigen des genauen Weges dorthin, der Verzicht auf Hierarchien, das Abgeben von

Verantwortung sowie die Etablierung einer offenen Arbeits-, Vertrauens- und Fehlerkultur bedeuteten einen Paradigmenwechsel. Nach erfolgreicher Umsetzung des Projektes ist die Form der Zusammenarbeit in die Regelorganisation übergegangen und dient als Blueprint für weite Unternehmensteile und Konzerngesellschaften (vgl. Harvard Business Manager Spezial 2015).

Vor dem Hintergrund der geschilderten Treiber der Digitalisierung verlieren traditionelle Führungskonzepte an Aussagekraft, und die Etablierung eines neues Führungsverständnisses wird für erfolgreiche Unternehmensführung zentral (vgl. Schwenker und Müller-Dofel 2014). Für Organisationen werden ein technologisches Grundverständnis aller Mitarbeiter und Führungskräfte sowie die Vernetzung von Expertenwissen erfolgskritisch. Außerdem müssen auch die entsprechenden Strukturen und Rahmenbedingungen gegeben sein, die ein Umdenken in Bezug auf die Art und Weise der Zusammenarbeit ermöglichen. Damit steigen in erster Linie die Ansprüche an Führungskräfte, die für das Umdenken in ihrem jeweiligen Bereich verantwortlich sind.

Das gelernte Arbeiten in ausgeprägt hierarchischen Strukturen muss in Richtung mehr Entscheidungsspielraum und Vertrauen verändert werden. Hierzu bedarf es eines neuen, einheitlichen Verständnisses von guter Führung und Zusammenarbeit. Aufgabe der Führungskräfte muss es sein, Veränderungen aktiv voranzutreiben und in ihren jeweiligen Verantwortungsbereichen neue Formen der Zusammenarbeit zu fördern. Beispielsweise muss Vernetzung stärker als Bereicherung und damit als Erfolgsfaktor verstanden werden, digital getriebene Geschäftsmodelle erfordern mehr denn je ein interdisziplinäres Arbeiten (vgl. Haug und Hillebrand 2010). Das neue Führungsverständnis drückt sich in einer übergeordneten Haltung aus. Eine Führungskraft ist Vorbild für ihre Mitarbeiter und sollte auch als solches agieren. Das bedeutet zum Beispiel, dass sie selbst lebt, was sie von anderen einfordert. In diesem Sinne haben wir sechs neue Führungsrollen definiert, auf die sowohl die Ernennung neuer Führungskräfte als auch die Beurteilungssysteme ausgerichtet sind. So muss die Führungskraft als Vorbild, Stratege, Change Manager & Innovator, Komplexitätsmanager, transparenter Vernetzer & Kommunikator, Talentmanager & Coach und wirksamer Umsetzer agieren.

## Fazit

Der Strukturwandel der letzten Jahre wird sich keinesfalls verlangsamen, die daraus resultierenden Herausforderungen für den Handel sogar noch an Dynamik gewinnen – eine weiter voranschreitende Veränderung von Marktstrukturen und Technologien setzt auch den Handel zunehmend unter Druck. So trifft der mündige Konsument seine Produktwahl in zunehmendem Maße unabhängig vom einzelnen Händler und bietet anderen Wettbewerbstypen die Möglichkeit, ihren Einfluss auszudehnen. Während der Handel ursprünglich den Kundenzugang zu Produkten dominierte, steigt zukünftig der Einfluss von „Gatekeepern" wie Suchmaschinen und sozialen Netzwerken und aggregierenden Intermediären weiter an.

Generell muss die Handelsbranche der Zukunft den Endkunden aufgrund der umfangreichen Personalisierungsmöglichkeiten immer weiter in den Mittelpunkt stellen. Formate und Angebote dürfen nicht länger aus Prozessen und Anbietermöglichkeiten heraus entwickelt werden, Marktteilnehmer müssen die Wünsche und Erwartungen des mündigen Kunden als handlungsauslösend begreifen.

Darüber hinaus sind Unmengen an Daten überall verfügbar, während lediglich ein bestimmter Bruchteil dieser Informationsmasse für jeden Einzelnen relevant ist. Es bedarf daher intelligenter Algorithmen, die die richtigen Inhalte nach persönlichem Interesse und Qualität filtern. Diese Herausforderung kann die Industrie nur durch ein ständig verbessertes technologisches Wissen und den Ausbau technologischer Skills erreichen. Dies wiederum erfordert gezielt ausgerichtete Ausbildungsgänge, die es der Branche ermöglichen, Handlungsdefizite nicht nur zu erkennen, sondern mit der richtigen Expertise auch umzusetzen. Generell ist in Deutschland leider ein großer Nachholbedarf in der Vermittlung von Digital- und Technologiekompetenz bereits in der schulischen Bildung zu konstatieren.

Die zunehmende Digitalisierung der Wirtschaftswelt und die Auswirkungen auf die Handelslandschaft führen dazu, dass sich langfristig nur noch sehr große oder spezialisierte Handelsunternehmen einen dauerhaften unabhängigen Kundenzugang mit vertretbarem Aufwand sichern können. In diesem Feld sieht sich die Otto Group aufgrund ihres Handels- und Dienstleistungsportfolios gut aufgestellt: Die Kombination aus einerseits trafficstarken Massenkonzepten, kleinen Spezialanbietern und dem konsequenten Aufbau von Eigenmarken wird den breiten Kunden-Zugang auch in Zukunft sicherstellen können.

## Literatur

Bloching, Björn, Lars Luck, und Thomas Ramge. 2012. *Data Unser: wie Kundendaten die Wirtschaft revolutionieren.* München: Redline Verlag, Münchner Verlagsgruppe GmbH.

Elsner, Mark, Lars Finger, und Timm Homann. 2014. Wertschöpfung durch Digitalisierung im Handel. In *Wertschöpfung im Handel,* Hrsg. Werner Reichartz und Monika Käuferle, 189–203. Stuttgart.

EMC. 2014. Das Digitale Universum, Schwalbach am Taunus.

Eurostat. 2014. *Eurostat regional yearbook 2014*. Luxembourg.

Fritz, Wolfgang. 2004. *Internet-Marketing und Electronic Commerce. Grundlagen – Rahmenbedingungen – Instrumente*. 3. Aufl. Wiesbaden: Gabler-Verlag.

Google/GfK. 2008. Research Online, Purchase Offline: Daten zum Informations- und Kaufverhalten im Internet. Hamburg.

Google. 2014. Consumer Barometer Survey, 2014.

Haack, Andreas, Lars Finger, und Remigiusz Smolinski. 2013. Im Labyrinth der Screens - Produktstrategien in einem Multi-Device-E-Commerce. In *Digitalisierung des Handels mit ePace, Innovative E-Commerce-Geschäftsmodelle und digitale Zeitvorteile*, Hrsg. Gerrit Heinemann, Kathrin Haug, und Mathias Gehrkens, 277–295. Wiesbaden: Springer-Gabler.

Harvard Business Manager Spezial. 2015. Blaupause für die Transformation.

Haug Andreas, und Rainer Hillebrand. 2010. Innovationsmanagement im Digital Business. In *Web-Exzellenz im E-Commerce: Innovation und Transformation im Handel*. Hrsg. Gerrit Heinemann und Andreas Haug, 43–67. Wiesbaden.

Institut für Demoskopie Allensbach. 2014. Allensbacher Computer- und Technik-Analyse (ACTA) 2014. Allensbach.

Laudon, Kenneth C., und Traver, Carol Guercio. 2015. *E-Commerce 2015*. 11th. Aufl. Harlow .

Postnord. 2014. E-Commerce in Europe, 2014.

PwC. 2014. *Multi-Channel-Studie 2013: „Total Retail – Wie der Multi-Channel-Konsum das Geschäftsmodell des Handels von morgen verändert*. Frankfurt a. M.

Schwenker, Burkhard, und Mario Müller-Dofel. 2012. *Gute Führung. Über den Lebenszyklus von Unternehmen*. Köln: BrunoMedia.

**Dr. Rainer Hillebrand** geb. 1. April 1956, studierte von 1977 bis 1981 Wirtschafts- und Organisationswissenschaften an der Universität der Bundeswehr in Hamburg. Von 1981 bis 1985 war er in unterschiedlichen Funktionen im aktiven Truppendienst der Bundeswehr tätig. In den folgenden drei Jahren war er als wissenschaftlicher Mitarbeiter am Institut für Marketing der Universität der Bundeswehr in Hamburg bei Prof. Dr. H. Diller aktiv. 1990 promovierte er zum Dr. rer. pol. In demselben Jahr begann Dr. Hillebrand seine berufliche Tätigkeit in der Otto Group, wo er nach der Leitung Strategieentwicklung (1990–1991) und Katalog- und Sortimentsmarketing (1992–1993) zum Direktor Einkauf Hartwaren (1993–1997) ernannt wurde und 1997 den Direktionsbereich Verkauf übernahm. Seit 1999 gehört Dr. Hillebrand dem Vorstand der Otto Group an mit der Verantwortung für die Bereiche Vertrieb, Marketing und E-Commerce. Seit 2005 ist er stellvertretender Vorstandsvorsitzender, von 2005 bis

2012 zusätzlich Sprecher des Vorstandes Otto und seit 2012 Vorstand Konzernstrategie, E-Commerce und Business Intelligence.

**Dr. Lars Finger** leitet das E-Commerce Competence Center der Otto Group, das die digitale Transformation durch operative Exzellenzinitiativen in den Bereichen Online-Marketing, User Experience, Web Analytics und Mobile treibt. Darüber hinaus verantwortet er die Konzeption und Umsetzung neuer E-Commerce-Geschäftsmodelle, -technologien und -methoden sowie das gruppenweite Innovationsmanagement. Dr. Finger hat über 15 Jahre Berufserfahrung in den Bereichen Strategie- und Unternehmensentwicklung, digitaler Transformation sowie dem Aufbau beziehungsweise der Akquisition neuer Geschäftsfelder im Handels-, Telekommunikations- und Medienumfeld. Vor seiner Tätigkeit bei der Otto Group hat er für Roland Berger Strategy Consultants, Versatel, Swisscom und PricewaterhouseCoopers gearbeitet. Lars Finger ist Diplom-Wirtschaftsinformatiker und promovierte zum Dr. rer. pol. am Lehrstuhl für Unternehmensführung der Technischen Universität Braunschweig.

# 8

# Aus Konsumgüterunternehmen werden *Real Time Enterprises*

Kasper Rorsted, Vorstandsvorsitzender der
Henkel AG & Co. KGaA

**Zusammenfassung** Im Kern der Industrie 4.0 steht die digitale Transformation der Produktionsketten und Produkte in der Industrie – hin zu einer digitalen Fabrik: In emissionsfreien und energiesparenden Smart Factories der Zukunft kommunizieren die Maschinen und Produktionsanlagen nicht nur mit sich selbst, sondern auch mit Produkten sowie Zulieferern, Kunden und Konsumenten. Digitalisierung ist deshalb auch ein bildungspolitisches Thema, und wir müssen uns stärker um die digitale Bildung in Deutschland kümmern. Unternehmen begreifen diese Aufgabe schon längst als eine ihrer zentralen Fortbildungsmaßnahmen. Wir sind davon überzeugt, dass der digitale Wandel nur von allen Mitarbeitern getragen und vorangetrieben werden kann. Die digitale Transformation ist ein fortlaufender Prozess und wir haben schon viel erreicht, haben aber noch viele Schritte vor uns. Deswegen kann man es nicht oft genug betonen: Wer sich diesem Neuland nähert, sollte unbedingt die Mitarbeiter von Anfang an in diesen Prozess einbeziehen. Denn ganz gleich ob Mechanisierung, Industrialisierung, Automatisierung oder Digitalisierung – es sind immer die Menschen, die den Erfolg eines Unternehmens ausmachen.

## Einleitung

Was wir heute unter Digitalisierung verstehen, ist erst der Beginn einer grundlegenden Veränderung. Digitalisierung beschleunigt Wirtschaftsprozesse in ungeahnter Form. Sie treibt Innovationen, transformiert unsere Arbeitswelt, eröffnet durch die Industrie 4.0 Potenziale für intelligente und optimierte Produktionsprozesse und sie revolutioniert die Interaktion mit Kunden und

K. Rorsted (✉)
Düsseldorf, Deutschland

Konsumenten. Diese Veränderungen sind grundlegend, weitreichend und – trotz aller Besorgnis und Vorbehalte – eine große Chance.

Was sich viele unter Digitalisierung vorstellen, klingt immer noch ein wenig wie Science-Fiction – und doch ist es schon Wirklichkeit oder steht kurz vor der breiten Einführung: selbstfahrende Autos, die unfallfrei und mit den aktuellen Daten der anderen Verkehrsteilnehmer vernetzt von A nach B fahren; Fabriken, die miteinander kommunizieren, Preise verhandeln und Bestellungen aufgeben; Küchen und Einrichtungsgegenstände, die automatisch für volle Kühlschränke, Regale und Kochtöpfe sorgen; im Körper implantierte Mikrochips, die uns den aktuellen Stand unserer Gesundheit anzeigen.

Viele Menschen nehmen die Digitalisierung und ihre Folgen mehr als Bedrohung denn als Chance wahr: Der „Spiegel" titelt warnend „Die Weltregierung – Wie das Silicon Valley unsere Zukunft steuert". Ein erfolgreiches Wirtschaftsbuch beschäftigt sich mit der Frage „Silicon Valley – Was aus dem mächtigsten Tal der Welt auf uns zukommt" (Keese 2014), ein anderes fragt „The Second Machine Age: Wie die nächste digitale Revolution unser aller Leben verändern wird" (Brynjolfsson 2014). Es wird vor einer Arbeitswelt gewarnt, in der jeder mit jedem digital, völlig transparent um Arbeitsaufträge konkurriert – egal ob in Berlin oder Bangalore.

Der US-Gesellschaftstheoretiker Jeremy Rifkin (Rifkin 2014) geht davon aus, dass Informationstechnologien und das Internet die menschliche Arbeit ganz abschaffen werden und sie von Big Data, Algorithmen, künstlicher Intelligenz und Robotik ersetzt wird. Andere Wissenschaftler erwarten, dass es in Zukunft überhaupt nur noch zwei Arten von Menschen gibt: die einen, die dem Computer sagen, was er zu tun hat, und die anderen, denen der Computer sagt, was sie zu tun haben. Die entscheidende Frage wird bleiben, inwieweit Menschen bereit sind, wesentliche technologische Entwicklungen zu akzeptieren und auch zu nutzen.

Diese Sorgen kommen nicht von ungefähr. Schließlich vollzieht sich Unerhörtes: Da ist innerhalb weniger Jahre der Börsenwert der 30 größten Silicon Valley-Firmen auf mehr als 2600 Mrd. US-Dollar angestiegen – während es die traditionsreichen Dax 30-Firmen auf einen Marktwert von rund 1000 Mrd. US-Dollar bringen. Dabei haben viele digitale Zukunftsunternehmen nur einen Bruchteil der Umsätze, Mitarbeiter oder Kunden der Dax-Konzerne.

Zweifellos befinden wir uns mitten in einem tiefgreifenden Strukturwandel, vergleichbar der Einführung von Dampfmaschinen und der Elektrifizierung. Nach der Industrialisierung, Automatisierung und Globalisierung ist es nun vor allem die Digitalisierung, die unsere Lebens- und Arbeitsweise beeinflusst. Ob Ressourceneffizienz, Innovationsmanagement, Datenspeicherung und -sicherheit, Stadt- und Fabrikkonzepte, Cloud-Computing, Unternehmenskultur oder Kommunikation – der radikale Wandel durch die Technologien verändert unseren Alltag tiefgreifender, als wir uns heute vorstellen können.

Die Digitalisierung ist nicht nur eine technische Herausforderung, eine nächste Stufe in einem Prozess. Sie erzwingt vielmehr in vielen Feldern einen Methoden- und Systemwechsel. Gerade in Deutschland wird sie großen Einfluss auf das Wirtschaftsleben haben. Denn die Weiterentwicklung der Industrie spielt in unserem Land eine wichtige Rolle. Fast jeder zweite Arbeitsplatz hängt direkt oder indirekt von der Produktion ab. Schon deswegen betreffen Digitalisierung und Industrie 4.0 uns alle.

Globalisierung und digitale Transformation haben die Wirtschaft mittlerweile von einem überschaubaren, segmentierten Umfeld in ein dynamisches und hochkomplexes System verwandelt. Die neue Welt ist volatil, der Innovationsdruck enorm. „Disruption" ist das neue Leitbild für die einen und eine Bedrohung für die anderen. Unternehmen müssen ihre Geschäftsmodelle und -prozesse anpassen, neu ausrichten oder auch ganz umbauen, um ihre Marktposition verteidigen und dem globalen Wettbewerb standhalten zu können. Die Digitalisierung eröffnet über die hohe Transparenz und Plattformen Möglichkeiten für Innovation und völlig neue Geschäftsansätze.

Egal, ob Automobil, Maschinenbau, Chemie, Logistik, Konsumgüter, Medizin- und Energietechnik – in jeder Branche und Industrie sind die Unternehmen gefordert und müssen investieren: in neue Applikationen, in die IT-Infrastruktur, in digitale Prozesse und vor allen Dingen in die Qualifizierung von Mitarbeitern. Unternehmen, die die Chancen der Digitalisierung mit ihren Marktpositionen und -kenntnissen für ihr Handeln zu nutzen wissen, werden so einen deutlichen Vorteil haben.

## Henkel in der digitalen Transformation

Henkel wurde vor rund 140 Jahren gegründet. Heute ist Henkel ein globales Unternehmen mit weltweit fast 50.000 Mitarbeitern. Mit den drei Geschäftsbereichen Laundry & Home Care, Beauty Care und Adhesive Technologies ist der Konzern in sehr unterschiedlichen Märkten rund um die Welt präsent. Im Jahr 2012 haben wir „schnellere Marktveränderungen infolge von Digitalisierung und Informationstransparenz" als einen der wesentlichen Megatrends identifiziert, der für unseren unternehmerischen Erfolg in Zukunft entscheidend sein wird. Darauf haben wir auch unsere strategischen Prioritäten ausgerichtet. Unsere Vision und das langfristige Ziel ist es, führend in Marken und Technologien sein. Das geht nur, wenn wir besser und schneller als unsere Wettbewerber sind – und dieser Wettbewerb vollzieht sich zunehmend digital.

Wir sehen bei Henkel vier große Bereiche der Digitalisierung: erstens, die Standardisierung und Digitalisierung von Produktions- und Verwaltungsprozessen sowie die intelligente Verarbeitung und Analyse der dadurch entstehenden Daten; zweitens, der Einfluss auf die Zusammenarbeit, den Austausch innerhalb der Organisation sowie die Unternehmenskultur; drittens, die Interaktion mit Kunden und Konsumenten und viertens, der Handel auf digitalen Geschäftsplattformen, auch „E-Commerce" genannt. Die Veränderungen in allen vier Handlungsfeldern stehen eng miteinander in Beziehung.

Im Kern der Industrie 4.0 steht die digitale Transformation der Produktionsketten und Produkte in der Industrie – hin zu einer digitalen Fabrik: In emissionsfreien und energiesparenden Smart Factories der Zukunft kommunizieren die Maschinen und Produktionsanlagen nicht nur mit sich selbst, sondern auch mit Produkten sowie Zulieferern, Kunden und Konsumenten. Im Idealfall werden Produkte mit einem digitalen Gedächtnis ausgestattet und bahnen sich selbst ihren Weg durch die Fabriken. Später, beim Kunden, senden sie Informationen über Wartungsintervalle, erforderliche Reparaturen oder Ersatzteile oder Daten zur Nutzung, die die künftige Produktentwicklung unterstützen. Was noch nach Zukunftsmusik klingt, ist näher, als wir uns vorstellen können. Die größte Herausforderung für die Fabrik 4.0 wird vor allem die Definition einer universalen Produktionssprache sein, damit Maschinen – egal welcher Hersteller – in einem gemeinsamen Netzwerk Informationen austauschen können. Aber auch die Frage, wem, ab wann welche Daten „gehören", wer dazu Zugang erhält und sie wie nutzen kann, sind offene Punkte, die zu klären sind.

Viele Unternehmen, vor allem aus dem Mittelstand, stehen noch am Anfang dieser Entwicklung. Sie besitzen ein digitales Grundwissen, handeln und wirtschaften aber noch nicht effektiv genug und ohne eine gesamthafte digitale Strategie. Das hat häufig mit organisatorischen Hindernissen oder finanziellen Möglichkeiten zu tun, aber auch mit fehlendem Know-how und Vorbehalten gegenüber neuen Technologien. Fragen und Unsicherheiten rund um den Datenschutz und Cyber-Kriminalität tragen ebenfalls dazu bei. Dennoch scheint es in Deutschland eine Aufbruchsstimmung zu geben. Allein bis 2020 will die deutsche Industrie 40 Mrd. € pro Jahr in Anwendungen von Industrie 4.0 investieren, um die Fabriken und Produktionshallen effizienter und nachhaltiger werden zu lassen.

Auf dem Weg zu einer „Real Time Enterprise" sind effiziente, standardisierte, digitale Prozesse eine wesentliche Voraussetzung. Bei Henkel haben wir die Supply-Chain-Organisationen, also die Produktion und Logistik, unserer drei Unternehmensbereiche mit dem globalen Einkauf zusammengeführt, um die Standardisierung unserer Logistik-, Einkaufs- und Produktionsprozesse zu erhöhen. So wollen wir unter anderem in der Lage sein, schneller als der Wettbewerb zu erkennen, wie sich Lieferengpässe oder Preisveränderungen wichtiger Rohstoffe auf welche Produkte auswirken. Dann können wir Produktionsprozesse anpassen, Ersatzstoffe besorgen oder ggf. unsere Preise früher anpassen als unsere Wettbewerber. Damit wird Information zu einem Wettbewerbsvorteil in komplexen und dynamischen Märkten.

Für die Entwicklung einer Industrie 4.0 sind massive Investitionen in intelligente Sachanlagen erforderlich: Im September 2014 hat Henkel in Düsseldorf sein weltweit größtes vollautomatisches Hochregallager eröffnet – mit einer Investition von rund 35 Mio. €. Mehr als 25 Mio. Pakete Wasch- und Reinigungsmittel lagern dort auf einer Fläche von etwa 16.000 Quadratmetern. Das entspricht einer Fläche von zwei Fußballfeldern. Düsseldorf ist unsere größte Produktionsstätte für Wasch- und Reinigungsmittel weltweit, und das neue Lager ist direkt an diese Produktion angebunden. Wie die Produktion läuft der Lagerbetrieb rund um die Uhr, in drei Schichten am Tag. Fast alle Abläufe werden dabei vollautomatisch gesteuert, dahinter stehen komplexe IT-Prozesse. Die Produkte werden über Fördertechnik direkt in das Hochregallager transportiert, per Scan identifiziert und die Paletten vollautomatisch eingelagert. Bestellungen unserer Kunden werden elektronisch an das Lager übermittelt und die Paletten vom ihrem Lagerplatz durch automatisierte Bediengeräte ausgelagert. So sparen wir pro Jahr allein rund 1,5 Mio. Gabelstapler-Bewegungen ein.

## Big-Data-Technologien beschleunigen Prozesse

Big-Data-Technologien spielen gerade für global agierende Unternehmen wie Henkel eine immer größere Rolle. Ein schneller Zugang zu relevanten Informationen und die effiziente Nutzung gigantischer Datenmengen werden in den sehr volatilen und wenig vorhersehbaren Märkten der Zukunft mehr denn je entscheidende Wettbewerbsvorteile sein. Voraussetzung dafür sind eine hochmoderne IT-Infrastruktur und flexible Strukturen. Einen Beitrag dazu leisten unsere sechs global tätigen Shared Service Center, in denen mehr als 2000 Mitarbeiter zahlreiche standardisierte Prozesse mit Hilfe leistungsfähiger digitaler Systeme und Plattformen bearbeiten.

Es gibt bei Henkel keinen Bereich, der nicht mit Hilfe von modernen Informations- und Kommunikationstechnologien seine Geschäftsaktivitäten plant und umsetzt. Wir nutzen dazu eine integrierte globale IT-Plattform, die mit beträchtlichen Investitionen weiter ausgebaut wird. Die Erfassung und Verarbeitung von Daten und die Standardisierung komplexer Prozesse unseres Konzerns laufen künftig über diese neue einheitliche SAP-Plattform – ob in Asien, Europa oder Amerika.

So wollen wir zukünftig in Echtzeit auf Basis relevanter und vor allem aktueller Daten und Informationen Entscheidungen treffen. Die Auswirkungen einer Rohstoffpreiserhöhung auf jedes der 50.000 Henkel-Produkte lassen sich dadurch sehr viel schneller und besser erkennen als in der Vergangenheit.

## Digitalisierung verändert Führungs- und Teamverhalten

Die Digitalisierung hat nicht nur enorme Auswirkungen auf unsere Geschäfte, Innovationen, Produktionstechniken und -abläufe, sondern führt auch zu Veränderungen innerhalb des Unternehmens – in der Art und Weise, wie globale Teams weltweit zusammenarbeiten und wie sie kommunizieren. Gerade die junge Generation der „Millenials", die mit mobilen Technologien aufgewachsen ist, hat hohe Erwartungen an moderne Arbeitgeber, zum Beispiel im Hinblick auf flexible Arbeitsbedingungen oder ein vollständig digitalisiertes Arbeitsumfeld. Nachwuchskräfte fordern optimale Bedingungen zum Austausch mittels Social Media sowie leistungsfähige, flexible – und idealerweise mobile – digitale Anwendungen zur verbesserten Zusammenarbeit in virtuellen Teams, die mehr und mehr von verschiedenen Standorten rund um die Welt an gemeinsamen Projekten arbeiten.

Angesichts von fast 40.000 Mitarbeitern mit einem PC-Arbeitsplatz und Milliarden von jährlich verschickten E-Mails brauchen wir bei Henkel dafür IT-Plattformen mit intuitiver Bedienung, die über alle Anwendungen und Unternehmensbereiche hinweg einheitlich genutzt werden können.

Privat ist via Facebook und Co. jeder mit jedem vernetzt, und netzbasierte Technologien und Dienste beeinflussen auch zunehmend unsere Arbeitswelt, nämlich wann, wie, wo, woran und mit wem wir arbeiten. Das verändert auch die Kultur eines Unternehmens. Unsere Unternehmenskultur muss Raum für neue Teamstrukturen und eine neue Art der digitalen Zusammenarbeit bieten. Die Herausforderung wird sein, die Agilität, Offenheit und Flexibilität eines „digitalen Start-ups" mit den Erfordernissen an Standardisierung, Effizienz und Skaleneffekten eines Großkonzerns zu verbinden. Gleichzeitig müssen wir die „digitale Kompetenz" unserer Mitarbeiter erhöhen, allen voran die der Führungskräfte. Unsere Führungsmannschaft ist der Motor für den digitalen Wandel. Sie muss nicht nur offen sein für die neuen Entwicklungen, sondern diese gezielt vorantreiben.

Um unsere Führungskräfte „fit für den Wandel" zu machen, haben wir zusammen mit der Harvard Business School ein verpflichtendes Leadership Forum für alle Top-Führungskräfte entwickelt. Eines der Module ist „Leading digital change". Mit Experten für Executive Education der Harvard Business School haben wir im vergangenen Jahr ein „Digital Leadership Exchange"-Projekt durchgeführt.

Über eine digitale Plattform konnten sich über 9000 Führungskräfte weltweit zu wichtigen Themen austauschen, diskutieren, kommentieren und Erfahrungen teilen – begleitet, moderiert und kommentiert von den Experten der Harvard Business School. Die Resonanz war überwältigend und weitere Projekte dieser Art sind in Planung. Das zeigt uns: Mitarbeiter suchen nach Kommunikation und Austausch persönlich wie auch in digitalen Netzwerken; als Unternehmen müssen wir dafür den Raum schaffen und die daraus entstehenden Anregungen und Impulse aufgreifen.

Das Führungsverhalten ist heute anders, herausfordernder als früher. Manager müssen schneller reagieren, schneller entscheiden und die beschleunigte Kommunikation mittels der modernen digitalen Medien zu nutzen wissen. Das stellt Führungskräfte vor neue Herausforderungen. Sie müssen die Rahmenbedingungen dafür schaffen, dass ihr Team – bei Henkel nicht selten sehr vielfältig und über mehrere Kontinente hinweg verteilt – optimal zusammenarbeitet; und das zunehmend virtuell über E-Mails, Videokonferenz und Chat-Systeme. Die virtuelle Führungskraft wird damit häufig zum Moderator. Dazu gehört auch, sich die Zeit zu nehmen, um mit dem Einzelnen über Ziele, Stärken und Schwächen zu sprechen. Umso wichtiger ist es, die Mitarbeiter persönlich zu kennen, auch wenn sie rund um den Globus verstreut sind. Digitale Kommunikation allein schafft niemals das Vertrauensverhältnis, das aus dem persönlichen Kontakt erwächst. Und Vertrauen ist für erfolgreiche Führung absolute Voraussetzung.

## Klarer Fokus auf unsere Kunden

„Wir stellen unsere Kunden in den Mittelpunkt unseres Handelns" – das ist einer unserer Unternehmenswerte. Die Digitalisierung birgt enormes Potenzial für die Interaktion mit Kunden und Konsumenten. Gleichzeitig werden sich Produkte zukünftig immer stärker an individuellen Kundenwünschen ausrichten. Auch deswegen wollen wir mit unseren Endkunden im Konsumgüterbereich intensiver kommunizieren – und zwar über digitale Plattformen und soziale Medien. Diese haben einen erheblichen Einfluss darauf, wie Marken von den Verbrauchern wahrgenommen und in der „Community" diskutiert werden. Daher wird die traditionelle Werbung zunehmend um digitalen „Content" und Interaktionsmöglichkeiten ergänzt: Das virale Marketingvideo „Schwarzkopf – A declaration of love" wurde auf YouTube über 15 Mio.-mal angesehen, mit einer 3D-App können Konsumenten Haarcolorationen und Trendfrisuren virtuell ausprobieren, und unsere bekannten Konsumentenmarken wie Persil oder Schwarzkopf haben Millionen Facebook-Fans, mit denen wir im direkten Dialog stehen.

In unserem Industriegeschäft bauen wir unsere E-Commerce-Plattform „Henkel POD" weiter aus, über die wir vor allem Klebstoffprodukte vertreiben und allein im Jahr 2014 Umsätze von über 500 Mio. € erzielten. Im B2C-Geschäft setzen wir weniger auf eigene Handelsplattformen, sondern vor allem auf unsere starken Partnerschaften mit dem Handel: dem stationären Handel, der seinen Online-Vertrieb zunehmend ausbaut, und dem exklusiven Online-Handel. Wir arbeiten eng mit großen Ketten wie Walmart zusammen – aber auch mit Amazon oder Alibaba in China. Online-Handel und stationärer Handel sind für mich keine Gegenspieler. Im Gegenteil. Sie ergänzen sich.

Deswegen sehe ich auch in den Angeboten der großen US-Handels- und Internetkonzerne zurzeit keine allzu große Gefahr. Natürlich betrachten viele Europäer deren Marktmacht mit sehr gemischten Gefühlen – wenngleich sie die Angebote von Amazon, Google und Co. gerne nutzen. Dass Politiker mehr Regulierung und Wettbewerbskontrolle fordern, um die Monopole aufzubrechen, halte ich für verfehlt. Marktmächtige Unternehmen in die Schranken zu verweisen oder gar zu zerschlagen, ist für mich nur dann akzeptabel, wenn ein Monopol seine Marktposition missbraucht und damit Kunden schädigt oder Innovationen und die Entstehung neuer Konkurrenten verhindert.

Die Beispiele zeigen: Der „digitale Wandel" betrifft nahezu alle Bereiche im Unternehmen und muss deshalb auch von allen Unternehmensbereichen und Funktionen – und damit letztlich auch von allen Mitarbeitern – mitgetragen und gestaltet werden. Bei Henkel haben wir dafür direkt unterhalb des Vorstandes ein „Digitial Council" eingerichtet, das direkt an den Vorstand berichtet und mit Top-Managern unserer drei Unternehmensbereiche und der verschiedenen Funktionen besetzt ist. Es setzt strategische Schwerpunkte und koordiniert alle digitalen Initiativen und Projekte, die wir in einem klaren „Digital Game Plan" definiert haben.

## Digitale Bildung als Schlüssel

Dass viele Verantwortliche in Politik, Wirtschaft und Gesellschaft klagen, die Industrie 4.0 in Deutschland komme nicht vorwärts, ist möglicherweise auch ein typisch deutsches Phänomen. Deutschland ist meiner Meinung nach besser für die „vierte industrielle Revolution" durch die Digitalisierung aufgestellt, als viele glauben. Studien zeigen, dass deutsche Unternehmen zunehmend in die Vernetzung von Produktion investieren. Dennoch geht es vielen nicht schnell genug. Und so wird der Ruf nach dem Staat laut. Manche Unternehmen – vor allem aus der IT-Industrie – fordern, der Staat müsse sich stärker einbringen, Rahmenbedingungen setzen und technologische Trends beschleunigen.

Denn trotz steigender Tendenz schneidet Deutschland bei der Digitalisierung im internationalen Vergleich immer noch nicht gut genug ab: Auf der neuen Rangliste der Europäischen Union landete die Bundesrepublik auf dem zehnten von 28 Plätzen. Vor allem bei der Kommunikation und der Nutzung von Breitbandtechnik wird uns Nachholbedarf bescheinigt.

Hier müssen wir besser werden; eine führende Industrienation wie Deutschland muss auch bei dieser wichtigen Entwicklung die Nase vorn haben. Tatsächlich hat die Politik mit der sogenannten „Digitalen Agenda" im August 2014 ein wichtiges Papier für die Wirtschafts- und Innovationspolitik verabschiedet. Ob der digitale Wandel unter politischer Moderation wirklich gelingt, bleibt jedoch abzuwarten.

Ein aus meiner Sicht entscheidender Hebel ist die Bildung: Digitalisierung ist auch ein bildungspolitisches Thema, und wir müssen uns stärker um die digitale Bildung in Deutschland kümmern. In den USA zum Beispiel entwickelt sich der digitale Bildungsmarkt sehr schnell, zahlreiche kompetente Anbieter entstehen. Studenten in Bangladesch können über das Internet ihren Abschluss am Massachusetts Institute of Technology (MIT) in Cambridge machen. Wir verpassen diesen Anschluss, wenn wir uns hier nicht positionieren.

Unternehmen begreifen diese Aufgabe schon längst als eine ihrer zentralen Fortbildungsmaßnahmen. Wir sind davon überzeugt, dass der digitale Wandel nur von allen Mitarbeitern getragen und vorangetrieben werden kann, und stärken daher die Digitalkompetenz unserer Belegschaft durch Workshops, Coaching und Fortbildung, aber auch indem wir in Pilotprojekten und -initiativen Raum zum Ausprobieren und Lernen bieten.

Die digitale Transformation ist ein fortlaufender Prozess und wir haben schon viel erreicht, haben aber noch viele Schritte vor uns. Deswegen kann man es nicht oft genug betonen: Wer sich diesem Neuland nähert, sollte unbedingt die Mitarbeiter von Anfang an in diesen Prozess einbeziehen. Denn ganz gleich ob Mechanisierung, Industrialisierung, Automatisierung oder Digitalisierung – es sind immer die Menschen, die den Erfolg eines Unternehmens ausmachen.

## Literatur

Brynjolfsson, Erik. 2014. *The Second Machine Age: Wie die nächste digitale Revolution unser aller Leben verändern wird*. Kulmbach: Plassen.
Cohen, Jared, und Schmidt Eric. 2013. *Die Vernetzung der Welt*. Hamburg: Rowohlt.

Giersberg, Georg. 2014. Effizienz ist ein Innovationstöter. FAZ vom 29. September 2014, Seite 16.

Goos, Hauke, und Voigt Claudia. 2014. Lesen und lesen lassen. Der Spiegel vom 08. Dezember 2014, Seite 64.

Heuzeroth, Thomas. 2014. „Die Digitale Agenda ist zu wenig visionär". Interview mit Internetspezialistin und Professorin Gesche Joost. Welt am Sonntag vom 21. Oktober 2014.

Keese, Christoph. 2014. *Silicon Valley – Was aus dem mächtigsten Tal der Welt auf uns zukommt?* Albrecht Knaus Verlag.

Lanier, Jaron. 2014. *Wem gehört die Zukunft.* Hamburg: Hoffmann und Campe.

Rifkin, Jeremy. 2014. *Die Null-Grenzenkosten-Gesellschaft.* Frankfurt a. M.: Campus.

Schilling, Florian. 2014. Gute Aufsicht scheitert an Menschen. FAZ vom 13. Oktober 2014, Seite 16.

**Kasper Rorsted** ist seit April 2008 Vorsitzender des Vorstands von Henkel. Er trat im April 2005 als Mitglied des Vorstands ins Unternehmen und war für die Bereiche Personal, Einkauf, Informationstechnologien und Infrastruktur-Services verantwortlich. Im Januar 2007 wurde er zum stellvertretenden Vorsitzenden der Geschäftsführung ernannt. Kasper Rorsted ist zudem Mitglied des Aufsichtsrats der Bertelsmann AG und sitzt im Board von Danfoss A/S.

Kasper Rorsted wurde am 24. Februar 1962 in Aarhus/Dänemark geboren. Er studierte Wirtschaftswissenschaften an der International School of Business in Kopenhagen und an der Harvard Business School.

Seine berufliche Karriere begann er in Vertrieb und Marketing bei den amerikanischen Hightech-Unternehmen Oracle und Digital Equipment. Ab 1995 war Kasper Rorsted für Compaq in verschiedenen Managementfunktionen tätig. Ab 2001 war er als General Manager für das Geschäft in der Region Europa, Naher Osten und Afrika (EMEA) verantwortlich.

2002 wurde Compaq von Hewlett-Packard übernommen und Kasper Rorsted wurde Managing Director Europe bei Hewlett-Packard, wo er für über 40.000 Mitarbeiter und rund 20 Milliarden . €Euro Umsatz verantwortlich war.

Kasper Rorsted ist verheiratet und hat vier Kinder. Er lebt in Düsseldorf.

# 9

# Smart Banking: Als Bank erfolgreich im digitalen Neuland navigieren

Roland Boekhout, Vorstandsvorsitzender der ING-DiBa AG

**Zusammenfassung** Das viel diskutierte Stichwort „Industrie 4.0" steht für die vierte industrielle Revolution. An deren Ende soll die Smart Factory stehen. Doch was bedeutet diese Entwicklung für eine Bank? Was zeichnet eine Smart Bank aus? Das Geschäftsmodell eines auf Effizienz und Kundenfreundlichkeit setzenden Geldinstituts funktioniert nur, wenn es technologisch stets „state of the art" ist und seinen Kunden Sicherheit, Komfort und Verlässlichkeit bietet. Als im Jahr 1965 mit der BSV die Vorgängerin der ING-DiBa gegründet wurde, bedeutete Direktbanking noch Briefbanking. Als weitere Evolutionsstufen folgten Telefonbanking, Bildschirmtext und Internetbanking. Derzeit gewinnt Mobile Banking rasant an Bedeutung. Und Deutschland hat in dieser Hinsicht im Vergleich mit anderen Märkten noch Nachholbedarf. Der Beitrag macht deutlich, mit welchen konkreten neuen Angeboten sich die ING-DiBa als „Digital Leader" unter den Banken positionieren will. Der Autor Roland Boekhout ist überzeugt: Um im digitalen Neuland nicht die Orientierung zu verlieren, bedarf es aber nicht nur innovativer technischer Lösungen, sondern auch einer unverwechselbaren Unternehmenskultur.

## Einleitung

„Das Internet ist für uns alle Neuland" (Knop, 2013), sagte Angela Merkel im Sommer 2013 in Berlin in einer gemeinsamen Pressekonferenz mit dem US-Präsidenten. Einen gewaltigen Shitstorm musste die Kanzlerin über sich ergehen lassen, weil dieser Satz so klang, als habe die deutsche Regierungschefin das Internet gerade erst entdeckt und wolle es jetzt erobern. Passend dazu

R. Boekhout (✉)
Frankfurt am Main, Deutschland

erschienen im Netz schnell angefertigte Bildmontagen, die Angela Merkel im Stil von Konquistadoren zeigten. Ich hingegen halte den viel geschmähten Satz der Bundeskanzlerin für durchaus tragfähig. Gleichwohl würde ich ihn zur Vermeidung weiterer Missverständnisse anders formulieren: „Wir alle schaffen mit dem Internet ständig Neuland." Es liegt gleichsam in der Natur der Sache, dass sich eine offene und vernetzte Technologie wie das Internet ständig dynamisch weiterentwickelt und dabei selbstverständlich immer wieder auf Neuland vorstößt.

Für dieses Neuland steht das seit der Hannovermesse 2011 kursierende und vielfältig diskutierte Stichwort „Industrie 4.0". Es impliziert, dass sich die Weltwirtschaft in der vierten industriellen Revolution befindet – mit dem Ziel der zunehmenden Digitalisierung der Fertigungsprozesse auf dem Weg zur sogenannten Smart Factory. Was bedeutet das für die Bankenbranche? Und was für eine Direktbank im Besonderen? Das Geschäftsmodell eines Geldinstituts, das auf Filialen verzichtet, funktioniert nur, wenn es informations- und kommunikationstechnologisch stets „state of the art" ist. In der 50-jährigen Unternehmensgeschichte der ING-DiBa spiegeln sich beispielhaft die Entwicklungsstadien eines filiallosen Kreditinstituts wider. Als 1965 mit der Bank für Sparanlagen und Vermögensbildung (BSV) das Vorgänger-Institut der heutigen ING-DiBa gegründet wurde, kommunizierten Bank und Kunden noch per Brief miteinander. Nebenbei bemerkt: Auch heute können uns die Kunden gern ihre Wünsche schriftlich mitteilen, wenn sie diesen Weg bevorzugen. Manche kamen damals sogar persönlich nach Frankfurt am Main, um sich ihre Kontoauszüge mit Zinsgutschrift abzuholen.

Die zweite Evolutionsstufe des Direktbankings war die Einbindung des Telefons. Fortan konnten die Kunden viele Bankgeschäfte telefonisch abwickeln. Zunächst war Telefonbanking für die seinerzeitigen Kollegen eben Neuland. Einige Jahre später galt die Kommunikation per Telefax als „letzter Schrei". Und die ersten Schritte in Richtung elektronischem Banking wurden auf der Basis von BTX (Bildschirmtext) gemacht. Als schließlich das Internet massentauglich wurde, folgten Onlinebanking und Online-Brokerage. Immer wieder zeigte sich aber, dass nicht alles, was technisch möglich war, auch den gesetzlichen Anforderungen genügte. Dass in einer Zeit, in der wir über „Industrie 4.0" sprechen, Neukunden zum Beispiel die nächste Postfiliale aufsuchen und sich per PostIdent-Verfahren legitimieren müssen, bevor wir ein Konto oder Depot eröffnen dürfen, erscheint nicht nur vielen Kunden paradox. Deshalb haben wir nach anderen Lösungen gesucht – und eine gefunden, auf die ich gleich noch eingehen werde. Dies ist nur ein konkretes

Beispiel dafür, wie sich die ING-DiBa auf das neue digitale Zeitalter zum Nutzen ihrer Kunden vorbereitet.[1]

## Mit dem Internet ins „terra nova"

Bevor ich dieses Thema vertiefe, möchte ich mit einem kurzen persönlichen Exkurs beginnen: Ich bin in den Niederlanden aufgewachsen und verbinde mit dem Begriff Neuland nicht zuletzt die Gewinnung neuer Landflächen durch Aufschüttungen beziehungsweise Eindeichungen. Die seit Jahrhunderten betriebene Gewinnung von neuem Land (terra nova) zur Vergrößerung des eng begrenzten Lebens- und Wirtschaftsraums hat sich in den Niederlanden längst als Erfolgsmodell erwiesen. Zugegeben, auf den ersten Blick mag das vielleicht wenig mit den Herausforderungen der Digitalisierung für einen Bankdienstleiter im 21. Jahrhundert zu tun haben. Aus meiner Sicht lassen sich aber drei charakteristische Aspekte der Gewinnung von Neuland auch in den Entwicklungen des Internets wiederfinden:

1. Mit dem (eingedeichten) Neuland wird nichts bereits Vorhandenes entdeckt oder erobert. Vielmehr werden völlig neue, vorher nicht vorhandene Gestaltungsräume geschaffen.
2. Zur Gewinnung von Neuland werden von sehr unterschiedlichen Disziplinen innovative Techniken entwickelt und mit jeweils anderen zu einem komplexen Gesamtwerk vernetzt und koordiniert.
3. Die geschaffenen Gestaltungsräume bieten für die weitere Ausgestaltung und Nutzung Entwicklungsperspektiven, an welche die Pioniere der Neulandgewinnung noch gar nicht dachten.

Die Parallelen zur Digitalisierung sind, wie ich finde, offenkundig. Auch hierbei werden neue Gestaltungsräume geschaffen, indem sich Innovationskräfte wechselseitig inspirieren. Dadurch können Gestaltungsspielräume entstehen, von denen wir vor ein paar Jahren noch nicht zu träumen wagten.

Einer der entscheidenden Unterschiede zwischen der Neulandgewinnung und der Digitalisierung ist die immense Geschwindigkeit, mit der sich die vierte industrielle Revolution vollzieht. Bislang galt der uns vertraute Dreischritt: Die Innovation von heute ist der Standard von morgen und wird übermorgen von neuen Innovationen überholt. Davon kann angesichts im-

---

[1] Einen tieferen Einblick in das Selbstverständnis und die Unternehmensphilosophie der ING-DiBa gibt Boekhout (2012).

mer kürzer werdender Innovationszyklen keine Rede mehr sein. Das hat weitreichende Folgen für alle Lebenslagen.

Durch Online-Nachrichtenportale, Kurznachrichtendienste und die Social Media werden wir heute so zeitnah über aktuelle Ereignisse informiert, dass uns die gedruckte Tageszeitung schon am frühen Morgen an vielen Stellen als überholt erscheint – was im Übrigen sicher einer der Gründe für die sich seit Jahren verschärfende Krise im Bereich der Printmedien ist.

Auch beim Kauf technischer Geräte zeichnet sich angesichts der immer schneller auftauchenden Neuerungen ein Wahrnehmungs- und Einstellungswandel ab. Während etwa der Erwerb einer hochwertigen Kamera oder Musikanlage bis vor wenigen Jahren von vielen Menschen noch als Anschaffung fürs Leben getätigt wurde, weiß man heute, dass schon bald eine signifikant verbesserte Neuerung auf den Markt kommen wird, die uns früher oder später veranlasst, Gutes durch Besseres zu ersetzen. Um angesichts der beschleunigten Veränderungen in allen Bereichen nur einigermaßen auf dem Laufenden zu bleiben, ist zudem die Bereitschaft zum lebenslangen Lernen zur unerlässlichen Notwendigkeit geworden.

## Kunden im Fokus

Zurück zur ING-DiBa: Mit inzwischen weit über acht Millionen Kunden ist das Institut die drittgrößte Privatkundenbank in Deutschland. Die Wachstumsstory des Unternehmens während der vergangenen Jahre liest sich beeindruckend. Dieser Erfolg wurde nicht nur dadurch erreicht, dass man das Konzept einer filiallosen Bank jenem der Filialbanken gegenüberstellte und moderne Technik einsetzte. Moderne Technik haben andere auch, das ist nicht unbedingt ein Alleinstellungsmerkmal. Ein wesentlicher Erfolgsfaktor ist aus meiner Sicht die Tatsache, dass es uns gelungen ist, ein hohes Maß an Kundennähe aufzubauen, obwohl die Kunden mitunter Hunderte von Kilometern entfernt wohnen. Man kann in diesem Zusammenhang durchaus von einer „gefühlten Kundennähe" sprechen.

Nun gibt es sicher kein Unternehmen, das nicht für sich in Anspruch nähme, kundennah und kundenorientiert zu sein. Deshalb legen wir großen Wert auf das Urteil unabhängiger Dritter. Dazu gehören unter anderem die Leser des Magazins „€uro", die 2014 die ING-DiBa zum achten Mal in Folge zur „Beliebtesten Bank" wählten. Solche Erfolge zeigen, dass für uns Anspruch und Realität weitgehend deckungsgleich sind. Den Weg hin zu dieser konsequenten Orientierung auf den Kunden verfolgen wir aus der Überzeugung heraus, dass im Zuge der Digitalisierung die Gestaltung einer besonderen

Beziehung zu den immer souveräner und miteinander vernetzter werdenden Kunden das A & O für den Erfolg eines Unternehmens darstellt.

Das heißt aber auch: Jede Innovation muss einen erkennbaren Nutzen für den Kunden und nach Möglichkeit gleichermaßen für die Bank aufweisen. Eine Innovation, die keinen Nutzen stiftet, ist entweder eine schlechte Innovation oder gar keine. Die Frage nach dem geschaffenen konkreten Nutzen wird, wie ich meine, auch über die Zukunft vieler der sogenannten Fintechs entscheiden, also der Start-up-Unternehmen im Finanzsektor, deren primäres Ziel es ist, Dienstleistungen an der Schnittstelle zwischen Banken und IT anzubieten. Derzeit gibt es weltweit etwa 3000 solcher Start-up-Unternehmen (Baxter und Vater 2014, S. 6). Auch wir standen und stehen im Dialog mit solchen Dienstleistern. Bislang allerdings haben nur wenige der Konzepte wirklich überzeugt.

Ein wichtiger Indikator und gleichsam ein „Navi" für die Ziele, die wir im digitalen Neuland ansteuern sollten, ist das kritische und konstruktive Feedback vieler Kunden. Diese Rückmeldungen geben uns wertvolle Hinweise für die Verbesserung unserer Angebote sowie Anregungen für neue Entwicklungen. Auf diesen Aspekt will ich kurz eingehen, weil er auf dem Weg zum Web 4.0 zeigt, dass der unter dem Schlagwort Web 2.0 begonnene Prozess verstärkter und aktiver Beteiligung der Nutzer tatsächlich von vielen Kunden inzwischen als selbstverständlich angesehen und eingefordert wird. Das wiederum unterstreicht, wie notwendig es im Rahmen der Digitalisierung ist, sich auf diese neue Art von Kunden einzustellen und dafür das eigene Unternehmen entsprechend weiterzuentwickeln.

Miriam Meckel von der Universität St. Gallen hat in ihren Überlegungen zur „Kundenbeziehung 2.0" die Tragweite von konsequenter Kundenfokussierung herausgestellt: Demnach finden die Nutzer mit ihren Inputs zunehmend „Eingang in alle Prozesse des Unternehmens" und bestimmen die Kommunikationsprozesse teilweise so weitgehend, dass sich damit sogar die Identität des Unternehmens verändert (Meckel 2012, S. 35). Während viele Unternehmen diesen Weg wegen des vermeintlichen Kontrollverlustes nach wie vor nur sehr zögerlich beschreiten, sieht die ING-DiBa in der Anpassung der Kundenkommunikation an die veränderten Kundenerwartungen einen notwendigen Schwerpunkt der digitalen Transformation.

Oft ist zu hören, der Kunde müsse nicht nur zufriedengestellt, sondern begeistert werden. Das heißt, er soll Geschäfte nicht nur abwickeln, sondern beim Konsum etwas erleben und idealerweise Spaß haben. Bei einigen Produkten gelingt das sicher gut, bei anderen wirkt es oft verkrampft. Das liegt nach meiner Auffassung weniger an schlecht gemachter Werbung, sondern vielmehr daran, dass sich die angebotenen Alltagsleistungen einfach nicht für das Aufladen mit Erlebniseffekten eignen. Ein Auto, eine Urlaubsreise, eine Luxusuhr oder ein Schmuckstück weist ein hohes Maß an emotionalem Mehrwert auf. Das kann man von Bankgeschäften nicht eben behaupten. Aus Kundensicht betrachtet lässt es sich kaum bezweifeln, dass Banken (und Versicherungen) zu den langweiligsten Industrien schlechthin gehören. Eine Banküberweisung oder das Einrichten von Daueraufträgen birgt keinen Erlebniswert. Nur dann, wenn Bankprodukte gleichsam als Mittel zum Zweck wahrgenommen werden (zum Beispiel Baudarlehen oder Kredit zum Autokauf), kommen Emotionen ins Spiel. Ansonsten erwarten die Kunden aber, dass Bankgeschäfte einfach, schnell und komfortabel abgewickelt werden. Positive Kundenerlebnisse und Kundenzufriedenheit erwachsen somit an dieser Stelle aus dem Verzicht auf Komplexität und Bürokratie.

Deshalb unternehmen wir nicht den von vornherein zum Scheitern verurteilten Versuch, den Kunden ein aufgesetztes Erlebnisbanking zu bieten. Stattdessen erleben sie eine komfortabel funktionierende Bankdienstleistung, bei der sie selber entscheiden können, wann, in welchem Umfang und in welcher Weise sie den Kontakt zu uns intensivieren möchten. Wie ich eingangs schon erwähnte, können Kunden sogar nach wie vor per Brief mit uns kommunizieren. Ihnen steht daneben ein leistungsstarkes Callcenter für den telefonischen Kontakt zur Verfügung, oder sie wählen E-Mail, Internet oder Apps als Kontaktkanal.

Der ING-DiBa wird attestiert, dass sie für die digitalen „Anforderungen im Vergleich zu Wettbewerbern recht gut gerüstet" sei (Knop und Mussler 2014). Als Grund dafür wird unsere Konzentration auf wenige, leicht verständliche Produkte genannt, die sich im Wettbewerb gerade im Internet vor allem wegen ihrer Transparenz behaupten können. Damit ist in der Tat ein wesentlicher Aspekt unserer strategischen Ausrichtung erfasst. Zusammen mit diesem bewusst schmal gehaltenen Produktportfolio bestimmen die drei Eckpunkte Convenience, Effizienz und Vertrauen unsere Qualitätsstrategie.[2]

Die ING-DiBa ist eine Bank ohne Öffnungszeiten. Die Kunden erreichen uns an 365 Tagen im Jahr, rund um die Uhr. Wenn zum Beispiel ein Kunde das Bedürfnis hat, an Weihnachten oder in einer lauen Sommernacht um halb vier seine Bankgeschäfte zu tätigen, dann kann er sich darauf verlassen, dass die ING-DiBa für ihn da ist.

Neben Einfachheit und Komfort profitieren die Kunden auch von der Effizienz unserer Dienstleistungen. Dank der Konzentration auf wenige Produkte ist sichergestellt, dass unsere Berater die gesamte Angebotspalette wirklich

---

[2] Ausführlich diskutieren Peverelli et al. (2012, S. 72 ff.) das Bedürfnis der Verbraucher nach Transparenz und Einfachheit bei Finanzdienstleistungen.

sehr genau kennen und Fragen dazu kompetent beantworten können. Aus dieser Effizienz für den Kunden resultieren gleichzeitig Kostenvorteile für die Bank, die zu einem großen Teil an die Kunden weitergegeben werden.

Das Zusammenspiel der genannten Vorteile festigt das Vertrauen der Kunden. Vor allem auch der Verzicht auf falsche Verkaufsanreize durch Verkaufsprovisionen für Mitarbeiter ist hier als vertrauensbildend und hilfreich hervorzuheben. Wenn der Kunde weiß, dass die Berater keinen Druck oder Eigeninteressen für die Empfehlung bestimmter Produkte haben, sind gute Voraussetzungen für einen in beide Richtungen offenen Kontakt auf Augenhöhe geschaffen.

## Veränderte Wettbewerbssituation im digitalen Neuland

Im Vergleich zu vielen anderen Banken mit teilweise ausladenden Filialnetzen ist die ING-DiBa gut positioniert. Aber natürlich sind wir uns der Tatsache bewusst, dass der Wettbewerb gerade auch durch branchenfremde Dienstleister in den nächsten Jahren zunehmen wird. Und darauf wollen wir ebenfalls optimal vorbereitet sein. So weist Torsten Eistert (2014) zu Recht darauf hin, dass „die Zeiten mit der Bank als alleinigem Anbieter von Bankdienstleistungen […] der Vergangenheit" angehören.

Mit der Aussage „We need banking, no banks", hat Bill Gates, der Gründer von Microsoft, schon 1997 die Zukunft von Banken schlicht und ergreifend in Frage gestellt. Das klang provokant, aber bekanntlich erweist sich die Provokation mitunter als Initialzündung für Veränderungen. Das gilt natürlich für alle Branchen. Und so könnte man als Erwiderung sicher feststellen: „Wir brauchen Software. Aber keine quasi-monopolistischen Software-Konzerne." Eine solche Retourkutsche jedoch ändert nichts an der Tatsache, dass immer mehr Kunden tatsächlich Zahlungsverkehr, Finanzierungen und auch Anlagegeschäfte über branchenfremde Internetanbieter abwickeln.

Mit der Internetwährung Bitcoin ist zudem deutlich geworden, dass es für das uns bekannte Geld- und damit auch das Bankensystem durchaus alternative Entwicklungsräume gibt. Somit befinden sich Banken mitten im Innovationswettbewerb mit Internet-Dienstleistern. Nüchtern betrachtet müssen wir dabei festhalten, dass Google wallet, Kickstarter, PayPal, Apple Pay und viele andere Angebote branchenfremder Unternehmen die Zukunft des Bankings vorantreiben – und nicht die Banken selbst.

Am einfachsten ist es natürlich, nach Abschottung oder ausgrenzender Regulierung zu rufen. Ich halte das für keinen zukunftsfähigen Ansatz. Denn wer als Internet-Unternehmen die strengen Kriterien erfüllt, die an uns als Bank gestellt werden, dem wird man das Anbieten von Bankdienstleistungen schwerlich verweigern können. Daher konzentriert die ING-DiBa ihre Energien auf die (Mit-)Gestaltung des digitalen Neulands und nicht auf eine aufwendige, aber letztlich aussichtslose Abschottung. Da gerade die Entwicklung der Digitalität keine Frage von Landesgrenzen ist, ergeben sich aufgrund zum Teil sehr unterschiedlicher Rechts- und Datenschutzauffassungen in diesen Bereichen große Herausforderungen, vor allem für die Politik. Und genau das ist ein Aspekt des von der Bundeskanzlerin bezeichneten „Neulands".

## Durch Innovation zur Digital Leadership

Die ING-DiBa ist dank rechtzeitiger Weichenstellungen zumindest so gut positioniert, dass wir diese von branchenfremden Unternehmen bestimmte Entwicklung mitgestalten können. Wir haben uns selbst den ehrgeizigen Anspruch gesetzt, die „Digital Leadership" unter den Banken zu übernehmen.

Ein Beispiel: Einen Meilenstein in der Vereinfachung und Steigerung der Servicequalität stellt unser neuartiges Authentifizierungsverfahren dar. Wer Kunde bei der ING-DiBa werden und zum Beispiel ein Girokonto eröffnen möchte, kann seit dem Sommer 2014 die einfache und sichere Video-Legitimation vom Computer aus nutzen. Für Kunden der ING-DiBa fällt das bis dahin im Rahmen des PostIdent-Verfahrens notwendige persönliche Anstehen in der Schlange am Schalter einer Postfiliale damit weg.

Neben der kontinuierlichen Weiterentwicklung unserer Website-Services konzentrieren wir unsere Investitionen und Bemühungen unter der Überschrift „Mobile first" vor allem auch auf die Verbesserung des Mobile Bankings.

Für das Mobile Banking sehen wir gerade in Deutschland enormes Entwicklungspotenzial. Während hierzulande im Jahr 2014 nur rund ein Drittel der Bankkunden angab, Mobile Banking zu nutzen, waren es zur gleichen Zeit in der Türkei schon weit mehr als die Hälfte der Kunden. Zu erklären ist dieses für viele Menschen sicher zunächst überraschende Ergebnis vor allem mit dem guten Ausbau der Mobilfunknetze in der Türkei. Aufgrund der zumeist schlechteren kabelgestützten Internetverbindungen wurde das klassische Onlinebanking dort weitgehend übersprungen. Auch der Blick auf andere Länder wie zum Beispiel die Niederlande mit einer immerhin schon 50-prozentigen Nutzungsrate liefert wertvolle Erfahrungen für die Ausgestaltung und Optimierung des mobilen Bankings.

Für diese mobile Teilhabe am Internet bildet aktuell neben dem Tablet vor allem das Smartphone den zentralen Zugang. Dementsprechend bauen wir unsere Apps und Services vor allem für diese mobilen Endgeräte aus. Dabei leitet uns der Anspruch, die Fähigkeiten der Geräte sinnvoll auszuschöpfen und unsere jeweiligen Anwendungen für die Nutzer möglichst komfortabel zu gestalten.

So haben die Kunden der ING-DiBa seit November 2014 mit unserer SmartSecure App erstmals die Möglichkeit, Mobile Banking von nur einem Endgerät aus zu nutzen. Durch die intelligente Verknüpfung unserer Mobile Banking App mit der SmartSecure App auf einem Endgerät wird das für die Sicherheit notwendige und aus dem TAN-Verfahren bekannte Prinzip der Kanaltrennung gewahrt und gleichzeitig das Mobile Banking enorm erleichtert. Damit erhalten die Kunden der ING-DiBa einen Service, der ihrem Bedürfnis nach Sicherheit und Bequemlichkeit gleichermaßen nachkommt. Und die Bank wiederum generiert Kostenvorteile, denn das neue System ist dauerhaft günstiger als das bisherige TAN-Verfahren. Also eine Innovation, die beiden Seiten Vorteile bringt.

Gleichzeitig wird den Kunden der ING-DiBa das Banking durch die Einbindung der Fotofunktion der Smartphones in Verbindung mit einer speziellen Bilderkennungssoftware erleichtert. Rechnungen werden einfach abfotografiert und die jeweiligen Daten automatisch in die Mobile Banking App übernommen. Damit sparen sich die Kunden das Eintippen und müssen die eingelesenen Daten vor dem Abschicken lediglich noch überprüfen. Angesichts der langen IBAN vereinfacht dieses Verfahren das Banking – ob unterwegs oder zu Hause – in jedem Fall erheblich. Im Zuge dieser nützlichen Einbindung der Fotofähigkeit der Smartphones liegt es nahe, dass die Kunden der ING-DiBa ebenfalls die Möglichkeit erhalten werden, notwendige Dokumente abzulichten und auf elektronischem Wege einzuschicken.

Neben ihrer hervorragenden Fotofähigkeit zeichnen sich die mobilen Endgeräte auch durch eine inzwischen praxistaugliche Sprachsteuerung aus. In einer weiteren Entwicklungsstufe soll es möglich sein, dass die Kunden der ING-DiBa zum Beispiel ihren Kontostand während der Autofahrt über das an die Fahrzeugelektronik angedockte Smartphone per Voice Control abfragen können.

Zu unserer Konzentration auf den Ausbau des Mobile Bankings gehört neben der konkreten Entwicklung der beschriebenen Services für Smartphones selbstverständlich auch die aufmerksame Beobachtung neuer Technologietrends. So könnten wir mit den Smartwatches am Beginn einer neuen eigenständigen Endgeräteentwicklung stehen, aus der heraus sich auch für das Mobile Banking neue Anforderungen und Gestaltungsmöglichkeiten ergeben.

## Von Big Data zu Smart Data

In fast allen Diskussionen über die Nutzung von Big Data geht es darum, die Chancen für die Kundenbeziehung den Erfordernissen des Datenschutzes gegenüberzustellen. Was verbirgt sich hinter dem Schlagwort Big Data? Es besagt schlicht, dass wir mit zunehmender Geschwindigkeit immer größere Datenmengen produzieren. Inzwischen bewegen wir uns in unvorstellbaren Größenordnungen wie Tera- oder Petabytes.

Dabei hinterlassen wir alle im Internet Spuren, die sich analysieren und zum Beispiel auf unser weiteres Verhalten schließen lassen. Auf der Grundlage immer feinerer Analysemethoden können Unternehmen Kundengruppen oder auch einzelne Kunden viel zielgenauer mit Angeboten ansprechen. Das bedeutet aber auch: Wir müssen auf die Qualität der Daten achten. Denn gerade im Zusammenhang mit Big Data gilt es, zwischen Quantität und Qualität zu unterscheiden, sprich: zwischen relevanten Daten und Daten-Müll. Die Kunst, beides voneinander zu unterscheiden und die relevanten Daten intelligent zu nutzen, wird inzwischen als Smart Data bezeichnet. Ein Begriff, der mir wesentlich besser gefällt als Big Data.

Denn bei aller Begeisterung für die Möglichkeiten, die sich aus dieser Datenflut für den Vertrieb und die Kundenbeziehung ergeben, dürfen wir nicht vergessen, dass Big Data bei vielen Menschen eher Unbehagen hervorruft. Sie fühlen sich an den die totale Kontrolle ausübenden „Big Brother" von George Orwell erinnert.

Für die ING-DiBa ist es daher wichtig, bei diesem Thema nicht vom technisch Möglichen her zu denken, sondern die Frage vom Interesse und Nutzen des Kunden her aufzurollen.

Dort, wo es Vorteile für den Kunden bringt, werden wir in jedem Fall die neuen Möglichkeiten von Smart Data einsetzen, zum Beispiel bei der weiteren Optimierung der Kundensicherheit. Wenn wir künftig etwa feststellen, dass sich ein Kunde morgens um 9 Uhr an einem Geldausgabeautomaten in München mit Bargeld versorgt und eine Karte mit denselben Daten dann zwei Stunden später in Brasilien eingesetzt wird, läuten die Alarmglocken und wir können durch gezielte Maßnahmen verhindern, dass dem Kunden ein finanzieller Schaden und Unannehmlichkeiten entstehen.

## Die ING-DiBa Kultur – erfolgreich anders

Die Qualität der Kundenbeziehungen eines Unternehmens steht und fällt mit den jeweiligen Mitarbeitern. Da im Wettbewerb um die Kundenzufriedenheit die Servicequalität den entscheidenden Unterschied ausmacht, gilt für die ING-DiBa als Dienstleistungsanbieter in besonderer Weise: Mitarbeiterzufriedenheit ist die Basis für Kundenzufriedenheit. Und Mitarbeiterzufriedenheit entsteht nur dann, wenn ein gutes Arbeitsklima vorherrscht.

Auch in dieser Hinsicht lassen wir uns von unabhängigen Stellen regelmäßig testen und vergleichen. Im Rahmen der „Great place to work"-Kampagne 2014 wurde die ING-DiBa in die Siegerliste „Deutschlands beste Arbeitgeber" aufgenommen. Das wiederum ist unter vielem anderen das Ergebnis flacher Hierarchien und einer Mitarbeiterpolitik, bei der wir schon frühzeitig andere als die ausgetretenen Wege beschritten haben. So erweist es sich angesichts der Anforderungen der digitalen Transformationsprozesse als enormer Vorteil, auch kreative Querdenker und kompetente Quereinsteiger direkt im Unternehmen zu haben. Nicht als Exoten oder Paradiesvögel, sondern als integrale Mitglieder des auf die Gestaltung unserer Dienstleistung ausgerichteten Gesamtteams.

Ich bin überzeugt: Für unseren Erfolg ist nicht zuletzt unsere etwas andere und unverwechselbare Unternehmenskultur verantwortlich. Dazu gehört es, dass unsere Mitarbeiter ihr jeweiliges fachliches Können im Verbund mit ihren weiteren individuellen Fähigkeiten entfalten können. Diese Entfaltungsmöglichkeiten erweisen sich im Dialog mit dem Kunden unter anderem deshalb als fruchtbar, weil es den Mitarbeitern auf diese Weise sehr gut gelingt, Nähe zum Kunden herzustellen, auch wenn man ihm nicht direkt gegenübersitzt. Genau dies führt zu der eingangs erwähnten „gefühlten Kundennähe".

Fruchtbar ist diese Entfaltungsoffenheit aber auch intern, weil sie motiviert, die Identifikation fördert und hilft, Prozesse gerade an Schnittstellen zu optimieren. „Die Zusammenarbeit über Abteilungsgrenzen hinweg", die Mike Baxter und Dr. Dirk Vater (2014, S. 7) von Bain & Company in ihrer Studie „Auf dem Weg zur Retail-Bank der Zukunft" als erforderlich ansehen, wird bei uns damit bereits ein gutes Stück weit in der Praxis gelebt. Das gilt auch und gerade für die in der Studie als „unverzichtbar" bezeichnete „Unterstützung des Topmanagements" (ebd.). Bei der ING-DiBa versteht sich die Führungsebene als Teil des beschriebenen Gesamtteams und wird von den Mitarbeitern auch so wahrgenommen.

## Ausblick ins digitale Neuland

Unter dem Titel *„Digital Life in 2025"* hat das Pew Research Center im März 2014 eine Studie mit 15 interessanten Thesen zu Chancen und Risiken unserer digitalen Zukunft veröffentlicht (Anderson und Rainie 2014). Joe Touch, der Direktor des Information Sciences Institute an der University of Southern California, sagt in der ersten These vorher, dass wir uns 2025 keine Gedanken mehr darüber machen werden, online zu gehen, sondern online sein werden. „We won't think about ,going online' or ,looking on the Internet' for something – we'll just be online, and just look" (ebd., S. 6).

Der permanente Austausch von Informationen über das Internet gerade auch zwischen Geräten und Maschinen wird im Alltag als so selbstverständlich wahrgenommen werden wie das Vorhandensein von Elektrizität. Genau dies impliziert letztlich ja auch der Begriff Industrie 4.0, also die vierte industrielle Revolution. So, wie nach der ersten industriellen Revolution die Nutzung von Mechanik durch Wasser- und Dampfkraft bald eine Selbstverständlichkeit war, wie nach der zweiten Revolution die Elektrizität die Produktionsmethoden veränderte und nach der dritten Revolution die Elektronik und IT die Automatisierung der Produktionsprozesse möglich machte, so wird schon sehr bald die zunehmende Digitalisierung zu unserem Alltag gehören. Zu dieser permanenten Online-Realität gehören aus meiner Sicht nicht zuletzt die Social Media. „In Zukunft werden Finanzdienstleistungen verstärkt durch ein System vernetzter Partnerschaften erbracht", stellt Torsten Eistert (2014) fest. In dieser Hinsicht hat die ING-DiBa die Weichen richtig gestellt. Trotzdem werden diese „Weichenstellungen" regelmäßig überprüft und gegebenenfalls angepasst, damit wir auch im digitalen Neuland klar auf Erfolgskurs bleiben und sich unsere Kunden gut aufgehoben fühlen.

## Literatur


Anderson, J., L. Rainie, Digital Life in 2025, und Pew Research Internet Project. 2014. http://www.pewinternet.org/2014/03/11/digital-life-in-2025/. Zugegriffen: 13. Jan. 2015.

Baxter, M., D. Vater, und Auf dem Weg zur Retail-Bank der Zukunft, Bain & Company-Studie. 2014. http://www.bain.de/press/press-archive/digitalisierung-wird-fuer-banken-zum-kritischen-erfolgsfaktor.aspx. Zugegriffen: 13. Jan. 2015.

Boekhout, R. 2012. Follow the orange Lion – Wie eine Bank erfolgreich anders ist und welchen Herausforderungen sie sich dabei stellen muss. In *Erfolg im digitalen Zeitalter – Strategien von 17 Spitzenmanagern,* Hrsg. R. Stadler, W. Brenner, und A. Herrmann, 135–149. F.A.Z.-Verlag.

Eistert, T., Digitalisierung – Banken im Innovationswettbewerb mit Internet-Dienstleistern, A. T. Kearney-Studie, Vortrag auf dem 14. Norddeutschen Bankentag am 25. Juni. 2014.

Knop, C. 2013. Im #Neuland der Häme. http://www.faz.net/aktuell/wirtschaft/wirtschaftspolitik/obama-besuch-in-berlin-angela-merkel-im-neuland-der-haeme-12237056.html. Zugegriffen: 13. Jan. 2015.

Knop, C., H. Mussler, und Der Bankkonzern ING wird digital. (2014). http://www.faz.net/aktuell/wirtschaft/unternehmen/branche-im-wandel-ing-investiert-verstaerkt-in-mobile-banking-12984933.html. Zugegriffen: 13. Jan. 2015.

Meckel, M. (2012). Serendipity als Innovationsstrategie. In *Erfolg im digitalen Zeitalter –
Strategien von 17 Spitzenmanagern,* Hrsg. R. Stadler, W. Brenner, und A. Herrmann,
35–52. F.A.Z.-Verlag.
Peverelli, R., R. de Feniks, und W. Capellmann. 2012. *Wie sich die Finanzbranche neu
erfindet – Was Kunden von Finanzdienstleistern wirklich erwarten.* FinanzBuch Verlag.

**Roland Boekhout**, geboren 1963, hat Betriebswirtschaftslehre an der Erasmus Universität Rotterdam, Niederlande,
studiert. Im Anschluss daran absolvierte er das General
Management-Programm CEDEP an der INSEAD in Fon-
tainebleau, Frankreich.

Seine berufliche Laufbahn begann er 1988 bei Unilever
in den Niederlanden. 1991 wechselte er zur ING Group
und fing dort als Senior Credit Analyst bei der ING Bank
an. Zwei Jahre später ging er zur ING Capital Holdings
nach New York, USA, wo er für das Account Management
zuständig war und bis zum Vize-Präsidenten aufstieg. Von dort wechselte er 1997 zu
ING Barings in Warschau, Polen, und war als Direktor für das Corporate Banking verantwortlich. 1999 wurde er in das Executive Committee von ING Barings Polen be-
rufen und verantwortete in dieser Funktion auch das Dept Capital Management und
das Cash Management. Von 2000 bis 2001 war er als Chief Financial Officer und Chief
Strategy Officer bei der Versicherungssparte der ING in Mexico. Danach war er Mitglied des Executive Boards von ING Commercial America Mexico, zuständig für Marketing & Sales.

Ab 2004 war Roland Boekhout General Manager von ING Retail/Sales RVS und
Mitglied des Retail-Vorstandes in den Niederlanden. 2007 wurde er zum CEO von RVS
Insurance benannt und berichtete direkt an das Executive Board der ING Group. Ab
2008 war er dann als CEO von ING Commercial Banking Central and Eastern Europe
tätig und damit verantwortlich für die Ergebnisse in den elf Ländern, die zum Bereich
ING Commercial Banking in Mittel- und Osteuropa zusammengefasst sind. Seit dem
1. Oktober 2010 bekleidet Roland Boekhout das Amt des ING-DiBa Vorstandsvorsitzenden.

Er gehört außerdem zum Leadership Council, einem Gremium aus Top-Managern
der ING Group, und ist Aufsichtsratsmitglied der ING Bank Slaski. Vorstandsmitglied
ist er zudem beim Bundesverband deutscher Banken und der Deutsch-Niederländischen
Handelskammer. Bei der American Chamber of Commerce in Germany e. V. gehört er
zum Board of Directors. Zudem ist er Mitglied im Kuratorium des House of Finance
der Goethe-Universität Frankfurt und des Präsidiums von Frankfurt Main Finance e. V.

# 10

# Sparkassen: Menschliche Nähe im Zeitalter der Digitalisierung

## Georg Fahrenschon, Präsident des Deutschen Sparkassen- und Giroverbands

**Zusammenfassung** Sparkassen stehen unter einem enormen Innovationsdruck. Innovationen dürfen aber kein Selbstzweck sein. Sie müssen von den Kunden gewünscht und honoriert werden. Dazu braucht es eine neue Innovationskultur und ein maßgeschneidertes Innovationsmanagement. So will ein Kunde eben nicht nur ein Girokonto, sondern jederzeit Überblick über seine Finanzen haben. Zudem will er Geld so schnell und so sicher wie möglich von A nach B bringen – beides soll einfach in jeglichen modernen Anwendungen möglich sein. Das müssen Sparkassen jederzeit entsprechend der technologischen Entwicklung sicherstellen.

## Einleitung

Die Digitalisierung markiert einen der größten technischen Umbrüche der letzten Jahrzehnte: Mit ihr entsteht ein neues Metasystem des Lebens und Arbeitens. Entsprechend bemühen sich viele Branchen, ihre Geschäftsmodelle in diese digitale Welt zu übertragen oder weiterzuentwickeln, teilweise unter Inkaufnahme großer Brüche.

Sparkassen sind Kreditinstitute, die mit der konkreten Aufgabe gegründet wurden, die Menschen bei der Eigenvorsorge zu unterstützen. An dieser grundsätzlichen Aufgabenstellung ändert sich auch in der digitalen Welt nichts. Allerdings stellt sich die Frage, auf welche Weise diese Aufgabe unter technisch und kommunikativ völlig veränderten Bedingungen erfüllt werden kann.

Zu den großen Stärken der Sparkassen gehören das Kundenvertrauen und die Kundennähe. Ein Alleinstellungsmerkmal der Sparkassen sollte deshalb

G. Fahrenschon (✉)
Berlin, Deutschland

auch in der digitalen Welt die Interaktion zwischen realen Menschen sein. Unsere Aufgabe besteht darin, die Möglichkeiten der Digitalisierung zu nutzen, um menschliche Kommunikation unabhängig von Zeit und Raum zu organisieren und damit unser Alleinstellungsmerkmal weiter auszubauen.

## Keine rein technische Frage

Die digitale Vernetzung der Welt schreitet exponentiell voran. Andrew McAfee vom Massachusetts Institute of Technology (MIT) vergleicht die Entwicklung der digitalen Technologie mit einem Schachbrett: Auf das erste Feld wird ein Reiskorn gelegt. Auf die folgenden Felder kommen dann jeweils doppelt so viele Körner wie auf das Feld zuvor. Er schätzt, dass die Digitalisierung inzwischen die zweite Hälfte des Schachbretts erreicht hat. Jetzt folgt die Hälfte, die nach seinen Worten „richtig verrückt und unfassbar" wird (Sackmann 2015). Bei der sogenannten „Industrie 4.0" und beim „Internet der Dinge", das auch im privaten Umfeld einzieht, ist die Entwicklung inzwischen gut zu beobachten.

Dennoch ist für Sparkassen die Digitalisierung nicht zuerst eine technische Frage. Die Digitalisierung schafft Freiräume für die Menschen und ist immer mehr eine neue technologische Basis für die zwischenmenschliche Kommunikation. Deshalb ist die Digitalisierung auch als Katalysator für soziale Innovationen zu betrachten, die die Art und Weise, wie Menschen zusammenleben und -arbeiten, verändern wird. Die Digitalisierung ist daher gerade auch für Unternehmen im Dienstleistungsbereich höchst relevant. Mit ihr ändern sich die Bedürfnisse und das Verhalten ihrer Kunden.

Sparkassen wissen aus Umfragen und Gesprächen, dass ihre Kunden sehr technikaffin sind. 75 % verfügen über einen Online-Zugang zu ihrer Sparkasse. Die Tendenz ist steigend. Für die Kunden spielen dabei insbesondere Aspekte der Bequemlichkeit eine Rolle. Sparkassen wissen aber auch von ihren Kunden, dass die Begeisterung für die neuen technischen Möglichkeiten getrübt ist. Die Menschen sind verunsichert. Die Gründe für die Verunsicherung sind vielfältig. Sie liegen in der Finanzmarktkrise, den unzähligen Skandalen in der Finanzbranche und nicht zuletzt im weitverbreiteten Datenmissbrauch. Hinzu treten eine Reizüberflutung mit Werbung und das rasante Wachstum an Handlungsmöglichkeiten durch die Digitalisierung. Diese sorgt nicht nur für eine größere Vernetzung, sie lässt auch neue Anbieter entstehen, die die Lage für Kunden noch unübersichtlicher machen.

Gerade im Bereich der Finanzdienstleistungen gibt es bereits eine nahezu unüberschaubare Zahl von Anbietern, deren Angebote und Geschäftsmodelle sich – wenn überhaupt – erst durch ein genaues Studium der Nutzungsbedingungen erschließen:

- Es gibt die Datensammler wie Google. Sie wollen möglichst viel über Nutzer wissen, um gezielt Kauf- und Informationsangebote steuern zu können. Sie haben begriffen, dass Zahlungsverkehrsgewohnheiten fast alles über persönliche Kauf- und Interessenschwerpunkte von Kunden verraten. Solche Unternehmen bieten deshalb zunehmend Zahlungsverkehr ohne Entgelte an. Natürlich „bezahlt" der Kunde doch – mit seiner Privatsphäre.
- Es gibt Unternehmen, die den Kunden in eine gesamte technische und mediale Umgebung einbinden wollen – in ihre eigene Umgebung. Mit Bequemlichkeit und Komfort wollen sie ihn auf Dauer ausschließlich an sich binden und damit immer größere Teile der Erlöskette für sich selbst erschließen. Dazu zählt auch Apple. Diese Unternehmen haben begriffen, dass sie zur Abrundung ihres Leistungsportfolios Zahlungsverkehrsanwendungen benötigen, damit der Kunde nicht ständig ihre Welt verlassen muss.
- Und es gibt immer mehr Unternehmen, die mit Teilbereichen des Zahlungsverkehrs selbst Geld verdienen wollen. Beispielhaft sei hier etwa Simple genannt, ein Unternehmen, das Kunden die Verwaltung ihrer persönlichen Finanzen anbietet – Stichwort Personal Finance Management. Wieder andere Unternehmen spezialisieren sich auf die Organisation des Payments an der Schnittstelle zum Händler – Stichwort Payment Service Provider. Für Kunden sind gerade diese Unternehmen nur schwer zu durchblicken.

Diese neue Wettbewerbssituation fordert die Sparkassen heraus, ihre führende Marktposition zu verteidigen. Dazu müssen sie entsprechend leistungsfähig sein. Doch einhergehend mit der Digitalisierung entsteht ein zweiter Trend: Die Menschen suchen wieder stärker nach Halt und Orientierung, nach Anständigkeit und Tradition. Davon profitieren vor allem etablierte, traditionsreiche Marken. Ebenso auch Geschäftsmodelle, die eine Balance zwischen sozialer Verantwortung und Rendite finden. Und nicht zu vergessen auch lokale Erzeuger und Anbieter. Denn gerade angesichts der neuen Unübersichtlichkeit sehnen sich viele Menschen nach regionaler Identität. So hinterfragen Kunden verstärkt die Herkunft von Produkten und Dienstleistungen oder sie beziehen ihre Waren vorzugsweise wieder aus der eigenen Region.

Damit stößt die Digitalisierung bei den Kunden von Finanzdienstleistungen einen Wertewandel an, der besonders den Sparkassen einen Wettbewerbsvorteil gegenüber den Konkurrenten im Markt verschafft. Mit ihrem umfassenden Kundenwissen und ihrer Marktverankerung können die Sparkassen neue Märkte – und damit auch neue Erlösquellen – erschließen. Denn ihr Geschäftsmodell unterscheidet sich signifikant von Banken herkömmlichen

Typs und besonders von den neuen Wettbewerbern in der digitalen Welt. Das ergibt sich aus der Herkunft der Sparkassen.

Die Gründerin einer der ersten Sparkassen, die Patriotische Gesellschaft in Hamburg, wählte als Logo einen Bienenkorb mit dem Claim „Emolumento publico" – viele tragen Honig hinein, zum Wohle aller. Es ist ein Sinnbild dafür, dass Sparkassen Nutzen stiften, die Menschen zur Eigenvorsorge anhalten, die Gemeinschaft stärken und den Wohlstand mehren sollen. Das war im Jahr 1778. Doch dieser Kontext ist konstitutiv für ein geschichtlich gewachsenes und institutionell verankertes Gedächtnis der Sparkassen.

Dazu kommt, dass die Sparkassen, von wenigen Ausnahmen abgesehen, öffentlich-rechtliche Kreditinstitute sind, die auf der Grundlage des Kreditwesengesetzes (KWG) und der Sparkassengesetze ihres jeweiligen Bundeslandes Bankgeschäfte betreiben. Das ist ein Alleinstellungsmerkmal in der Finanzwirtschaft, weil damit ein Auftrag zur Daseinsvorsorge verbunden ist. Die Institute sind nicht allein an ihrem Geschäftserfolg zu messen, sondern auch an dem Beitrag, den sie für das Gemeinwohl erbringen.

Sparkassen haben bewiesen, dass mit diesen Rahmensetzungen der Erfolg im Markt möglich ist: Aus ihnen entstand eine der größten finanzwirtschaftlichen Gruppen. Einige Daten mögen die wirtschaftliche und gesellschaftliche Bedeutung unterstreichen:

- 416 Sparkassen mit etwa 15.000 Geschäftsstellen;
- sieben Landesbanken und die DekaBank;
- elf öffentliche Erstversicherer;
- zehn Landesbausparkassen;
- Verbundunternehmen wie Finanz Informatik, Deutscher Sparkassenverlag, die Deutsche Leasing und viele andere.

Rund 50 Mio. Kunden in Deutschland schenken der Sparkassen-Finanzgruppe ihr Vertrauen. Darüber hinaus ist sie auch wichtigster Finanzierer der deutschen Wirtschaft. 40 % der Kreditmittel an die deutsche Wirtschaft kommen aus der Sparkassen-Finanzgruppe. Und rund 44 % aller in der deutschen Kreditwirtschaft Beschäftigten arbeiten in unserer Gruppe. Entsprechend bilden diese öffentlich-rechtlichen Institute eine eigenständige Säule im deutschen Finanzmarkt – neben den Genossenschaftsbanken und den privaten Geschäftsbanken.

## Ein einzigartiges Modell

Das einzigartige Sparkassenmodell birgt das Potenzial, zum entscheidenden Wettbewerbsfaktor für die Zukunft zu werden. Natürlich müssen Sparkassen innovative Technik beherrschen, bei den Banking-Apps sind sie mit großem

Abstand Marktführer in Deutschland, ebenso bei kontaktlosen Bezahlsystemen. Gerade im Bereich Finanzdienstleistungen ist aber das Vertrauen der Kunden entscheidend. In Deutschland gibt es kaum eine andere Marke, die es an Bekanntheit mit dem Sparkassen-S der Sparkassen aufnehmen kann. Die Marke verbindet Kundenorientierung, ertragsorientierte Unternehmensführung und gemeinwohlorientiertes Handeln.

Wir sind deshalb der Auffassung, dass strategischer Ausgangspunkt für ein Engagement im „digitalen Neuland" eine klare Markenpositionierung sein muss. Deshalb haben wir die Markenarbeit an den Anfang gestellt und unsere Marke geschärft. Damit wollen wir sowohl in der analogen als auch in der digitalen Welt stets klar als Sparkassen erkennbar sein.

Der Zweck von Sparkassen ist *nicht,* Produkte zu verkaufen. Diese sind Mittel zum Zweck. Zweck der Sparkassen ist es, möglichst vielen Menschen ein finanziell selbstbestimmtes Leben zu ermöglichen. In unserer geschärften Markenpositionierung wird dies in einem Satz ausgedrückt: *„Wir machen es den Menschen einfach, ihr Leben besser zu gestalten."*

Notwendig ist darüber hinaus ein klares Wertezielsystem, mit dem wir uns in der realen wie in der virtuellen Welt klar von unseren Wettbewerbern unterscheiden. Unsere Leitidee ist, dass wir besser als jegliche Wettbewerber *„Menschen verstehen", „Sicherheit geben"* und *„Zukunft denken"* können. Die Herausforderung wird sein, an allen Kontaktpunkten zum Kunden diese Wahrnehmung zu vermitteln. Für digitale Angebote bedeutet dies, mit jeweils modernsten Kommunikationsmitteln umfassend menschliche Nähe und Sicherheit zu vermitteln.

## Drei Perspektiven für den Wandel

Damit diese Positionierung der Marke Sparkasse gelebte Realität in den Instituten wird, braucht sie eine entsprechende Übersetzung in ein strategisches Zielsystem. Eine zentrale Rolle nimmt hier die neuformulierte Geschäftsstrategie für Sparkassen, Verbundunternehmen und Verbände ein. Die Unternehmen der Sparkassen-Finanzgruppe nehmen hier einen strategischen Perspektivenwechsel vor: Anders als früher sind Ausgangspunkt unserer Steuerung nicht reine betriebswirtschaftliche Zielzahlen, etwa die Eigenkapitalrendite oder die Aufwands-Ertrags-Relation. Wir sind davon überzeugt, dass wir in einer von Digitalisierung bestimmten Welt nur erfolgreich sein können, wenn wir das Kundeninteresse zum Ausgangspunkt der Unternehmenssteuerung machen. Kundenbindung, Kundenzufriedenheit und Weiterempfehlungsbereitschaft haben wir deshalb zu den wichtigsten Unternehmenszielen gemacht. Erst daraus werden betriebswirtschaftliche Unterziele gebildet. Damit haben wir die Kausalität in den letzten Jahren deutlich verändert: Kundenorientierung ist nicht mehr eine Folgegröße einer betriebswirtschaftlichen Erfolgskennzahl, sondern die Voraussetzung.

In diesem Zielraster von Marken- und Geschäftsstrategie müssen sich alle Maßnahmen im Digitalisierungsbereich bewegen. Drei Perspektiven für den Wandel in den Sparkassen seien im Folgenden genannt.

## Die Perspektive der Kunden

Die Digitalisierung wird umfassend sein und Algorithmen werden immer und überall passende Informationen anbieten. Auf dieser Basis werden Maschinen für Menschen Entscheidungen treffen. Mit Blick auf ihre Kunden sind Sparkassen aber überzeugt, dass diese in Finanzfragen auch künftig Menschen brauchen, denen sie vertrauen. In der digitalen Welt wird „menschliche Nähe" sogar an Bedeutung gewinnen. Die Technik dafür ist vorhanden – das Web 2.0 dient der Kommunikation zwischen Menschen, und mit den mobilen Endgeräten ist der Zugriff auf die digitale Welt inzwischen praktisch flächendeckend verfügbar. Gerade die menschliche Vernetzung macht den wesentlichen Unterschied zwischen der Internetwelt 1.0 und dem Web 2.0 aus.

Auf Dauer wird es nicht reichen, im Netz nur einfach zu bedienende Abwicklungsplattformen für Finanzprodukte anzubieten. Mehr noch: Anbieter, deren gesamtes Leistungsspektrum ausschließlich darauf beruht, werden auf Dauer Probleme bekommen oder nur Teilbereiche der gesamten Leistungskette erfolgreich anbieten können.

Wir sind davon überzeugt, dass digitale Angebote neben den weiterhin in veränderter Form vorhandenen Geschäftsstellen alternative und gleichberechtigte Zugangswege von Kunden zu unseren Beratern sind. Entsprechend setzen Sparkassen Technik ein und gestalten sämtliche medialen Zugangswege ihrer Kunden so, dass sie stets hin zum persönlichen Sparkassenberater führen. Dieser hat auf diese Weise einen genauen Überblick über die von seinen Kunden – offline wie online – ausgelösten Prozesse. Die Möglichkeiten der Digitalisierung helfen den Sparkassen, die Kunden jederzeit, auch bei einem Wechsel des Kanals, zu betreuen. Das Web 2.0 bietet dabei schnelle Kommunikationswege, um den Kunden einfach und schnell konkrete Fragen zu beantworten und Services zu bieten.

Doch dies ist erst ein Anfang. Die eben im Entstehen begriffene Web 3.0-Welt ist gekennzeichnet durch eine ständige Verbindung aus Realität und Virtualität. Zu jedem Zeitpunkt ihres täglichen Lebens wollen Kunden über moderne und mobile Hochleistungsrechner im Handy, in der Uhr, künftig vielleicht in der Brille und im Auto auf alle Daten zugreifen. Damit wachsen die Erwartungen.

Sparkassen gestalten deshalb ihre Produktangebote so, dass sie – auf der Basis der ermittelten Kundenbedürfnisse – ein Höchstmaß der vom Kunden gewünschten und benötigten Sicherheit vermitteln. Gleichzeitig geht es den Sparkassen darum, Zugangs- und Nutzungshürden abzubauen und die Anwendungen intuitiver gestalten. Hier ist es entscheidend, den in der Finanzwirtschaft stets vorhandenen Zielkonflikt von Einfachheit und Sicherheit kreativ aufzulösen. Neben einer ständig verfügbaren menschlichen Nähe wird das der Maßstab sein, um sich im Wettbewerb durchzusetzen.

Darüber hinaus werden die Sparkassen die Konten ihrer Kunden zur „Drehscheibe des täglichen Lebens" weiterentwickeln. Kunden wollen jederzeit und überall Überblick über ihre Finanzen haben. Das Konto soll intelligent werden und durch ständige Bereitstellung der jeweils notwendigen Informationen bei der Bewältigung des täglichen Lebens helfen. Entsprechend werden die Sparkassen ihr Kundenwissen nutzen, um stärker als bisher individuell relevante Angebote unterbreiten zu können. Erfolgreich bei Kunden werden in der digitalen Welt die Anbieter sein, die Kundendaten im Sinne der Kunden nutzen und gleichzeitig die Sicherheit dieser Daten gewährleisten.

Bei aller Digitalisierung: Geschäftsstellen werden auch im digitalen Zeitalter einen hohen Stellenwert für Sparkassen besitzen. Die „Nähe" in der realen Welt stützt auch die Glaubwürdigkeit in der digitalen Welt. Zum anderen werden Kunden auch künftig bei wichtigen Finanzfragen das persönliche Gespräch in der Filiale suchen. Das bedeutet aber nicht, dass das vorhandene Geschäftsstellennetz nicht umgebaut werden muss. Denn die digitalen Services sorgen dafür, dass die Bedeutung der Finanzdienstleistungsfiliale traditioneller Prägung sinkt. Umgekehrt steigen aber die Kundenansprüche an Beratungs- und Produktqualität. Das bedeutet, dass Sparkassen künftig weniger reine Abwicklungsgeschäftsstellen benötigen, gleichzeitig aber die verbleibenden stationären Angebote hinsichtlich Kompetenz und Beratung deutlich aufwerten müssen. Der Mehrwert eines Geschäftsstellenbesuchs muss gegenüber einer Geschäftsabwicklung im Netz deutlich spürbar sein. Um die Flächenpräsenz dennoch umfassend aufrechtzuerhalten, werden mehr Videoberatungen, mobile Geschäftsstellen und auch Hausbesuche zum Einsatz kommen.

Im Ergebnis werden die Kunden profitieren: Der Zugang zu ihrer Sparkasse und die regionale Verankerung bleiben gewährleistet. Dazu kommt: Wo immer technisch, rechtlich und organisatorisch machbar, soll eine möglichst unmittelbare Verbindung zum individuellen Kundenberater angeboten werden. Und das gehört zu den wichtigsten Wünschen der Sparkassenkunden.

## Die Produktions-, Prozess- und Infrastrukturperspektive

Mit einer besseren Betreuung der Kunden einher geht ein vielfältiges, aber auch transparentes, einfach zu beherrschendes, multikanalfähiges und wettbewerbsfähiges Produktangebot. Deshalb werden Sparkassen auch künftig eine breite Produktpalette anbieten, die bislang schon insbesondere von Individualkunden erwartet wird.

Gleichzeitig werden sie für das alltägliche Sparkassengeschäft ihre Produkte umfassend standardisieren und für die jeweiligen Kundensegmente bündeln. Das ist die Voraussetzung dafür, dass alle Abschluss-, Abwicklungs- und Serviceangebote auch online angeboten werden können. Damit der Zugang für Kunden dabei möglichst einfach wird, werden Sparkassen besonders im IT-Bereich in den nächsten Jahren stark investieren. Die digitale Welt wird so zum neuen Ankerpunkt der Kundenkommunikation.

Die nächste große Herausforderung ergibt sich unmittelbar aus den vorgenannten Transformationen: Je mehr Service- und Vertriebsprozesse automatisiert und über mediale Kanäle zur Kundenselbstbedienung angeboten und genutzt werden, umso mehr stellt sich die Kapazitätsfrage in der bisher geschäftsnotwendigen Infrastruktur. Sparkassen agieren am Markt, entsprechend muss die Infrastruktur eine Form von Wertschöpfung ermöglichen, die von Kunden honoriert wird.

Sparkassen haben gute Chancen, dies auch künftig zu realisieren. Angesichts steigender Komplexität fehlt es den Kunden an Zeit, ihre Situation und passende Angebote selbst zu analysieren. Sowohl die Marke Sparkasse als auch die Berater genießen einen großen Vertrauensvorschuss. Der Sparkassen-Finanzgruppe muss es gelingen, die Vertrauensbasis und die Alleinstellungsmerkmale aus der realen Welt in die digitale zu überführen – mit den erforderlichen Produkten, der passenden Infrastruktur und der Qualität in der Beratung.

## Die Perspektive der Mitarbeiter

Ob Kundenwünsche oder Prozessoptimierung – Dreh- und Angelpunkt in Sparkassen werden dafür stets die Mitarbeiter sein: Ihr Engagement und ihre Loyalität sind entscheidend für den Erfolg in der digitalen Welt. Vermutlich werden in der gesamten Branche die Mitarbeiterzahlen in den nächsten Jahren erheblich sinken. Besonders bei Geschäftsmodellen, die immer stärker auf eine automatisierte Bedienung der Kunden setzen. Für Sparkassen steht aber im Vordergrund, in die Mitarbeiter zu investieren und sie für die neuen Aufgaben zu qualifizieren. Denn ein wesentliches Alleinstellungsmerkmal der Sparkassen sind die 244.000 Menschen, die für sie überall in Deutschland arbeiten.

Entsprechend sind die einzelnen Mitarbeiter – in ihrer Rolle als Ankerpunkt in der Kundenbeziehung – für neue Aufgaben zu befähigen. Diese Qualifizierung wird eine echte Herausforderung, denn die Digitalisierung geht nicht nur mit einem veränderten Arbeitsumfeld und neuen Kompetenzanforderungen für Mitarbeiter einher. Manche Funktionen verlieren mittelfristig auch ihre Bedeutung und in der Sparkasse entstehen ganz neue Rollenprofile: Die Mitarbeiter der Sparkassen sind künftig auch Beziehungsmanager, Navigator auf unterschiedlichen Kundenkanälen und Markenbotschafter. Dafür benötigen sie neben erhöhter zeitlicher und räumlicher Flexibilität insbesondere veränderte Schlüsselqualifikationen und ein neues Rollenverständnis.

Das bedeutet, dass die Qualifizierung auf mindestens drei Ebenen ansetzen muss:

- Auf der Ebene der Beratungsqualität: Sie müssen ihre Kunden verstehen, Produkte und Beratungsprozesse beherrschen.
- Auf der Ebene der Kommunikation: Hier gilt es, die Mitarbeiter zu befähigen, sich sicher und souverän in der digitalen Welt zu bewegen.
- Und auf Ebene der Unternehmenskultur: Sie müssen motiviert die Sparkassenwerte mit Leben erfüllen und zudem stets mit der Geschwindigkeit mithalten, mit der sich die Erwartungen der Kunden ändern.

Die Ansprüche an die Mitarbeiter sind sehr hoch. Entscheidend für den Erfolg in der digitalen Welt wird sein, die Mitarbeiter in diesen Prozess nicht nur einzubinden, sondern ihn durch die Mitarbeiter und ihre Ideen auch gestalten zu lassen.

## Innovation als Prozess

Insgesamt bedeuten die Digitalisierung und die damit einhergehende Änderung der Kundenerwartungen einen enormen organisatorischen und kulturellen Wandel für die Sparkassen. Insbesondere die kurzen Innovationszyklen sind eine Herausforderung für eine dezentrale Gruppe, die Entscheidungen auf demokratischer Basis in Gremien trifft. Entsprechend liegt ein Schwerpunkt der Arbeit des Deutschen Sparkassen- und Giroverbandes darin, Innovationen in der Gruppe organisatorisch den Weg zu bereiten.

Zwar kann ein Marktführer, zumal eine große und etablierte Organisation, selten der Technologietreiber oder der „first mover" sein. Das ist wahrscheinlich auch gar nicht nötig. Aber für Marktführer ist es entscheidend, als Erste Innovationen in Form ausgereifter Produkte in die Breite des Marktes zu bringen. Für Sparkassen bedeutet dies, dass sie als Erste neue Anwendungen und Funktionen auch in der digitalen Welt für die breite Bevölkerung erschließen müssen.

Im Branchenvergleich sind Sparkassen aktuell auf Augenhöhe. Allerdings müssen sie jetzt schnell und konsequent die Chancen aus der Digitalisierung nutzen. Wie viele Unternehmen, die erfolgreich am Markt agieren, müssen auch die Sparkassen gegen das von Clayton Christensen beschriebene „Innovator's Dilemma" angehen (Christensen 1997). Für erfolgreiche Unternehmen gibt es keine existenzielle Notwendigkeit, kurzfristig große Innovationen anzustoßen, deshalb wird häufig lediglich optimiert und die Effizienz gesteigert. Daraus resultiert allerdings keine echte Neuerung im Sinne einer Innovation, Bestehendes wird nicht grundsätzlich in Frage gestellt. Neue Marktteilnehmer haben dieses Problem nicht, da sie ihre Geschäftsmodelle aus einer komplett neuen Perspektive heraus entwickeln können. Dies ist im Finanzbereich besonders bei den neuen „Nicht-Banken" zu beobachten.

Deshalb stehen die Sparkassen auch unter einem enormen Innovationsdruck. Innovationen dürfen aber kein Selbstzweck sein. Sie müssen von den Kunden gewünscht und honoriert werden. Dazu braucht es eine neue Innovationskultur und ein maßgeschneidertes Innovationsmanagement. So will ein Kunde eben nicht nur ein Girokonto, sondern jederzeit Überblick über seine Finanzen haben. Zudem will er Geld so schnell und so sicher wie möglich von A nach B bringen – beides soll einfach in jeglichen modernen Anwendungen möglich sein. Das müssen Sparkassen jederzeit entsprechend der technologischen Entwicklung sicherstellen.

Die Sparkassen-Finanzgruppe als ein Netzwerk von Instituten wird dem auf dreierlei Weise begegnen:

- Sparkassen werden investieren. 150 Mio. € werden sie allein in den nächsten Jahren für die Entwicklung einer Wallet und neuer Payment-Verfahren in die Hand nehmen. Auf Dauer wird dies aber bei Weitem nicht reichen.
- Sparkassen werden eine neue Innovationskultur entwickeln, um Kreativität, Motivationsbereitschaft und Leistungsvermögen bei allen Beschäftigten zu entfalten und um die gefundenen Ideen in einem strukturierten Prozess erst zu entwickeln und dann auch umzusetzen. Dabei werden sie von erfolgreichen IT- und Software-Unternehmen lernen. Innovationen entstehen nicht aus einer einzigen Idee, sondern müssen mit einem stringenten Innovationsmanagement auf breitem Ansatz hart erarbeitet und umgesetzt werden.
- Sparkassen werden sich in der Gruppe neu aufstellen und die Arbeitsteilung verbessern. So konzentriert sich der DSGV künftig klar auf die strategische Führung. Verbundunternehmen wie etwa dem Deutschen Sparkassenverlag (DSV) oder der Finanz Informatik (FI) kommt dann bei der Umsetzung eine Schlüsselrolle zu. So stellt sich der DSV beispielsweise als zentraler Payment-Anbieter auf. Dazu führt er bestehende Einheiten zusammen

und ergänzt – wo erforderlich – das Portfolio durch Zukäufe. Beispiel ist etwa die Beteiligung an Payone, die es dem DSV ermöglicht, zusammen mit den Sparkassen den Kunden aus dem Handel künftig leistungsfähige Payment-Lösungen für den Handel aus einer Hand anbieten zu können. Zudem wird im DSGV eine Innovationseinheit eingerichtet, die interdisziplinär besetzt Ideen generiert und auch von Sparkassen aufnimmt und diese dann zu Konzepten weiterentwickelt. Hier nutzen wir gezielt Blickwinkel anderer Branchen und Disziplinen, um neue Sichtweisen auf die Gestaltung und den Inhalt unserer Dienstleistungen zu gewinnen.

Die für Kunden spürbaren Mehrwerte aus Ideen und Konzepten werden häufig in den Sparkassen selbst generiert. Entsprechend wichtig ist es, dass die Führungskräfte dort mit gutem Beispiel vorangehen und die neuen Möglichkeiten der Digitalisierung auch selber nutzen. Zudem zeigt sich immer mehr, dass Innovationen in flachen Hierarchien am besten gedeihen, weil es Entscheidern mitunter schwerfällt, die Relevanz insbesondere von technologiebasierten und damit häufig komplexen Veränderungsvorschlägen richtig einzuschätzen. Gerade die digital organisierte Intelligenz kann Unternehmen effizienter und marktorientierter machen, weil viele Menschen sich untereinander vernetzen, Perspektiven austauschen und das Produkt- und Serviceangebot gemeinsam entwickeln.

## Unsere Stärken in der digitalen Welt

Sparkassen ist bewusst: Alles, was digitalisiert werden kann, wird digitalisiert. Doch für Sparkassen ist die Digitalisierung kein Selbstzweck, sondern Mittel zum Zweck, einmal mehr den Sparkassengedanken für die geänderten Kundenerwartungen neu zu formulieren. Digitalisierung bietet ihnen sogar die Chance, die alten und nach wie vor gültigen Sparkassenwerte zu schärfen und noch konsequenter umzusetzen. Deshalb werden die Sparkassen ihre Stärken aus der realen Welt in die digitale Welt mitbringen und kultivieren.

Sparkassen sind dabei schon weiter fortgeschritten, als ihnen gemeinhin zugetraut wird. Kein Finanzdienstleister in Deutschland ist aktiver auf den Social-Media-Plattformen unterwegs als die Sparkassen-Finanzgruppe. Und wenn auf einer amerikanischen Technikmesse ein deutscher Autobauer ein Fahrzeug präsentiert, das mit Hilfe von vier Laserscannern vollautomatisiert in ein Parkhaus fährt und einparkt, dann sind auch Sparkassen virtuell mit an Bord. Die Finanz Informatik steuert die Technologie bei, damit sich bei der automatischen Ausfahrt die Schranke hebt, weil das Auto auch die Parkgebühr selbstständig bezahlen kann.

Auch in der digitalen Welt wird also gelten: „Wenn's um Geld geht – Sparkasse"!

## Literatur

Christensen, Clayton M. 1997. *The innovator's dilemma: The revolutionary book that will change the way you do business*. New York: Harper Business.
Sackmann, Christoph. DLD 2015 – Digitale Revolution: Warum Maschinen auch bald Ihren Job übernehmen. http://www.focus.de/finanzen/news/unternehmen/dld-2015-digitale-revolution-deshalb-sind-maschinen-bessere-arbeiter-als-menschen_id_4402929.html. Zugegriffen: 19. Jan. 2015.

**Georg Fahrenschon** ist seit Mai 2012 Präsident des Deutschen Sparkassen- und Giroverbandes in Berlin. Er ist Vizepräsident der Europäischen Sparkassenvereinigung (ESV). Daneben ist er Vorsitzender des Verwaltungsrates der DekaBank Deutsche Girozentrale. Außerdem ist er Vorsitzender des Aufsichtsrates der Landesbank Berlin Holding AG sowie der Landesbank Berlin AG und Mitglied im Verwaltungsrat der Landwirtschaftlichen Rentenbank sowie Mitglied des Verwaltungsrates und der Trägerversammlung der Landesbank Hessen-Thüringen Girozentrale.

Des Weiteren ist er Vorsitzender des Aufsichtsrates der Deutschen Sparkassen Leasing Verwaltungs AG und stellvertretender Vorsitzender des Aufsichtsrates der Deutschen Leasing AG sowie Mitglied des Verwaltungsrates der Bundesanstalt für Finanzdienstleistungsaufsicht und Mitglied des Vorstandes des Bundesverbandes Öffentlicher Banken.

Georg Fahrenschon war von 2002 bis 2007 Mitglied des Deutschen Bundestages, von 2007 bis 2008 Staatssekretär im Bayerischen Staatsministerium der Finanzen in München und von 2008 bis 2011 Bayerischer Staatsminister der Finanzen. In dieser Funktion war er auch Vorsitzender des Verwaltungsrates der Bayerischen Landesbank.

Von 2011 bis 2012 war er zusätzlich Mitglied des Bayerischen Landtags.

# 11

# Big Data: Neue Geschäftsmodelle für die Future Internet Economy

Prof. Dr. Peter Buxmann, Technische Universität Darmstadt

**Zusammenfassung** Einerseits sind Unternehmen bestrebt, möglichst viel über ihre Nutzer zu erfahren, um ihre Produkte und Services noch besser auf die Anforderungen der Kunden zuschneiden zu können. Andererseits besteht die Gefahr, dass Eingriffe in die Privatsphäre von Nutzern als zu heftig wahrgenommen werden und sie die Dienste infolgedessen nicht mehr nutzen oder zu Privacy-freundlichen Services wechseln. Daran zeigt sich auf Nutzerseite ein grundlegendes Abwägen von Potenzialen und Risiken, bevor eine Bereitschaft zur Informationspreisgabe entsteht. Vor dem beschriebenen Hintergrund werden in diesem Beitrag datenbasierte Geschäftsmodelle sowohl aus Sicht der Nutzer als auch aus Perspektive der Anbieter untersucht.

## Einleitung

Die zunehmende Digitalisierung sowie die allgegenwärtige Verfügbarkeit von internetbasierten Diensten verändern das Wirtschaftsleben, den Alltag des Einzelnen und die Gesellschaft als Ganzes. Die Bereitstellung und Nutzung von kostenlosen Services ist mittlerweile zur Selbstverständlichkeit geworden, wobei die Nutzung in der Regel nicht wirklich kostenlos ist. Denn die Anwender bezahlen die scheinbar kostenlosen Services mit ihren Daten.

Daher werden Daten auch als neue Währungseinheit oder als Rohöl der digitalen Ökonomie bezeichnet. Zugleich hat sich „Big Data" zu einem allgegenwärtigen Schlagwort entwickelt, das in Politik, Wirtschaft und Wissenschaft intensiv und kontrovers diskutiert wird. Die Anwendungspotenziale sind vielfältig und werden Gesellschaft und Wirtschaft grundlegend verändern: Anbieter können die erhobenen Daten beispielsweise dazu nutzen, personalisierte Dienste zu entwickeln beziehungsweise mit individuell angepasster Werbung

P. Buxmann (✉)
Darmstadt, Deutschland

Geld zu verdienen. In der Industrie lässt sich Big Data etwa im Rahmen von Anwendungsszenarien in den Bereichen Predictive Analysis oder Predictive Maintenance einsetzen. Auf gesamtwirtschaftlicher Ebene sind komplexe Anwendungen in der globalen Verkehrssteuerung oder in der medizinischen Diagnostik keine Vision mehr, sondern bereits Realität. Andere Nutzungsbeispiele betreffen die Bereiche Kriminalistik, Terrorismusbekämpfung oder die Entdeckung von Unregelmäßigkeiten bei Finanztransaktionen.

Gleichzeitig ist eine heftige Debatte über mögliche Verletzungen der Privatsphäre entbrannt, die besonders in Deutschland hohe Wellen schlägt. Dabei äußern Nutzer die Sorge, dass ihre Daten missbraucht werden könnten. Demgegenüber stehen Anbieter, die mit Daten Geld verdienen wollen. Die Unternehmen müssen also sorgfältig abwägen, wie sie datenbasierte Geschäftsmodelle gestalten: Einerseits sind Unternehmen bestrebt, möglichst viel über ihre Nutzer zu erfahren, um ihre Produkte und Services noch besser auf die Anforderungen der Kunden zuschneiden zu können. Andererseits besteht die Gefahr, dass Eingriffe in die Privatsphäre von Nutzern als zu heftig wahrgenommen werden und sie die Dienste infolgedessen nicht mehr nutzen oder zu Privacy-freundlichen Services wechseln. Daran zeigt sich auf Nutzerseite ein grundlegendes Abwägen von Potenzialen und Risiken, bevor eine Bereitschaft zur Informationspreisgabe entsteht (vgl. Dinev und Hart 2006)

Vor dem beschriebenen Hintergrund werden in diesem Beitrag datenbasierte Geschäftsmodelle sowohl aus Sicht der Nutzer als auch aus Perspektive der Anbieter untersucht. Auf Anbieterseite können dabei zwei Arten von Unternehmen unterschieden werden: Auf der einen Seite lassen sich Unternehmen betrachten, bei denen Daten die zentrale Grundlage ihrer Erlöse darstellen, also etwa Google, Facebook oder Twitter. Auf der anderen Seite befinden sich Unternehmen, die über eine Vielzahl von Daten verfügen, diese bislang aber nicht oder nur wenig nutzen. Hierzu gehören Unternehmen aus unterschiedlichsten Branchen, wie etwa Industrie, Logistik oder Finanzdienstleister, die auf der Suche nach neuen Geschäftsmodellen und einer Antwort auf die Frage „Was sind unsere Daten wert?" sind.

## Die Anwenderperspektive – Der Preis des Kostenlosen

### Der Preis des Kostenlosen – Empirische Ergebnisse zur Akzeptanz datenbasierter Geschäftsmodelle

Zunächst untersuchen wir am Beispiel sozialer Netzwerke, wie potenzielle Nutzer die Existenz von auf den ersten Blick kostenlosen Geschäftsmodellen

**Abb. 11.1** „Finden Sie es in Ordnung, dass Anbieter wie z. B. Facebook oder Google Geld mit Nutzerdaten verdienen?" (Vergleich der Jahre 2012 und 2014)

bewerten. Die Grundlage dieser Betrachtung bilden zwei empirische Untersuchungen, die wir in den Jahren 2012 und 2014 unter dem Titel „Der Preis des Kostenlosen" durchgeführt haben. Die Basis für eine praxisorientierte Umsetzung der Untersuchungen bildete eine Kooperation mit HR-Info, dem Informationsradio des Hessischen Rundfunks.[1] Im Rahmen der Untersuchungen wurden jeweils mehr als 1000 Personen verschiedener Altersgruppen befragt, um das Thema differenziert zu betrachten.

Eine zentrale Frage der beiden Studien war, inwiefern verschiedene Nutzer damit einverstanden sind, dass Unternehmen mit Hilfe ihrer Daten Geld verdienen. Grundsätzlich sind drei verschiedene Ansichten auf Seiten der Anwender denkbar:

a. Der Anwender ist mit dem Geschäftsmodell einverstanden
b. Der Anwender ist mit dem Geschäftsmodell nicht einverstanden
c. Der Anwender interessiert sich nicht für die Verwendung seiner Daten

Eine Ablehnung des Geschäftsmodells kann wiederum verschiedene Konsequenzen haben:

a. Der Anwender verzichtet auf die Nutzung des Services
b. Der Anwender sieht keine Alternativen und findet sich daher trotz seiner Bedenken mit dem Geschäftsmodell ab

In Abb. 11.1 sind die Ergebnisse der empirischen Befragung dargestellt (Vergleich der Jahre 2012 und 2014):

Wie in Abb. 11.1 zu erkennen ist, setzt sich ein Großteil der Studienteilnehmer mit der Frage der Bewertung von datengetriebenen Geschäftsmodellen

---

[1] Ich danke insbesondere Katja Marx, Oliver Günther und Henning Steiner für die angenehme Zusammenarbeit.

auseinander. Die Akzeptanz der Geschäftsmodelle war jedoch zu beiden Untersuchungszeitpunkten gering, wobei 2012 gut 62 % und 2014 knapp 75 % der Nutzer die kommerzielle Verwendung von Nutzerdaten nicht in Ordnung fanden. Der Anteil an Nutzern, die solche Geschäftsmodelle kritisch bewerten, hat folglich innerhalb von zwei Jahren deutlich zugenommen. Trotz dieser weitreichenden Ablehnung der Geschäftsmodelle ist festzustellen, dass die Mehrzahl der Befragten die Services trotzdem nutzt. Nur ca. 14 % der Teilnehmer – und dies waren insbesondere die Älteren – gaben an, auf eine Nutzung der Services zu verzichten.

## Das Privacy-Paradoxon

Zusammenfassend kann demnach festgehalten werden, dass ein großer Anteil der Befragten mit der monetären Nutzung seiner Daten nicht einverstanden ist. Die Sorgen rund um die Privatsphäre der Nutzer haben im Rahmen des NSA-Überwachungsskandals noch zugenommen. Doch obwohl die Enthüllungen des ehemaligen Geheimdienstmitarbeiters Edward Snowden weitreichende Eingriffe in die Privatsphäre der Nutzer beschreiben, werden Dienste wie Facebook oder Google weiterhin stark genutzt. Alleine Facebook zählt durchschnittlich über 860 Mio. Nutzer, die täglich auf der Plattform aktiv sind (vgl. Facebook 2014). Die Nutzer bezahlen also weiterhin den Preis des Kostenlosen – obwohl die Mehrheit das eigentlich nicht möchte. Es stellt sich daher die Frage, wie eine zukünftige Lösung dieses Konflikts aussehen kann. Die Analyse der Zahlungsbereitschaften der Nutzer stellt einen ersten Schritt auf diesem Weg dar.

Verschiedene wissenschaftliche Studien haben sich bereits mit der Frage beschäftigt, welchen Wert die Privatsphäre aus Nutzersicht wirklich darstellt (vgl. z. B. Bauer et al. 2012; Cvrcek et al. 2006; Danezis et al. 2005; Huberman et al. 2005). Je nachdem, welche Daten im Rahmen einer Studie untersucht werden, können unterschiedliche Zahlungsbereitschaften der Nutzer festgestellt werden, die zudem von nutzerspezifischen Eigenschaften abhängen können. Abgesehen von den konkreten Faktoren kann dabei grundsätzlich gezeigt werden, dass Nutzer bereit sind, für ihre Privatsphäre und damit auch für sichere Dienste zu bezahlen.

Zahlreiche Studien verwenden jedoch eine Methodik, die auf hypothetischen Fragen basiert. Hypothetische Fragen zeichnen sich dadurch aus, dass die Befragten mit einem Szenario konfrontiert werden, das ihre Realität nicht direkt betrifft. Ein Beispiel für eine solche Frage wäre demnach: „Welchen Betrag würden Sie für ein fiktives soziales Netzwerk bezahlen, das Ihnen eine vorbildliche Privatsphäre garantiert?" Der Nachteil dieser Frage besteht darin, dass die Teilnehmer der Studie in ihrer Antwort einen beliebig hohen Betrag nennen können, ohne ihn jemals wirklich bezahlen zu müssen. Infolgedessen wird die Zahlungsbereitschaft in vielen Fällen überschätzt, da eine Überschätzung die Befragten nichts kostet. Dementsprechend ist die Anwendbarkeit dieser Studien in der Praxis begrenzt. Ein anderer Ansatz wurde dagegen von einer Forschergruppe der Carnegie Mellon University rund um Professor Alessandro Acquisti verfolgt: Mit Hilfe eines praxisnahen Experiments konnte gezeigt werden, dass ein Großteil der Teilnehmer nicht bereit war, zwei Euro für seine Privatsphäre zu bezahlen (vgl. Acquisti et al. 2013). In einem realen Setting ist die Zahlungsbereitschaft der Nutzer für privatsphärenfreundliche Services demnach niedriger, sodass Daten als Zahlungsmittel aller Wahrscheinlichkeit nach auch in der Zukunft eine wichtige Rolle spielen werden.

Dennoch bleibt die Frage zu beantworten, warum zahlreiche Studien eine zunehmende Relevanz der Privatsphäre auf Nutzerseite bestätigen, während im Rahmen praktischer Experimente keine ausreichende Zahlungsbereitschaft nachzuweisen ist. Wieso geben Nutzer ihren Wunsch nach einer verantwortungsvollen Gestaltung ihrer Privatsphäre so schnell auf? Eine mögliche Antwort auf diese Frage liefert das sogenannte Privacy-Paradoxon (vgl. Acquisti und Grossklags 2005; Norberg et al. 2007). Es besagt, dass die Mehrzahl der Nutzer zwar behauptet, dass ihnen ihre Privatsphäre sehr wichtig ist, während sie in der Realität andere Werte höher gewichtet. In der Praxis zeigt sich das Privacy-Paradoxon insbesondere daran, dass trotz aller Empörung im Kontext des NSA-Überwachungsskandals viele Anwender weiterhin bekannte Dienste nutzen und nur wenige zu sicheren E-Mail- oder Messenger-Diensten wechseln (vgl. Wittmann et al. 2014). Diese Verhaltensweise lässt sich unter anderem mit mangelnder Kompetenz oder fehlender Motivation begründen. Weiterhin stellen häufige Änderungen der Nutzungsbedingungen die Anwender vor das Problem, die Risiken der Servicenutzung nicht mehr überblicken zu können, sodass die Unsicherheit weiter ansteigt.

## Die Anbieterperspektive – Der Wert von Daten

### Pricing by Privacy – Das Privatsphärendilemma der Anbieter

Für die Anbieter der Services stellt sich auf Basis der Nutzerperspektive insbesondere die Frage, welche Datenmenge sie von den Nutzern abfragen sollten. Um diese Frage zu beantworten, werden die gewonnenen Erkenntnisse des vorangegangenen Kapitels und damit die Nutzer in den Mittelpunkt der Betrachtung gestellt: Es ist demnach zu beachten, dass sich die Nutzer vielfältige Sorgen um ihre Privatsphäre machen – auch wenn diese aufgrund des Privacy-Paradoxons etwas „abdiskontiert" werden können. Die Anbieter stehen also

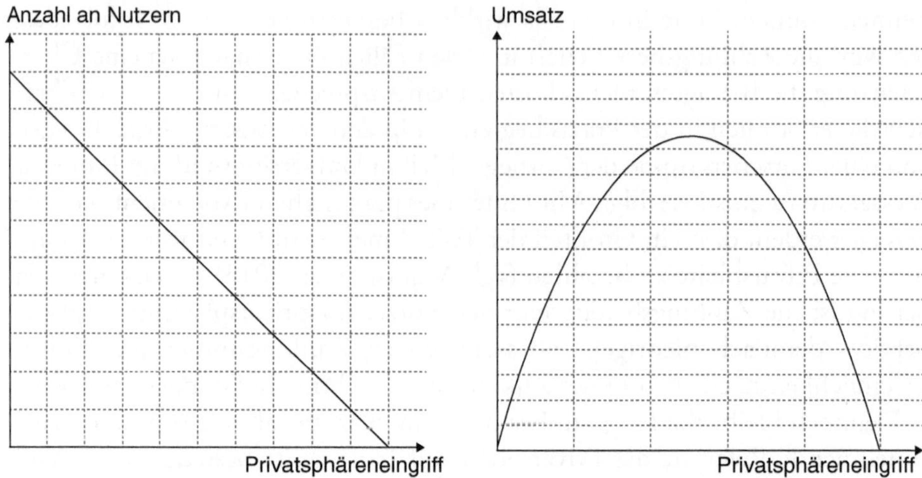


**Abb. 11.2**   Privacy-Absatz- und Privacy-Umsatz-Funktion

vor folgendem Trade-off: Zum einen haben Daten einen ökonomischen Wert, sodass die Unternehmen grundsätzlich ein Interesse daran haben, möglichst viele Daten zu sammeln und zu verwerten. Zum anderen besteht die Gefahr, dass zu offensive Praktiken von den Nutzern negativ wahrgenommen werden und die Nutzer daher zur Konkurrenz abwandern. Die Unternehmen werden infolgedessen mit der Herausforderung konfrontiert, den optimalen Umgang zwischen einer systematischen Erfassung und Verarbeitung der Daten auf der einen und den Anforderungen der Kunden auf der anderen Seite zu finden.

Vor diesem Hintergrund können wir – in Analogie zu der aus dem Marketing und der Mikroökonomie bekannten Preis-Absatz- und Preis-Umsatz-Funktion – eine Privacy-Absatz- sowie Privacy-Umsatz-Funktion ableiten (Abb. 11.2):

Die rechts dargestellte Privacy-Umsatz-Funktion veranschaulicht den oben genannten Trade-off. Gehen wir davon aus, dass die Höhe des Privac-Eingriffs von der Menge der abgefragten Informationen abhängt, so drückt die Funktion aus, dass es auch aus Anbietersicht nicht optimal ist, die maximale Datenmenge abzufragen. Diese Erkenntnis kann eine Grundlage dafür sein, dass es zu einer besseren Verständigung bezüglich der Notwendigkeit der Erhebung von Daten als Ersatzwährung zwischen Anbietern und Nutzern kommen muss. Dies ist bislang jedoch nicht der Fall, wie eine erste Auswertung von Daten im Rahmen einer Multiple-Case-Study zeigt.

## Durchführung einer Multiple-Case-Study – Erste Ergebnisse

Vor dem im letzten Abschnitt dargestellten Hintergrund sind wir im Rahmen eines Multiple-Case-Designs gerade dabei, Fallstudien unter Anbietern durchzuführen.[2] Unter den untersuchten Unternehmen befinden sich kleine, mittlere und große Unternehmen, sodass eine umfassende Betrachtung gewährleistet wird. Zudem wird neben der Anbieter- auch die Kundenseite analysiert, indem zu jedem Anbieter drei Kunden befragt werden, um die unterschiedlichen Interessen von Nutzern und Anbietern gleichermaßen zu berücksichtigen. Zurzeit befinden wir uns noch in der Auswertungsphase der Studie, dennoch lassen sich bereits erste Erkenntnisse ableiten, die wir im Folgenden anhand von Zitaten aus den Fallstudien darlegen.

Die Ergebnisse zeigen unter anderem, dass die Anbieter sehr unterschiedlich mit möglichen Privatsphärenbedenken ihrer Nutzer umgehen. So führt ein befragter Anbieter beispielsweise regelmäßig umfassende Sensitivitätsanalysen durch, um zu untersuchen, wie die Kunden auf die Abfrage bestimmter Informationen reagieren:

„Jede einzelne Dateneingabe, die der Nutzer vornehmen muss, basiert auf verschiedenen Tests. Wir testen alles. […] Wir starten beispielsweise mit einer Hypothese wie ‚Wenn wir die Handynummer eines Nutzers während der Registrierung abfragen, dann erhöht sich die Wahrscheinlichkeit, einen Treffer zu finden.‘ […] Und nach vielleicht 200, 300 oder 400 Nutzern werden diese Daten dann statistisch ausgewertet und entschieden, ob zukünftig die Handynummer abgefragt werden soll oder nicht.“

Dieser Fall ist aber nicht typisch. Stattdessen kennen viele Anbieter die Reaktionen ihrer Kunden auf die Abfrage bestimmter Daten-Items nicht und versuchen bislang auch nicht, diese systematisch zu erfassen, obwohl sie um die Relevanz Privacy-bezogener Themen wissen. Dementsprechend findet derzeit kein strukturiertes Datenmanagement statt, sodass wir im Rahmen unserer ersten Auswertung Differenzen zwischen der Menge der erhobenen Daten und den eigentlichen Datenbedürfnissen feststellen konnten. Dabei haben wir innerhalb unserer Stichprobe sowohl Unternehmen identifiziert, die mehr Daten abfragen, als sie eigentlich benötigen, als auch solche, die zu wenig Daten abfragen.

Darüber hinaus zeigt sich, dass es zu einer verzerrten Wahrnehmung der Kunden in Bezug auf die datenbezogenen Aktivitäten der Anbieter kommen kann. Dieser „Bias“ lässt sich in zwei unterschiedlichen Richtungen beobachten: Zum einen vermuten Nutzer, dass die Anbieter ihre Daten zweckentfremdet weiterverwenden, zum anderen denken Nutzer nicht daran, wenn so etwas tatsächlich passiert. Folglich werden die Anbieter einerseits sehr skeptisch betrachtet, während ihnen andererseits viel Vertrauen entgegengebracht wird, wobei beide Sichtweisen nicht in jedem Fall berechtigt sein müssen. In der Mehrzahl der von uns untersuchten Fälle waren die Nutzer eher skeptisch

---

[2] Ich danke meinen Mitarbeitern Nicole Eling, Adrian Engelbrecht und Dr. Jin Gerlach.

und unterstellten den Anbietern einen unfairen Umgang mit Nutzerdaten. So dachten beispielsweise mehrere Kunden, dass Anbieter ihre Daten – etwa Telefonnummern und Adressen – an Dritte verkaufen würden, was nicht der Fall war. Die Aussage einer Nutzerin lautet zum Beispiel:

„Ich kann mir eher vorstellen, dass sie meine Daten – wie z. B. meine Telefonnummer – an Unternehmen verkaufen, die beispielsweise Meinungsforschungen oder Ähnliches durchführen. Ich denke nicht, dass meine Telefonnummer für etwas verwendet wird, was den Service direkt betrifft."

Ein anderer Nutzer kommentiert die Datensammlung eines Anbieters wie folgt:

„Wir erhalten so viele E-Mails von Unternehmen oder anderen Personen. Die müssen unsere Daten irgendwo gekauft haben [...]. Und dann denke ich schon, dass gerade finanziell angeschlagene Unternehmen irgendwann in Versuchung geraten, die gesammelten Daten weiterzuverkaufen."

Umgekehrt konnten wir aber auch Fälle beobachten, in denen die Nutzer den Privatsphäreneingriff unterschätzten, d. h., es wurden mehr Daten gesammelt, als nutzerseitig vermutet wurde. Dies gilt insbesondere für im Online-Kontext wenig erfahrene Nutzer. So dachte ein Nutzer, dass sein Nutzerverhalten vom Anbieter nicht verfolgt und protokolliert werden kann, wenn er nicht eingeloggt ist. In einem anderen Fall war sich eine Nutzerin nicht bewusst, dass ihr Verhalten in einem EShop aufgezeichnet wurde:

Die Unternehmen können vielleicht schon sehen, was ich einkaufe. Und wenn ich dann irgendwann den Shop noch mal besuche und was ganz anderes kaufe, dann denken sie vielleicht: ‚Na gut, jetzt hat sie eben das gekauft.' Aber ich frage mich, ob sie dadurch eine sinnvolle Verbindung zwischen den Einkäufen finden können.

Es ist demnach festzustellen, dass die Wahrnehmung der Nutzer sehr unterschiedlich ist und die Anbieter ein großes Interesse daran haben, diese Wahrnehmung gemäß ihren Interessen zu beeinflussen.

## Die Gestaltungsmöglichkeiten der Anbieter

Die Anbieter datenbasierter Geschäftsmodelle können mit Hilfe verschiedener Gestaltungsmöglichkeiten Einfluss auf die Wahrnehmung der Kunden nehmen, um die im Rahmen der Case-Study gezeigten Probleme der Diskrepanz zwischen Anbieter- und Nutzerperspektive zu adressieren. Das Problem der verzerrten Wahrnehmung ist auf Nutzerseite vor allem darauf zurückzuführen, dass die Nutzer keine Kenntnisse über die tatsächliche Erfassung und Verwendung ihrer Daten besitzen. Daher stützt sich ihre Wahrnehmung auf die Beobachtung von Handlungen und Äußerungen des Anbieters oder Dritter. Je weniger Informationen den Nutzern dabei zur Verfügung stehen, umso höher ist die Gefahr, dass eine Wahrnehmungsverzerrung infolge einer unzureichenden Bewertungsgrundlage stattfindet. Die Möglichkeit der impliziten und expliziten Kommunikation mit dem Kunden kann aus Unternehmenssicht daher als Chance begriffen werden, Informationsasymmetrien zu reduzieren. Diese Ansicht findet sich auch in der Literatur wieder, die Unternehmen zur Schaffung von Transparenz in Bezug auf die konkrete Datenverwendung motiviert (vgl. Pan und Zinkhan 2006).

Das Ziel der Anbieter besteht grundsätzlich darin, negative Vorbehalte ab- und Vertrauen auf Seiten der Nutzer aufzubauen. Um dieses Ziel zu erreichen, können verschiedene Kommunikationsmaßnahmen eingesetzt werden. Im Folgenden werden exemplarisch einige ausgewählte Maßnahmen beschrieben, die eine besondere praktische Relevanz aufweisen:

Neben der generellen Gestaltung des Serviceangebots, die verschiedene Aspekte wie die Formulierung und Darstellung Privacy-relevanter Inhalte umfasst, besteht eine erste Maßnahme in den sogenannten Privacy Policies. Hierbei beschreiben Anbieter, welche Daten erhoben und für welche Zwecke diese Daten anschließend verwendet werden. Bei der Datenerhebung sind zwei Fälle differenziert zu betrachten: Einerseits fallen Daten an, die der Nutzer im Rahmen einer Registrierung oder eines Nutzerprofils freiwillig angibt. Andererseits werden Daten gesammelt, die das betreffende Unternehmen während der Nutzung der Services erhebt. Der zweite Fall ist insofern spannend, als dass viele Nutzer nicht einschätzen können, wie viele Daten die Unternehmen während der Servicenutzung wirklich erheben. Bei der Datenverwendung können wiederum zwei Arten von Nutzungszwecken unterschieden werden: auf der einen Seite solche, die den Funktionalitäten des Services direkt zuzuordnen sind, und auf der anderen Seite Nutzungsmöglichkeiten, die in keinem direkten Zusammenhang zu dem Service stehen. Ein Beispiel hierfür ist bei Google zu finden, wo die erhobenen Daten unter anderem zur „Entwicklung neuer Dienste" eingesetzt werden (vgl. Google 2015). Mit Hilfe der Privacy Policies können Unternehmen den Nutzern die Datenerhebung und die zugehörigen Nutzungszwecke transparent machen, wodurch im optimalen Fall Unsicherheiten reduziert und Vorurteile abgebaut werden. Die Auswirkungen der konkreten Gestaltung von Privacy Policies werden in der Literatur insbesondere von Gerlach et al. (2014) untersucht.

Ein weiteres Mittel, das Unternehmen zum Vertrauensaufbau einsetzen können, sind Privacy Seals (vgl. z. B. Mai et al. 2010). Bei einem Privacy Seal handelt es sich um die Zertifizierung durch eine dritte Partei, die möglichst objektiv die Privatsphärenfreundlichkeit des Anbieters bewertet. Fällt diese Bewertung positiv aus, kann ein entsprechendes Siegel auf der Webseite des Anbieters positioniert werden, das den Nutzern einen verantwortungsbewussten Umgang des Anbieters mit ihrer Privatsphäre signalisieren soll. Aus Unternehmenssicht entsteht dabei in zweierlei Hinsicht ein Aufwand: Einerseits müssen sich Unternehmen damit befassen, welches Privacy Seals sie anstreben, und andererseits entstehen bei einer Zertifizierung durch eine dritte Partei in der Regel Kosten. Daher sollten die Unternehmen vorab sorgfältig Kosten und Nutzen gegenüberstellen, um eine nachhaltig sinnvolle Entscheidung treffen zu können.

Mit den sogenannten Permission Requests lässt sich eine dritte Maßnahme nennen, die besonders im Bereich der Smartphone-Apps relevant ist. Bevor ein Nutzer eine App installieren kann, werden ihm die benötigten Berechtigungen der Anwendung angezeigt. Falls der Nutzer der Ansicht ist, dass die geforderten Berechtigungen über ein von ihm toleriertes Maß hinausgehen, kann er auf die Installation der App verzichten. Die Permission Requests können also eine direkte Auswirkung auf die Annahme der Services haben. Demnach sollten Unternehmen fundiert analysieren, welche Berechtigungen tatsächlich notwendig sind und welche auf Seiten der Kunden lediglich Unsicherheiten verursachen. In der Wissenschaft wurden diese Auswirkungen insbesondere durch Eling et al. (2013) im Kontext von Facebook-Apps untersucht.

Als technisch orientierter Aspekt kann außerdem die Verwendung von Cookies aufgeführt werden. Aus Sicht des Nutzers können mit Hilfe von Cookies im schlechtesten Fall weitereichende Teile seines Verhaltens erfasst werden, sodass die Verwendung von Cookies eine negative Wahrnehmung verursachen kann. Allerdings können Cookies ebenso zur korrekten Implementierung bestimmter Funktionalitäten nötig sein, sodass auch hier eine Abwägung der Notwendigkeit von Cookies und der Wahrnehmung der Nutzer stattfinden muss. Im Rahmen bestehender Studien konnte bisher gezeigt werden, dass Unternehmen mit Hilfe einer frühzeitigen Kommunikation negative Reaktionen auf die Nutzung von Cookies abschwächen können (vgl. Miyazaki 2008).

Zusammenfassend bietet die Auswahl der gezeigten Maßnahmen den Unternehmen verschiedene Möglichkeiten, die Wahrnehmung der Kunden positiv zu beeinflussen und Vertrauen aufzubauen. Dabei ist es aus Unternehmenssicht besonders wichtig, den eigenen Datenbedarf zu kennen und dementsprechend mit Hilfe von Privacy Policies, Permission Requests, Cookies oder anderen Methoden die Erhebungs- und Nutzungszwecke zu kommunizieren.

Erkenntnisse aus unserer Forschungsarbeit der letzten Jahre zeigen, dass zwei Dimensionen besonders relevant sind, um die optimale Strategie für den Umgang mit Daten im Unternehmen festzulegen: Die erste Dimension ist die Relevanz der Daten für das Geschäftsmodell. Daten können dann als beson-

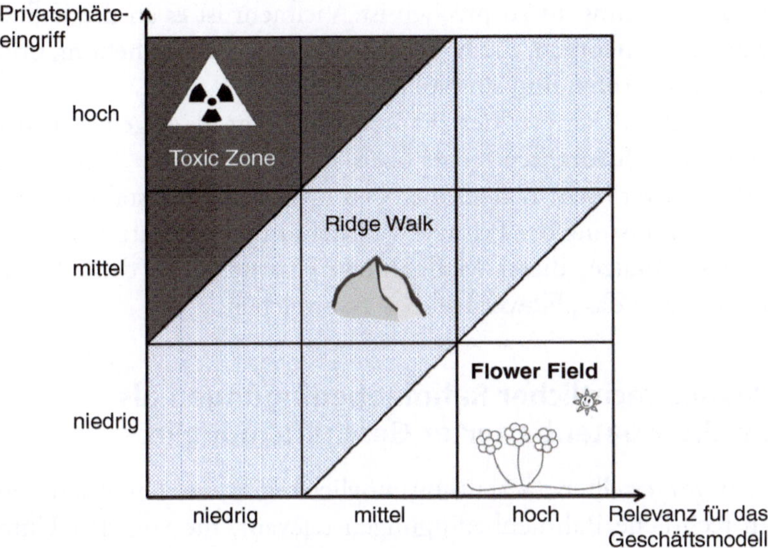


**Abb. 11.3** Geschäftsmodell-Daten-Privacy Framework

ders relevant bezeichnet werden, wenn sie für die wesentlichen Geschäftstätigkeiten unbedingt notwendig sind. Falls das Geschäftsmodell auch ohne die Daten auskommt, ist die Relevanz dagegen niedrig einzuschätzen. Die zweite Dimension stellt der wahrgenommene Privatsphäreneingriff aus Nutzersicht dar. Aus der Relation der beiden Dimensionen lässt sich das in Abb. 11.3 dargestellte Framework ableiten:

Das in der Matrix unten rechts dargestellte „Flower Field" beschreibt die Konstellation, dass die Relevanz der Daten für das Geschäftsmodell relativ hoch und der wahrgenommene Privatsphäreneingriff relativ gering ist. Damit können die Chancen der Datennutzung auf Unternehmensseite deutlich höher eingeschätzt werden als die Risiken, die aus dem Eingriff in die Privatsphäre resultieren. Die Handlungsempfehlung lautet daher, dass Unternehmen in dieser Zone so viele Daten wie möglich sammeln sollten.

In der „Toxic Zone" ist der wahrgenommene Privatsphäreneingriff der Anwender relativ hoch, während die Relevanz der Daten für das Geschäftsmodell des Unternehmens eher gering ist. Daher besteht für die Unternehmen die Gefahr, Nutzer aufgrund des starken Eingriffs in die Privatsphäre zu verlieren. Da die Daten weiterhin keine wesentliche Bedeutung für das Geschäftsmodell haben, sollten Unternehmen in dieser Zone möglichst auf das Sammeln von Daten verzichten.

In der „Ridge Walk"-Zone entspricht die Relevanz der Daten ungefähr dem wahrgenommenen Eingriff in die Privatsphäre der Nutzer. Infolgedessen halten sich Chancen und Risiken ungefähr die Waage, sodass keine eindeutige

Handlungsempfehlung auszusprechen ist. Vielmehr ist es an dieser Stelle die Aufgabe der Unternehmen, die Notwendigkeit der Datenerhebung und -verwendung zu überprüfen und sinnvoll abzuwägen.

Dabei sind die Parameter des Frameworks nicht als gegeben anzusehen. Insbesondere im Quadranten rechts oben – im Bereich des „Ridge Walks" – sollten die Anbieter intensiv über die oben diskutierten Gestaltungsmöglichkeiten zur Beeinflussung der Privacy-Wahrnehmung der Nutzer nachdenken. Das Ziel des Einsatzes dieser Maßnahmen besteht darin, den Quadranten rechts unten – also das „Flower Field" – zu erreichen.

## Die Relevanz rechtlicher Rahmenbedingungen als Einflussfaktor datenbasierter Geschäftsmodelle

Neben den vorgestellten Gestaltungsmöglichkeiten der Unternehmen sind weiterhin rechtliche Rahmenbedingungen relevant, die von den Unternehmen nicht beeinflusst werden können. Diese Rahmenbedingungen können gerade im Hinblick auf innovative Start-ups und die allgemeinen Wachstumschancen in Deutschland eine Einschränkung darstellen: So zählt der Deutsche Start-up Monitor die strengen Datenschutzrichtlinien Deutschlands zu den wichtigsten Hemmnissen für erfolgreiche Gründungen im IT-Sektor (vgl. vgl. Ripsas und Tröger 2014, S. 54). Darüber hinaus können solche Richtlinien die Entwicklung neuer Geschäftsmodelle in bestehenden Unternehmen, etwa im Bereich von Big Data, verhindern, sodass technologische Potenziale ungenutzt bleiben und Innovationen gebremst werden.

An dieser Stelle gilt es, Chancen und Risiken gleichermaßen zu beachten. Auf der einen Seite ist es die Aufgabe des Gesetzgebers, Nutzer vor potenziellen Verletzungen ihrer Privatsphäre und dem Missbrauch ihrer Daten zu schützen. Auf der anderen Seite muss aber auch die Anbieterseite betrachtet werden, um Unternehmen vor zu starken Einschränkungen zu bewahren und dem IT-Standort Deutschland mittel- bis langfristig nicht zu schaden. Die große Herausforderung wird zukünftig darin bestehen, Lösungen zu entwickeln, die beide Aspekte sinnvoll miteinander verknüpfen und eine wirtschaftliche Weiterentwicklung mit Rücksicht auf den Schutz der Nutzer erlauben. Eine klare Regelung der rechtlichen Rahmenbedingungen könnte sich auch als Chance für die Wirtschaft herausstellen: So besteht für deutsche Unternehmen die Möglichkeit, auf der Basis der genannten Regelungen ein überlegenes Privacy-Management aufbauen, um Wettbewerbsvorteile zu generieren und sich somit von der Konkurrenz zu differenzieren.

# Zusammenfassung und zukünftige Forschungsarbeiten

Zusammenfassend ergeben sich die folgenden sieben Thesen als erste Schlussfolgerungen in Bezug auf die Entwicklung von datenbasierten Geschäftsmodellen für die Future Internet Economy sowie die entsprechende Ausgestaltung von politischen Rahmenbedingungen:

1. Auch wenn insbesondere in Deutschland große Bedenken im Hinblick auf die Verletzung der Privatsphäre existieren, werden sich Geschäftsmodelle, die auf Nutzerdaten aufbauen, weiterverbreiten. Zum einen ist die „tatsächliche" Zahlungsbereitschaft für privatsphärenfreundliche Internet-Services gering, zum anderen ist die Zustimmung zu diesen datenbasierten Geschäftsmodellen umso größer, je jünger die Befragten – also die Entscheidungsträger der Zukunft – sind.
2. Zwischen den Anbietern und Nutzern von datenbasierten Internet-Services bestehen erhebliche Wahrnehmungsunterschiede in Bezug auf die Notwendigkeit, Daten bereitzustellen beziehungsweise abzufragen.
3. Vor diesem Hintergrund sollten Unternehmen – auch im Eigeninteresse – stärker auf die Bedenken ihrer Nutzer eingehen. Grundlage wäre eine systematische Erfassung der Privacy-Sensitivität. Auf Unternehmensebene werden solche Analysen zurzeit kaum durchgeführt.
4. Der Aufbau von Vertrauen stellt für die Anbieter eine zentrale Aufgabe dar. Ein Schlüssel sind hierbei die verschiedenen Kommunikationsmaßnahmen.
5. Die Wahrnehmung eines Privatsphäreneingriffes wird sehr stark von kulturellen Faktoren beeinflusst. So sind die Sorgen der Nutzer in Deutschland beispielsweise deutlich stärker ausgeprägt, als dies etwa im asiatischen oder US-amerikanischen Raum der Fall ist.
6. Bislang fehlt den meisten Unternehmen ein systematischer Umgang mit der Währung „Daten", obwohl die Bedeutung dieser Ressource längst erkannt wurde.
7. Auch wenn strenge Datenschutzrichtlinien von vielen Anwendern begrüßt werden, ist bei der Gestaltung der rechtlichen Rahmenbedingungen zu beachten, dass diese nicht zu „business-unfriendly" werden und etwa die Gründung von Start-ups oder die Entwicklung neuer Geschäftsmodelle behindern.

Aus diesen Thesen ergeben sich insbesondere zwei Ansatzpunkte für weitere Forschungsarbeiten: Erstens fehlt bislang ein systematischer internationaler

Vergleich in Bezug auf die Sorgen von Kunden um ihre Privatsphäre, wenn es um die Bereitstellung von Daten geht. Zweitens besteht eine interessante Herausforderung darin, Modelle zur Abschätzung des Wertes von Daten zu entwickeln. Diese könnten auf entscheidungsorientierten Methoden aus dem Umfeld der Informations- und Entscheidungstheorie aufbauen. Diese Vorarbeiten basieren jedoch auf der Denkwelt der „Old Economy" und sind insofern auf die Anforderungen des digitalen Zeitalters anzupassen. Eine spannende und herausfordernde Aufgabe für Wirtschaft und Wissenschaft.

## Literatur

Acquisti, Alessandro, und Jens Grossklags. 2005. Privacy and rationality in individual decision making. *IEEE Security & Privacy* 2:24–30.

Acquisti, Alessandro, Leslie K. John, und George Loewenstein. 2013. What is privacy worth? *The Journal of Legal Studies* 42 (2): 249–274.

Bauer, Christine, Jana Korunovska, und Sarah Spiekermann. 2012. On the value of information – what facebook users are willing to pay. In: European Conference on Information Systems (ECIS). Barcelona.

Cvrcek, Dan, Marek Kumpost, Vashek Matyas, und George Danezis. 2006. A study on the value of location privacy. In: Proceedings of the 5th ACM workshop on Privacy in electronic society. Alexandria, USA, S. 109–118.

Danezis, George, Stephen Lewis, und Ross J. Anderson. 2005. How much is location privacy worth? In: Fourth Workshop on the Economics of Information Security. Harvard.

Dinev, Tamara, und Paul Hart. 2006. An extended privacy calculus model for e-commerce transactions. *Information Systems Research* 17 (1): 61–80.

Eling, Nicole, Hanna Krasnova, Thomas Widjaja, und Peter Buxmann. 2013. Will you accept an app? Empirical investigation of the decisional calculus behind the adoption of applications on Facebook. In: International Conference on Information Systems (ICIS). Mailand.

Facebook 2014. Company Info. http://newsroom.fb.com/company-info. Zugegriffen: 26. Jan. 2015.

Gerlach, Jin, Thomas Widjaja, und Peter Buxmann. 2014. Handle with care: How online social network providers? Privacy policies impact users? Information sharing behavior. *Journal of Strategic Information Systems*.

Google (2015): Datenschutzerklärung & Nutzungsbedingungen. http://www.google.com/policies/privacy/. Zugegriffen: 28. Jan. 2015.

Huberman, Bernardo A., Eytan Adar, und Leslie R. Fine. 2005. Valuating privacy. *security & privacy. IEEE* 3 (5): 22–25.

Mai, Bin, Nirup M. Menon, und Sumit Sarkar. 2010. No free lunch: Price premium for privacy seal-bearing vendors. *Journal of Management Information Systems* 27 (2): 189–212.

Miyazaki, Anthony D. 2008. Online privacy and the disclosure of cookie use: Effects on consumer trust and anticipated patronage. *Journal of Public Policy & Marketing* 27 (1): 19–33.

Norberg, Patricia A., Daniel R. Horne, und David A. Horne. 2007. The privacy paradox: Personal information disclosure intentions versus behaviors. *Journal of Consumer Affairs* 41 (1): 100–126.

Pan, Yue, und George M. Zinkhan. 2006. Exploring the impact of online privacy disclosures on consumer trust. *Journal of Retailing* 82 (4): 331–338.

Ripsas, Sven, und Steffen Tröger. 2014. *Deutscher Startup Monitor 2014*. Berlin: Bundesverband Deutsche Startups e. V. (BVDS).

Wittmann, Georg, Ernst Stahl, Robert Torunsky, und Stefan Weinfurther. 2014. *Digitalisierung der Gesellschaft*. Ibi Research, Universität Regensburg.

**Prof. Dr. Peter Buxmann** ist Inhaber des Lehrstuhls für Wirtschaftsinformatik an der Technischen Universität Darmstadt. Zudem ist er Vorstandsmitglied des House of IT und dort für die Bereiche interdisziplinäre Forschung sowie Vernetzung zwischen Wirtschaft und Wissenschaft zuständig. Seine Forschungsschwerpunkte sind die ökonomischen Spielregeln der Software- und Social-Media-Industrie, Informationsmanagement sowie die Future Internet Economy.

Peter Buxmann wurde 1964 in Frankfurt am Main geboren. Er absolvierte ein Studium der Wirtschaftswissenschaften mit Schwerpunkt Wirtschaftsinformatik an der Universität Frankfurt am Main, wo er im Anschluss auch promovierte. Nach einem Forschungs- und Lehraufenthalt an der Haas School of Business der University of California in Berkeley habilitierte er sich. Von 2000 bis 2004 war er Professor für Wirtschaftsinformatik und Informationswirtschaft an der Technischen Universität Freiberg, bevor er an die Technische Universität Darmstadt wechselte. Er leitete zahlreiche wissenschaftliche sowie industrienahe Forschungsprojekte und war an mehreren Unternehmensgründungen beteiligt.

Er ist Autor von mehr als 200 Publikationen, die in internationalen und nationalen Zeitschriften (z. B. Information Systems Journal, European Journal on Information Systems, Journal of Information Technology, Wirtschaftsinformatik/Business Information Systems Engineering, ZfbF und ZfB) und Konferenzbänden (z. B. International Conference on Information Systems sowie European Conference on Information Systems) erschienen sind.

Zudem ist er Mitherausgeber der Zeitschrift „WIRTSCHAFTSINFORMATIK" und Gutachter bei den renommiertesten Konferenzen und Zeitschriften auf dem Gebiet der Wirtschaftsinformatik.

Peter Buxmann absolvierte zahlreiche Forschungsaufenthalte im Ausland, darunter längere Aufenthalte an der University of California, Berkeley, der Stanford University sowie in Sophia Antipolis (SAP Research France).

# 12

# Führung im digitalen Zeitalter


Tanja Schwarzmüller, Dr. Prisca Brosi und
Prof. Dr. Isabell M. Welpe, Lehrstuhl für Strategie
und Organisation, TUM School of Management,
Technische Universität München



**Zusammenfassung** Durch die Digitalisierung verändert sich nicht nur die Gesellschaft, sondern auch die Arbeitswelt in zunehmendem Maße. Diese Entwicklung geht sowohl mit Chancen als auch mit Risiken für Mitarbeitende einher. Die Notwendigkeit, diese Chancen und Risiken effektiv zu managen, führt zu veränderten Anforderungen an Führungskräfte, welche beispielsweise flexible Arbeitsmodelle erfolgreich gestalten oder die Arbeit in globalen Teams ermöglichen müssen. In Summe stellen insbesondere die durch Digitalisierung zunehmende Komplexität, die beschleunigten Veränderungen inner- und außerhalb von Organisationen und der erhöhte Innovationsdruck Führungskräfte vor neue Herausforderungen. Im folgenden Beitrag werden diese näher beleuchtet und zentrale Verhaltensweisen für Führungskräfte aufgezeigt, um im digitalen Zeitalter erfolgreich führen zu können.


## Anforderungen an Führungskräfte im digitalen Zeitalter

In den letzten Jahren hat sich unsere Gesellschaft durch die zunehmende Digitalisierung grundlegend verändert: Ohne Computer, Tablets und Smartphones ist unser Arbeitsalltag nicht mehr vorstellbar. Die Einführung immer neuer Informationstechnologien bringt jedoch nicht nur neue Wege der industriellen Fertigung im Rahmen der „Industrie 4.0" mit sich, sondern beeinflusst zwangsläufig auch die Arbeitswelt in starkem Maße (Grant und Parker 2009). Wie diese neue Arbeitswelt insgesamt aussehen wird, ist noch nicht ab-


T. Schwarzmüller (✉) · P. Brosi · I. M. Welpe
München, Deutschland

sehbar; jedoch zeichnen sich auf Basis der wissenschaftlichen Literatur bereits sieben Dimensionen der Arbeitsgestaltung ab, auf denen sich Veränderungen durch die fortschreitende Digitalisierung ergeben. Jede dieser Dimensionen bringt für Mitarbeitende sowohl Chancen als auch Risiken mit sich, welche wie im Folgenden dargestellt neue Anforderungen an Führungskräfte ergeben.

## Anforderungen an Führungskräfte durch Flexibilität

Durch den Einsatz neuer Informationstechnologien wie der Cloud ergibt sich für Mitarbeitende insgesamt eine höhere Flexibilität, sowohl in zeitlicher als auch örtlicher Hinsicht. Arbeit kann außerhalb von typischen „Kernarbeitszeiten" erledigt werden, ob von zu Hause aus, auf Dienstreisen oder auch im Urlaub. Die Chancen bestehen dabei in der damit verbundenen höheren Autonomie über Arbeitszeiten und Arbeitsorte und in der Möglichkeit, das Arbeitsleben besser mit familiären Verpflichtungen wie Kinderbetreuung oder der Pflege von Angehörigen zu vereinbaren. Die Risiken werden in der konstanten Erreichbarkeit und damit verbundenen Erwartungen, welche zu verstärkten Konflikten zwischen Arbeit und Familie sowie Stressbelastungen führen können, gesehen (Fenner und Renn 2009; Golden et al. 2006).

Studien zeigen, dass diese Risiken weniger häufig auftreten, wenn Führungskräfte die Autonomie ihrer Mitarbeitenden über die Bearbeitung ihrer Aufgaben stärken und zeitliche Planungsfreiheit, wann Aufgaben erledigt werden, gewähren (Golden et al. 2006). Daher sollten Führungskräfte ihren Mitarbeitenden in der digitalisierten Arbeitswelt mehr Eigenverantwortung übertragen und klar kommunizieren, dass es ihnen auf Arbeitsergebnisse und nicht auf die allgemeine Verfügbarkeit ihrer Mitarbeitenden ankommt (Mazmanian 2012). In Summe fordert die Flexibilisierung also eine erhöhte Ergebnisorientierung von Führungskräften und eine verbesserte objektive Leistungsbewertung (Virick et al. 2010).

## Anforderungen durch Demokratisierung

Digitalisierung führt langfristig auch zu einer stärkeren Demokratisierung von Unternehmen (Forsa 2014), da Informationstechnologien Handlungen von Unternehmen und deren Führungskräften transparenter machen und eine zunehmende Mitbestimmung bei wichtigen Unternehmensentscheidungen ermöglichen. In einer für Deutschland repräsentativen Panelstudie stellten Andreas Boes, Thomas Sattelberger und Isabell M. Welpe kürzlich fest, dass Mitarbeitende diese Demokratisierung des Arbeitslebens (z. B. die Mitbestimmung der Unternehmensstrategie oder auch die Wahl der eigenen Führungskraft) für durchaus attraktiv halten. In Summe bietet Demokratisierung somit die Chance, eine attraktive Arbeitgebermarke zu schaffen, Mitarbeitende stärker zu motivieren und Innovationen zu fördern. Das Risiko besteht darin, dass durch die Einbindung zusätzlicher Parteien die Entscheidungsfindung verlangsamt und die Effektivität verringert werden kann.

Führungskräfte stehen also vor der Herausforderung, Gruppen und deren kollektive Intelligenz effektiv zu nutzten (Woolley et al. 2010). Geteilte Führung („Shared Leadership") bietet hierfür einen guten Ansatzpunkt: Je nach den Anforderungen der Situation übernimmt der oder die Fähigste die Führung und damit auch die Entscheidungskompetenz. Gerade in aus Spezialisten bestehenden Projektteams funktioniert diese Art der Demokratisierung sehr gut (Manz et al. 2009). In Summe wird somit laterale im Vergleich zu vertikaler Führung wichtiger, Führungskräfte müssen in zunehmendem Maße „inspirieren" anstelle von „anordnen" und Mitarbeitenden innerhalb ihrer Kompetenzbereiche Macht und Gestaltungsmöglichkeiten gewähren.

## Anforderungen durch globale Zusammenarbeit

Kommunikationstechnologien ermöglichen es Unternehmen und ihren Mitarbeitenden außerdem, effizienter über Länder- und Kontinentgrenzen hinweg zusammenzuarbeiten (Forsa 2014). Mit globaler Zusammenarbeit in Verbindung stehende Chancen sind dabei die Ausschöpfung von größeren Talentpools, globales Sourcing von Talenten (Manning et al. 2008) und innovativere Ideen durch die Betrachtung aus verschiedenen Blickwinkeln von diversen Teams (Milliken und Martins 1996). Globale Zusammenarbeit kann jedoch auch Risiken mit sich bringen, wie beispielsweise die geringere Kontrolle über die Arbeit einzelner Mitarbeitender, erhöhte Transaktionskosten und erschwerte Kommunikation (Martins et al. 2004).

Führungskräfte stehen durch die zunehmende globale Zusammenarbeit zum einen vor der Herausforderung, sich an verschiedene Kulturen anpassen zu können. Wie die Studie „Project GLOBE", in der 18.000 Führungskräfte der mittleren Ebene befragt wurden, festgestellt hat, unterscheiden sich Kulturen anhand einer Vielzahl von Merkmalen wie der Machtdistanz zwischen Führungskraft und Mitarbeitenden oder der allgemeinen Leistungs- beziehungsweise Sozialorientierung (Javidan und House 2001). Das Äußern von Kritik kann beispielsweise von Mitgliedern einer Kultur als wichtig und notwendig gesehen, von anderen hingegen als verletzend und unsensibel empfunden werden. Zum anderen müssen Führungskräfte bei virtueller Arbeit mit der erschwerten Kommunikation umgehen können. Dafür sollten Führungskräfte ihren Teammitgliedern ausreichende Interaktionsmöglichkeiten bieten (Oldham und Hackman 2010) und besonderen Wert auf beziehungsförderndes Verhalten legen (Golden und Veiga 2008).

## Konnektivität

Durch die Digitalisierung steigt auch die Konnektivität, also der Grad der Vernetzung einzelner Mitarbeitender innerhalb einer Organisation, da Kommunikation immer „kostengünstiger" und schneller wird. Dadurch immer mehr parallel stattfindende Kommunikationsprozesse bieten die Chance, dass die Transparenz von Prozessen insgesamt erhöht wird und Informationen schneller zugänglich sind. Gleichzeitig birgt diese starke Vernetzung die Risiken von Stress und geringerer Arbeitsqualität durch häufigere Unterbrechungen (Rennecker und Godwin 2005) und ein Gefühl „konstanter Überwachung" (Mazmanian 2012) sowie verringerter Interaktionsqualität.

Um zu verhindern, dass Konnektivität zu häufigen Unterbrechungen führt und Mitarbeitende sich überwacht und „immer auf Abruf" fühlen, sind klare Regelungen durch die Führungskraft erforderlich. Führungskräfte sollten beispielsweise deutlich machen, dass sie heterogene Kommunikationsmuster durch ihre Mitarbeitenden akzeptieren, d. h. ihren Mitarbeitenden zugestehen, auf E-Mails dann zu reagieren, wenn es in deren Arbeitsrhythmus passt, und bei zeitkritischen Anliegen, welche eine solche heterogene Kommunikation verbieten, gegebenenfalls auf ein anderes Medium (z. B. die persönliche Ansprache am Arbeitsplatz oder das Telefon) zurückgreifen (Mazmanian 2012; Rennecker und Godwin 2005).

## Projektbasierte Arbeit

Es wird außerdem erwartet, dass die Digitalisierung auch zu einer verstärkten projektbasierten Arbeit führt (Al-Ani 2013; Kremer 2014). Gruppen talentierter Mitarbeitender werden zu zeitlich beschränkten „Task Forces" formiert, um klar definierte Ziele wie z. B. die Entwicklung neuer Prozesse oder Produkte zu erreichen. Immer öfter erfolgt diese Projektarbeit nicht im Rahmen eines herkömmlichen Angestelltenverhältnisses, sondern auf freiberuflicher Basis. In den USA arbeiten heute beispielsweise bereits ein Drittel aller Erwerbstätigen als Freiberufler, viele von ihnen werden über Online-Plattformen engagiert (Beeger 2015). Für Mitarbeitende beinhaltet projektbasierte Arbeit die Chance erhöhter individueller Flexibilität und Kontrolle sowie die Arbeit an für einen selbst relevanten Themen. Die Risiken bestehen in einem verstärkten Leistungsdruck, geringerer Arbeitsplatz- und finanzieller Sicherheit und einem insgesamt geringeren Zugehörigkeitsgefühl zum Unternehmen (Laubacher und Malone 1997).

Für Führungskräfte ergibt sich durch projektbasierte Arbeit die Schwierigkeit, dass Teammitglieder sich in unterschiedlichem Ausmaß zum Unternehmen zugehörig fühlen und dadurch oft weniger loyal sind beziehungsweise anderen Teammitgliedern und ihrer Führungskraft weniger vertrauen. Vertrauen, Zusammengehörigkeitsgefühl und Loyalität sind in Projektteams jedoch eine zentrale Grundvoraussetzung für deren Erfolg, da diese den Grad des Wissensaustausches zwischen Projektmitgliedern beeinflussen (Golden und Raghuram 2010). Führungskräfte müssen daher zum Beispiel durch die gezielte Förderung von Kommunikation und Teambuilding die Voraussetzungen für diesen Wissensaustausch schaffen.

## Informationsverarbeitung

Durch die Digitalisierung wird die Informationsverarbeitung am Arbeitsplatz naturgemäß stark beeinflusst. Wissen und Informationen sind schneller zugänglich (Forsa 2014) und können leichter integriert und gemanagt werden (Mathieu et al. 2007; Pentland 2010). Dadurch liegt für viele zu treffende Entscheidungen eine bessere Grundlage vor und einmal eingeführte Maßnahmen können leichter auf ihre Effektivität überprüft werden. Der erleichterte Zugang zu Informationen kann jedoch auch zu einer „Informationsüberflutung" führen, also einer Überforderung im Umgang mit der Vielzahl vorhandener Informationen. Diese birgt das Risiko, dass gute und innovative Ideen in der Vielzahl vorhandener Möglichkeiten verloren gehen.

Um das Potenzial der Fülle an vorhandenen Informationen im Unternehmen nutzen zu können, sollten Führungskräfte ihren Mitarbeitenden adäquate Weiterbildungsmöglichkeiten wie zum Beispiel zum Umgang mit großen Informationsmengen ermöglichen (Parker et al. 2001). Zudem sind Führungskräfte gefordert, dazu beizutragen, dass im Unternehmen oder Team vorhandene Informationen einfach zugänglich sind. Um zu verhindern, dass vereinzelt geäußerte, aber relevante Vorschläge in der Flut vorhandener Alternativen untergehen, sind Führungskräfte gefordert, geeignete Voraussetzungen wie zum Beispiel Brainstorming-Runden zu schaffen.

## Automatisierte Entscheidungsfindung

Die letzte sich durch Digitalisierung verändernde Dimension, die hier genannt werden soll, ist die Automatisierung von Entscheidungsfindungsprozessen z. B. durch die Simulation verschiedener möglicher Alternativen (Huber 1990). Diese ermöglicht eine höhere Flexibilität in der Antizipation von und Reaktion auf externe Ereignisse und die Bearbeitung verschiedener, paralleler Prozesse unter verringerten Kapazitätsanforderungen (Zhang et al. 2014). Gleichzeitig kann, durch die Komplexität automatisierter Entscheidungstools, auch eine geringe empfundene Kontrolle über die eigene Arbeit und deren als geringer wahrgenommene Bedeutsamkeit resultieren.

Die Herausforderung von automatisierter Entscheidungsfindung besteht also im Umgang mit empfundenem Kontrollverlust, welcher insbesondere Führungskräfte betrifft, da jene nicht nur generell ein höheres Kontrollempfinden haben (Magee und Galinsky 2008), sondern auch jenes ihrer Mitarbeiter adressieren müssen. Dabei müssen Führungskräfte lernen, mit automatisierten Entscheidungstools umzugehen und diesen zu vertrauen, sie aber auch kritisch zu hinterfragen.

## Management von Komplexität, Veränderungen und Innovation als zentrale Herausforderungen für Führungskräfte

Neben den beschriebenen spezifischen Anforderungen infolge der geschilderten Dimensionen ergeben sich für Führungskräfte in der digitalisierten Arbeitswelt insbesondere Herausforderungen in Bezug auf das Management von Komplexität, Veränderungen und Innovation. Die Komplexität erhöht sich dabei insbesondere aufgrund von Konnektivität, Globalisierung und veränderter Informationsverarbeitung. Die Stabilität von Unternehmen und die Skalierbarkeit von Entwicklungen nehmen ab, die Geschwindigkeit nimmt zu. Neben dem Managen von Komplexität wird es dabei für Führungskräfte immer wichtiger, von etablierten Routinen abzuweichen und sich flexibel auf neue Situationen und Veränderungen einzustellen (Zaccaro und Klimoski 2002): Die Bedeutung von Agilität nimmt zu. Zuletzt führt die Digitalisierung zu immer neuen Produkt- und Dienstleistungsformen (z. B. „smarten" Hausgeräten oder verschiedensten Smartphone-Apps). Unternehmen müssen also höchst innovativ sein, um die Digitalisierung in ihrem Wettbewerbsumfeld zu nutzen und damit weiterhin bestehen zu können (Yoo et al. 2009). Führungskräfte müssen daher Bedingungen schaffen, die ihren Mitarbeitenden die Möglichkeit zu innovativem Verhalten bieten.

### Komplexität erfolgreich managen

Um der mit der Digitalisierung zunehmenden Komplexität erfolgreich zu begegnen, werden von Uhl-Bien und Kollegen (2007) drei Dimensionen erfolgreichen Führungsverhaltens in komplexen Systemen angeführt:

- Administrative Führung: Planung und Koordination von Aktivitäten und Ressourcen durch die formale Führungskraft, um Ziele effizient erreichen zu können (z. B. indem Zeitpläne erstellt und Verantwortlichkeiten definiert werden).

- Adaptive Führung: Angepasstes, kreatives und stetig hinzulernendes Handeln, das nicht an autoritäres Verhalten gebunden ist, sondern durch die Interaktion der Mitglieder des Systems entsteht (z. B. indem andere in die Ideengenerierung einbezogen werden, um Herausforderungen zu meistern).
- Ermöglichende Führung: Schaffung organisationaler Bedingungen, um Innovation und Anpassung an neue Gegebenheiten zu ermöglichen und den kreativen Wissensfluss aus adaptiven in administrative Strukturen zu ermöglichen (z. B. indem bürokratische Hürden abgebaut werden, um das volle Potenzial von Mitarbeitenden ausschöpfen zu können).

Wie aus dieser Darstellung ersichtlich wird, müssen Führungskräfte verstärkt adäquate Rahmenbedingungen schaffen, um Kreativität, Flexibilität und Lernen zu ermöglichen. Diese Rahmenbedingungen gehen über die reine Strukturierung von Aufgaben hinaus, welche in klassischem Führungsverhalten beinhaltet ist.

## Veränderungen erfolgreich managen

Um als Führungskraft Veränderungen im organisationalen Umfeld vorherzusehen und sich proaktiv (anstatt reaktiv) an diese anzupassen, müssen interne und externe Beziehungen effizient gemanagt werden (Joiner und Josephs 2015). Laut McKenzie und Aitken (2012) müssen Führungskräfte vier Basiskompetenzen aufweisen, um Agilität gewährleisten zu können:

- Dynamische Entscheidungen ermöglichen: Führungskräfte sollten ihren Mitarbeitenden Zugang zu relevanten arbeitsbezogenen Informationen geben und diese mit zentralen Ansprechpartnern vernetzen, um sie zu eigenverantwortlichen Entscheidungen unter kalkulierbarem Risiko zu ermächtigen.
- Wissen integrieren: Führungskräfte sollten besonderen Wert darauf legen, Wissen aus verschiedenen Unternehmensbereichen oder auch aus global distribuierten Teams zu integrieren. Dabei ist es wichtig, das gemeinsame Ziel verschiedener beteiligter Parteien hervorzuheben.
- Vorhandenes Wissen hinterfragen: Führungskräfte sollten vorhandenes Wissen hinterfragen – gerade dann, wenn dieses aktuell Erfolg bringt. Sie sollten stets nach neuen und besseren Lösungen suchen und sich mit anderen über diese austauschen.
- Als Vorbild fungieren: Führungskräfte sollten die Kultur, die sie innerhalb ihres Teams oder Unternehmens verwirklicht sehen wollen, in ihrem eigenen Verhalten transportieren, um Mitarbeitende zu analogem Verhalten zu motivieren.

Zusätzlich zu diesen Basiskompetenzen heben McKenzie und Aitken (2012) sechs weitere wichtige Verhaltensweisen hervor, um organisationale Agilität sicherzustellen: aktiv nach dem Sinn der eigenen Tätigkeit suchen und anderen den Sinn ihrer Arbeit vermitteln, eine Lernkultur schaffen, in der Experimente gefördert und Fehlschläge toleriert werden, Mitarbeitenden Plattformen für Austausch bieten, andere auf emotional intelligente Weise an die Ziele des Unternehmens binden, herausfordernde Leistungsziele stecken und geduldig auf die Ideen und Anliegen von Mitarbeitenden eingehen. Wie auch beim Management von Komplexität müssen Führungskräfte also vor allem einen Kontext schaffen, der es Mitarbeitenden erlaubt, ihre Talente für die Ziele der Organisation einzubringen, und dafür sorgt, dass sie dazu auch motiviert sind.

## Innovationen erfolgreich managen

Um die Digitalisierung erfolgreich zu nutzen, müssen Führungskräfte jedoch nicht nur selbst kreativ sein (IBM Global CEO Study 2010) – sie müssen es auch verstehen, Innovationen innerhalb ihrer Organisation zu fördern. Dazu gibt es laut Robledo und Kollegen (2012) drei verschiedene Stellschrauben: die Arbeit selbst, das Team und die Organisation.

In Bezug auf die *Arbeit selbst* sollten Führungskräfte durch ein ausführliches „Scannen" ihrer Umwelt sicherstellen, dass relevante Trends, die ein Schließen bisheriger Marktlücken ermöglichen, frühzeitig entdeckt werden. Nach der Identifikation zentraler Themen und der Ableitung eines neuen Projektes beinhaltet dies auch die operative Planung, die Vorgabe einer Zielrichtung für den nachfolgenden kreativen Prozess und Feedback in Bezug auf erreichte Zwischenziele, um weiterführendes Lernen und die Verbesserung von Produkten oder Dienstleistungen zu ermöglichen. Dabei ist es wichtig, dass kein Leistungsdruck von außen erzeugt wird, da dieser Kreativität unterbindet, und dass Mitarbeitende die Art und Weise, in der sie ein Thema bearbeiten, selbst festlegen können (Mumford 2000).

In Bezug auf das *Team* ist es zunächst einmal zentral, dass Führungskräfte dieses so zusammenstellen, dass alle für ein Projekt benötigten Kompetenzen vorhanden sind. Anschließend müssen Führungskräfte im Team ein „geteiltes mentales Modell" erzeugen, d. h. sicherstellen, dass alle Mitglieder das gleiche Verständnis über den Sinn ihrer Zusammenarbeit haben. Gerade für kreative Prozesse ist zudem der Aufbau eines verständnisvollen Klimas, z. B. durch Teamtrainings, nötig, welches Autonomie, positive Interaktionen und dadurch effektive Zusammenarbeit gewährleistet (Mumford 2000).

In Bezug auf die *Organisation* sollten Führungskräfte vor allem sicherstellen, dass ihr Team über die benötigte Infrastruktur verfügt, um Innovationen zu entwickeln. So müssen zu Beginn eines Projektes die notwendigen Ressourcen und Technologien zur Verfügung gestellt werden, was die Gewinnung von Unterstützung innerhalb der Organisation und vor allem durch die Geschäftsführung voraussetzt. Zudem sollten Führungskräfte ihre Mitarbeitenden innerhalb des Unternehmens vernetzen, um diesen eine breite Wissensbasis zugänglich zu machen (Mumford 2000).

## Fazit: Führung im digitalen Zeitalter

Die Digitalisierung bietet vielfältige Chancen, aber auch Risiken für Unternehmen. Führungskräfte stehen dabei vor der spezifischen Herausforderung, mit der Digitalisierung verbundenen Risiken zu begegnen und Chancen der digitalisierten Arbeitswelt gewinnbringend zu gestalten. Insgesamt gilt es, Führungsrollen neu zu definieren und Führung als Schaffen adäquater Rahmenbedingungen für den Umgang mit Komplexität, Veränderungen und Innovation zu verstehen.

## Literatur


Al-Ani, Ayad. 2013. Arbeit der Zukunft. Die Schwachen könnten untergehen. http://www.zeit.de/karriere/beruf/2013-03/interview-zukunft-arbeit-al-ani. Zugegriffen: 3. März 2015.

Beeger, Britta. 2015. Dienstleistungen via Internet. Ein Uber für alles, Frankfurter Allgemeine Zeitung. http://www.faz.net/aktuell/wirtschaft/unternehmen/on-demand-economy-es-gibt-ein-uber-fuer-alles-13434440.html. Zugegriffen: 4. März 2015.

Fenner, Grant, und Robert Renn. 2009. Technology-assisted supplemental work and work-to-family conflict: The role of instrumentality beliefs, organizational expectations and time management. *Human Relations* 63 (1): 63–82.

Forsa. 2014. Einschätzungen zu Trends in der digitalen Gesellschaft. Ergebnisse einer Befragung unter Rednerinnen und Rednern der Konferenz „re:publica". https://www.digital-ist.de. Zugegriffen: 3. März 2015.

Golden, Timothy, und Sumita Raghuram. 2010. Teleworker knowledge sharing and the role of altered relational and technological interactions. *Journal of Organizational Behavior* 31 (8): 1061–1085.

Golden, Timothy, und John Veiga. 2008. The impact of superior–subordinate relationships on the commitment, job satisfaction, and performance of virtual workers. *The Leadership Quarterly* 19 (1): 77–88.

Golden, Timothy, John Veiga, und Zeki Simsek. 2006. Telecommuting's differential impact on work-family conflict: Is there no place like home? *Journal of Applied Psychology* 91 (6): 1340–1350.

Grant, Adam, und Sharon Parker. 2009. Redesigning work design theories: The rise of relational and proactive perspectives. *The Academy of Management Annals* 3 (1): 317–375.

Huber, George. 1990. A theory of the effects of advanced information technologies on organizational design, intelligence, and decision making. *Academy of Management Review* 15 (1): 47–71.

IBM Global CEO Study. 2010. Unternehmensführung in einer komplexen Welt. http://www-935.ibm.com/services/de/ceo/ceostudy2010/. Zugegriffen: 4. März 2015.

Javidan, Mansour, und Robert House. 2001. Cultural acumen for the global manager: Lessons from project GLOBE. *Organizational Dynamics* 29 (4): 289–305.

Joiner, William, und Stephen Josephs. 2015. Leadership agility: Five levels of mastery for anticipating and initiating change. Wiley.

Kremer, Thomas.2014. Roboter als Chefs und kaum noch Festanstellungen. http://www.zeit.de/karriere/beruf/2014-09/arbeit-zukunft-roboter. Zugegriffen: 3. März 2015.

Laubacher, Robert, und Thomas Malone.1997. Two scenarios for 21st century organizations: Shifting networks of small firms or all-encompassing" virtual countries. Cambridge.

Magee, Joe, und Adam Galinsky. 2008. Social hierarchy: The self-reinforcing nature of power and status. *The Academy of Management Annals* 2 (1): 351–398.

Manning, Stephan, Silvia Massini, und Arie Lewin. 2008. A dynamic perspective on next-generation offshoring: The global sourcing of science and engineering talent. *The Academy of Management Perspectives* 22 (3): 35–54.

Manz, Charles, Frank Shipper, und Greg Stewart. 2009. Shared influence at WL gore & associates. *Organizational Dynamics* 38 (3): 239–244.

Martins, Luis, Lucy Gilson, und Travis Maynard. 2004. Virtual teams: What do we know and where do we go from here? *Journal of Management* 30 (6): 805–835.

Mathieu, John, Michael Ahearne, und Scott Taylor. 2007. A longitudinal cross-level model of leader and salesperson influences on sales force technology use and performance. *Journal of Applied Psychology* 92 (2): 528–537.

Mazmanian, Melissa. 2012. Avoiding the trap of constant connectivity: When congruent frames allow for heterogeneous practices. *Academy of Management Journal* 56 (5): 1225–1250.

McKenzie, Jane, Paul Aitken. 2012. Learning to lead the knowledgeable organization: Developing leadership agility. *Strategic HR Review* 11 (6): 329–334.

Milliken, Frances, und Luis Martins. 1996. Searching for common threads: Understanding the multiple effects of diversity in organizational groups. *Academy of Management Review* 21 (2): 402–433.

Mumford, Michael. 2000. Managing creative people: Strategies and tactics for innovation. *Human Resource Management Review* 10 (3): 313–351.

Oldham, Greg, und Richard Hackman. 2010. Not what it was and not what it will be: The future of job design research. *Journal of Organizational Behavior* 31 (2–3): 463–479.

Parker, Sharon, Toby Wall, und John Cordery. 2001. Future work design research and practice: Towards an elaborated model of work design. *Journal of Occupational and Organizational Psychology* 74 (4): 413–440.

Pentland, Alex. 2010. To signal is human. *American Scientist* 98 (3): 204–211.

Rennecker, Julie, Lindsey, Godwin. 2005. Delays and interruptions: A self-perpetuating paradox of communication technology use. *Information and Organization* 15 (3): 247–266.

Robledo, Issac, David Peterson, und Michael Mumford. 2012. Leadership of scientists and engineers: A three-vector model. *Journal of Organizational Behavior* 33 (1): 140–147.

Uhl-Bien, Mary, Russ Marion, und Bill McKelvey. 2007. Complexity leadership theory: Shifting leadership from the industrial age to the knowledge era. *The Leadership Quarterly* 18 (4): 298–318.

Virick, Meghna, Nancy DaSilva, und Kristi Arrington. 2010. Moderators of the curvilinear relation between extent of telecommuting and job and life satisfaction: The role of performance outcome orientation and worker type. *Human Relations* 63 (1): 137–154.

Woolley, Anita Williams, Christopher Chabris, Pentland Pentland, Nada Hashmi, und Thomus Malone. 2010. Evidence for a collective intelligence factor in the performance of human groups. *Science* 330 (6004): 686–688.

Yoo, Youngjin, Richard Boland, Kalle Lyytinen, und Ann Majchrzak. 2009. Call for papers-Special issue: Organizing for innovation in the digitized world. *Organization Science* 20 (1): 278–279.

Zaccaro, S., und Richard Klimoski. 2002. The nature of organizational leadership: Understanding the performance imperatives confronting today's leaders. Wiley.

Zhang, Zhewei, Aron Lindberg, und Youngjin Yoo. 2014. Digital design tools and the temporality of design. Academy of Management Conference.

**Tanja Schwarzmüller** ist wissenschaftliche Mitarbeiterin am Lehrstuhl für Strategie und Organisation der Technischen Universität München. Sie forscht zu den Themen Emotionen bei Führungskräften, Stereotypen in der Personalauswahl, Arbeitsgestaltung in der digitalisierten Welt und funktionalem wie dysfunktionalem Mitarbeiterverhalten. Vor ihrer Tätigkeit am Lehrstuhl für Strategie und Organisation studierte sie Psychologie an der Universität Regensburg und absolvierte eine Coaching-Ausbildung.

**Dr. Prisca Brosi** ist Post-Doc am Lehrstuhl für Strategie und Organisation der Technischen Universität München. Ihre Forschung konzentriert sich auf die Themen Führung, Diversity, Emotionen und Arbeitsgestaltung in der digitalisierten Welt. Sie hat zum Einfluss von positiven Emotionen auf Verhalten und Führung am Lehrstuhl für Strategie und Organisation promoviert. Nach dem Studium des Wirtschaftsingenieurwesens an der Technischen Universität Karlsruhe hat sie als Beraterin der Boston Consulting Group das Berufsleben begonnen.

**Prof. Dr. Isabell M. Welpe** ist Inhaberin des Lehrstuhls für Strategie und Organisation an der Technischen Universität München und Leiterin des Bayrischen Staatsinstituts für Hochschulforschung und Hochschulplanung. Ihr Forschungsinteresse liegt in den Bereichen Auswahl und Beurteilung von Führungskräften, Zukunftskonzepte der Arbeit und Organisation, Auswirkungen digitaler Technologien, Social Media und strategische Innovation. Nach ihrem Studium an der Ludwig-Maximilians-Universität in München, am MIT sowie einem zusätzlichen Masterstudium an der London School of Economics promovierte Isabell M. Welpe an der Universität Regensburg. Nach ihrer Habilitation in München lehrte sie in verschiedenen wissenschaftlichen Einrichtungen, einschließlich der Claremont University, der EM Lyon, der Ludwig-Maximilians-Universität München und der Universität Bern. Isabell M. Welpe ist Autorin zahlreicher internationaler sowie nationaler Publikationen.

# 13

# Vernetzung ist unser Geschäft: Industrie 4.0 als Chance für einen eigenständigen europäischen Weg in die digitale Zukunft

## Timotheus Höttges, Vorstandsvorsitzender der Deutschen Telekom AG

**Zusammenfassung** So wie Industrie 4.0 die Fertigung und Produktion verändert, so wie also das Auto der Zukunft auch in der Fabrik der Zukunft gebaut wird, so bauen wir an der Telekom der Zukunft, am smarten Unternehmen. Im Mittelpunkt steht dabei das Netz. Aber unsere eigene digitale Transformation geht weit darüber hinaus. Jedes einzelne Glied der Wertschöpfungskette verändert sich – vom Netz über das Zugangsgeschäft und den Endgerätevertrieb bis hin zu Absatz- und Servicekanälen. Auch der innerbetrieblichen Aus- und Weiterbildung kommt dabei eine immer wichtigere Rolle zu. Immer kürzere Innovationszyklen verlangen beständig nach neuer Expertise. Es entstehen neue Berufsbilder, die wir antizipieren und entwickeln müssen. Gleichzeitig braucht es mehr Innovation, mehr Eigenverantwortlichkeit und mehr Unternehmertum.

## Einleitung

Wer wissen will, wie sich frühere Generationen die Zukunft vorstellten, der kann spaßeshalber auch einmal bei Erich Kästner nachlesen. Der ließ den Knirps Konrad nebst Onkel mit der fahrerlosen U-Bahn reisen und über Menschen mit mobilen Telefonen staunen. Autos fahren autonom und die Passagiere im Fond gehen anderen Tätigkeiten nach.

Kein Wunder, wenn es Ihnen bekannt vorkommt. Es sind unsere aktuellen Themen. Kästner schrieb sie auf – vor mehr als 80 Jahren!

T. Höttges (✉)
Bonn, Deutschland

Von Digitalisierung spricht Kästner freilich nicht und auch nicht von cyber-physischen Systemen. Hier endet die Weitsicht des Autors, und Fantasie und Wirklichkeit unterscheiden sich deutlich. Denn heute kommt ohne diese Begriffe nicht aus, wer die wirtschaftliche Entwicklung nicht verschlafen will.

Für uns als Deutsche Telekom hat das Thema Digitalisierung einen besonderen Stellenwert. Wir helfen mit unseren Produkten und Services entscheidend mit, das Potenzial der digitalen Transformation nutzbar zu machen. Für Millionen von Privatkunden, die Wirtschaft und die Gesellschaft insgesamt.

Kommunikationsnetze bauen wir nun mal nachweislich am besten. Sie bilden die Grundlage für die Digitalisierung. Vor allem die Industrie ist auf leistungsstarke Netze angewiesen, davon war in diesem Buch schon an anderer Stelle die Rede, unter anderem in den Beiträgen von Joe Kaeser und Dieter Zetsche.

Wir stellen uns dieser Aufgabe und entwickeln unser Netz ständig weiter. Und wir investieren jedes Jahr Milliarden Euro in den Ausbau. Ein leistungsstarkes und zuverlässiges Netz ist die Basis für alles künftige Wirtschaften. Unverzichtbar werden künftig aber auch offene Plattformen zum verlustfreien und sicheren Datenaustausch zwischen den Akteuren in den unterschiedlichen Wertschöpfungsketten. Und es geht zusätzlich um das Management und die sinnvolle Auswertung großer Datenmengen (Big Data). Und dies, um das an dieser Stelle schon klarzustellen, lieber nach deutschem bzw. europäischem Datenschutzrecht.

Auf drei Aspekte der digitalen Transformation möchte ich im Folgenden etwas genauer eingehen:

- Die digitale Transformation der Gesellschaft insgesamt,
- ihre Bedeutung für die klassische Industrie und den Erfolg von Industrie 4.0 und
- die daraus resultierenden Herausforderungen an die Deutsche Telekom – und wie wir damit umgehen.

## Die digitale Transformation der Gesellschaft

Fast 620.000 Tweets registrierte der Kurznachrichtendienst Twitter am 13. Juli 2014 um kurz vor Mitternacht innerhalb einer Minute. Zu diesem Zeitpunkt erklang der Schlusspfiff beim Finale der Fußball-WM in Brasilien – Deutschland wurde Weltmeister. Für Twitter war es ein neuer Rekord für ein singuläres Ereignis. Während des gesamten Finales waren es übrigens 32 Mio. Tweets.

Ich nenne das Beispiel, weil es daran erinnert, wie sehr digitale Kommunikation – und alles, was ihr folgt – ständig um uns ist. Durchschnittlich werden etwa 350.000 Tweets gesendet – jede Minute. Ebenfalls in 60 Sekunden werden auf der Videoplattform YouTube 300 Stunden Material hochgeladen, erscheinen mehr al 60.000 neue Fotos bei Instagram, werden mehr als vier Millionen WhatsApp-Nachrichten getauscht.

## Alles mobil und immer verfügbar

Die Zahlen spiegeln eine Entwicklung, die eng verbunden ist mit dem unvergleichlichen Siegeszug des mobilen Internets. Er begann mit der Einführung des ersten iPhones im Jahre 2007. Und es war die Deutsche Telekom, die diese neuen Geräte damals als Erste nach Deutschland holte und damit dem mobilen Internet auch hierzulande zum Durchbruch verhalf.

Mit ihnen bestellen und kaufen wir, erledigen Bankgeschäfte und buchen Fahrkarten. Heute geordert, morgen geliefert. Wir alle haben uns daran gewöhnt. Die großen Versandhändler experimentieren bereits mit Drohnenzustellung, und erste Lebensmittelkonzerne liefern die online bestellten Waren am selben Tag.

Die ständige Verfügbarkeit aller Produkte und Services – an jedem Ort, zu jeder Zeit – mündet auch in einer neuen Erwartung an jene, bei denen – oder deren Produkte – wir einkaufen.

Wir sind ständig online und erzeugen dabei einen immensen Datenverkehr. Der Netzwerkausrüster Cisco rechnet im Jahr 2020– also in fünf Jahren – mit rund 50 Mrd. vernetzten Geräten auf der Welt. Private Geräte – aber auch Hunderte Millionen Autos, Lkws, Busse, ganze Fabriken und Roboterparks. Alles, was vernetzt werden kann, wird vernetzt.

## Analyse großer Datenmengen

Da kommt etwas auf uns zu. Wo buchstäblich alles sendet, kommuniziert und sich austauscht, fallen Daten in sehr großen Mengen an. Sie zu analysieren und sinnvoll mit weiteren Daten aus unterschiedlichen Quellen zu verknüpfen – und dann schließlich auch die richtigen Schlüsse zu ziehen, verstehen wir unter Big Data. Wir sprechen übrigens lieber von Smart Data, denn nicht die Masse, sondern die Klasse entscheidet. Von den Ergebnissen profitieren wir alle: etwa durch bessere Vorhersagen von extremen Wetterereignissen. Oder durch eine Früherkennung von Infektionswellen. Und längst gibt es Systeme, die der Polizei durch Datenanalyse helfen sollen, vorherzusagen, wo der nächste Einbruch stattfindet.

Auf der anderen Seite führt Smart Data auch zu den immer besseren Empfehlungssystemen der Online-Händler. Kein Wunder, dass Daten gerne als Rohstoff des Internets betrachtet werden, als Quelle für neue Geschäftsideen und den Zugang zum Kunden. Es gewinnt, wer die Daten hat.

Aber wo es Gewinner gibt, gibt es auch Verlierer. Wir sprechen von der disruptiven Kraft der Digitalisierung. Das ist bisweilen schmerzhaft. Bestes Beispiel ist die Musikindustrie, die in den Jahren 2004 bis 2008 weltweit einen Umsatzverlust von rund 40 % verzeichnete.

## Alle Branchen sind betroffen

Längst hat die Entwicklung buchstäblich alle Branchen erreicht. Nehmen wir nur den Gesundheitssektor: Informationstechnologie kann zu einer verbesserten Qualität beitragen, etwa durch sinnvolles Vernetzen von Ärzten, Patienten, Krankenhäusern und Versicherungen. Auch wir als Deutsche Telekom wollen dazu beitragen, unter anderem mit unserem Geschäftsbereich Healthcare Solutions. Gleichzeitig droht den etablierten Marktteilnehmern, etwa aus dem Versicherungsgewerbe, neuer Wettbewerb. Dessen – unter Datenschutzgesichtspunkten herausforderndes – Angebot: Kunden erhalten im Gegenzug für ihre Vitaldaten Prämien. In den USA ist ein entsprechendes Start-up zur virtuellen Visite beim Arzt vor Kurzem mit 100 Mio. US-Dollar Wagniskapital ausgestattet worden.

Oder das Beispiel Energie: Für eine künftige Energieversorgung, die deutlich stärker auf regenerative Quellen zurückgreift, wird es immer wichtiger, möglichst genau zu wissen, wo und wann wie viel Energie produziert und verbraucht wird. Smarte Netze und intelligente Verbrauchserfassung (die sogenannten *Smart Meter)*, könnten uns schon heute helfen, wenn es uns gelungen wäre, uns auf einen Standard zu einigen.

Nicht nur das: Wenn wir dieses und ähnliche Themen zukünftig direkt branchenübergreifend angehen, kann Digitalisierung ihr ganzes Potenzial entfalten. Ein Szenario betrifft dabei die Verknüpfung von dezentraler Energieversorgung und Mobilität: Warum nicht die Batterie des Elektroautos als Speicher für selbsterzeugte Energie nutzen?

Wir mögen noch weit davon entfernt sein. Das Beispiel zeigt aber deutlich, wie übergreifend wir denken sollten. Vernetzung spielt dabei die entscheidende Rolle – und wir, die Deutsche Telekom, sind in der Lage, diese Vernetzung herzustellen.

Wo Digitalisierung zu Ende gedacht wird, entstehen neue Services und Geschäftsmodelle. Und – um es vorsichtig auszudrücken – nicht immer sind es die Platzhirsche, die sie entwickeln.

## Disruptive Geschäftsmodelle

Ein aktuell in den sozialen Netzwerken gerne geteilter Spruch lautet etwa so: Das weltgrößte Taxiunternehmen hat nicht ein eigenes Fahrzeug, das populärste Medienunternehmen produziert selbst keine Inhalte, der größte Warenhändler besitzt keine Lager und der größte Vermieter keine eigenen Wohnungen. Gemeint sind die erfolgreichen Unternehmen Über (Taxiservices), Facebook (das bekannteste soziale Netzwerk), Alibaba (das nach Umsatz achteinhalbmal größere chinesische Pendant zu Amazon) und Airbnb (die Plattform zum Vermieten von privatem Wohnraum).

Man kann den – durchaus sehr unterschiedlichen – Geschäftsmodellen dieser Unternehmen kritisch gegenüberstehen. Die Botschaft aber ist unzweideutig und geht uns alle an. Sie lautet: Die Digitalisierung betrifft alle Lebensbereiche und schafft die Basis für völlig neue und extrem erfolgreiche Geschäftsmodelle. Wir erleben das besonders stark in der sogenannten Sharing Economy. Der Begriff steht für einen tiefgreifenden Wandel des Konsumentenverhaltens. Immer mehr Menschen geht es nicht um den Besitz eines Produktes, sondern um seine zeitlich begrenzte Nutzung. Auf Plattformen im Web finden Anbieter und Interessenten zusammen. Das Modell funktioniert in buchstäblich allen Bereichen: von Medien über Werkzeuge bis hin zu Autos und Wohnraum.

Das Spannende ist, dass Digitalisierung hier die Karten neu mischt. Mitfahr- und Mitwohnzentralen gab es schließlich schon früher. Aber erst die Digitalisierung, das überzeugende Nutzererlebnis und dazu die Verfügbarkeit von großen Datenmengen in Echtzeit und ihre smarte Nutzung verändern das Spiel grundlegend.

So selbstverständlich gehen wir inzwischen mit Online-Services um, so allgegenwärtig ist das Netz in unserem privaten Umfeld, dass wir angeschlossenen Geräten längst gestatten, sich untereinander auszutauschen. Längst lässt sich die Steuerung von Licht, Musik, Heizung und Alarmanlagen ins Netz integrieren. Mit unserer Plattform Qivicon gehören wir zu den Vorreitern dieser Entwicklung.

## Die Digitale Transformation und ihre Bedeutung für die klassische Industrie und den Erfolg von Industrie 4.0

Wo Produkte und Services immer mehr online nachgefragt und auch selbst „sprechend" werden, spielt Digitalisierung schon bei Herstellung und Fertigung eine immer größere Rolle. Mehr und mehr richtet sich der Blick auf den gesamten Wertschöpfungsprozess, ihre Auswirkung auf die industrielle Produktion.

So tiefgreifend ist der mit ihr verbundene Wandel, dass wir von der vierten industriellen Revolution sprechen – nach Dampfmaschine, Elektrifizierung und der Einführung von Informationstechnologie und Automatisierung.

Dieser Anspruch ist angemessen. Denn die aktuelle Entwicklung beschränkt sich nicht auf eine weitere Optimierung von Fertigungsprozessen allein. Digitalisierung ermöglicht die bislang ungeahnte Vernetzung über alle Industrie- und Branchengrenzen hinweg und damit völlig neue Formen von Geschäftsmodellen und Kundenbindung. Alles auf Netzen, die eine sichere und schnelle Kommunikation ermöglichen.

Gefragt sind nicht länger branchen- oder gar firmeninterne Lösungen allein, die nebeneinander existieren. Gefragt sind vielmehr offene Plattformen, die den Vernetzungsgedanken schon in sich tragen.

## Unterschiedliche digitale Reife

Die Digitalisierung der Wirtschaft beginnt nicht erst heute, und einige Branchen sind sicher besser aufgestellt als andere. Der Begriff Industrie 4.0 ist deswegen in der Produktion ein Synonym für die Fabrik von morgen. Sie zeichnet sich aus durch ein Höchstmaß an Vernetzung und Flexibilität. Maschinen und Werkstücke kommunizieren untereinander. IT und Automatisierung wachsen zusammen zu cyber-physischen Systemen (CPS) – und reagieren auf unterschiedliche Anforderungen selbsttätig.

Das Idealbild des „Industrial Internets" bezieht dabei die komplette Wertschöpfungskette mit ein, beginnt also etwa schon bei der Planung einer Produktionsanlage und reicht bis zu den Vertriebskanälen, Logistik und Handel. Das Ziel: individuelle Produktgestaltung und Einzelfertigung unter den Bedingungen und zu den Preisen der Massenproduktion. Wie das aussehen kann, lässt sich heute schon in Kleinstfabriken besichtigen: Sie produzieren ganze Autokarosserien aus dem 3D-Drucker.

Die Steuerung aller Prozesse annähernd in Echtzeit speist sich zunehmend auch in der Fabrikhalle aus den anfallenden Daten. Big bzw. Smart Data in der Produktion: Das kann etwa bedeuten, dass die Analyse und intelligente Verknüpfung von Produktionsdaten völlig neue Erkenntnisse für die Produktionsumgebung ergibt.

Zum Beispiel lassen sich so Ausschussquoten senken oder Betriebsausfallzeiten vermeiden. Im Verlauf der Logistik und bei der Vernetzung von Produktionsstandorten können Hersteller Eingangskontrollen einsparen, Bestände reduzieren und die beteiligten Fertigungen effizient synchronisieren. Auf diese Weise wandert Wertschöpfung ganz konkret von der Hardware in die Software. Dort sitzt die Intelligenz. Und die bestimmt in der digitalen Wirtschaft wesentlich den Wert eines Produkts.

## Sichere Plattformen für die Industrie

Software-Plattformen, wie wir sie bereitstellen, sorgen zum Beispiel dafür, dass eine große Anzahl von Hardwarekomponenten in einem gemeinsamen Netzwerk adressierbar ist. Daten in jeglicher Form können übermittelt, verarbeitet und in der jeweiligen Anwendung genutzt werden. Ob Datenanalyse, das Nachverfolgen von Ort und Zustand einer Lieferung oder die Koordination von Lieferanten, Komponenten und Maschinen: Alles passiert in Echtzeit und zugleich unter größtmöglichen Sicherheitsbedingungen.

Die Sicherheit und Stabilität des Netzwerkes und der entsprechenden Software-Plattformen sind ein unbedingtes Muss. Gefragt ist hier der sogenannte *carrier grade,* also nahezu ausfallsichere Systeme. Nicht zufällig kommt dieser Begriff aus dem Umfeld der Telekommunikation. Ohne dieses Höchstmaß an Ausfallsicherheit wäre unser Geschäft undenkbar. Das macht uns zum natürlichen Partner der Industrie auf ihrem Weg in die digitale Zukunft.

Weltweit stehen Maschinen und Produkte aus deutschen Fabriken für Zuverlässigkeit und Langlebigkeit. „Made in Germany" ist ein globales Qualitätssiegel. Es spricht also einiges dafür, dass wir die Möglichkeiten von Industrie 4.0 nutzen, um diesen Status global zu verteidigen. Deutschland, so sagt es John Chambers, der langjährige Chef des Netzwerkausrüsters Cisco, „hat das Zeug, das erste große digitale Land zu werden. Das Land hat die industrielle Kreativität dazu".

## Made in Germany im digitalen Zeitalter

Allerdings stellt sich die Frage, ob das bereits eine abgemachte Sache ist. Einerseits scheint die Bedeutung der anstehenden Transformation hierzulande noch sehr unterschiedlich wahrgenommen zu werden. Andererseits ist es uns noch nicht gelungen, uns auf Geschäftsmodelle zu einigen, von denen alle Beteiligten profitieren. Was nützen etwa smarte Fertigungselemente des Zulieferers, wenn sie ihre Ankunft nicht in der Fabrik zur Endmontage anmelden können. Was nützt die digitale Fabrikplanung, wenn der Ausrüster die Daten nicht übernehmen kann? Auch hier beginnt die Entwicklung ja nicht erst heute. Wir selbst betreiben in Biere bei Magdeburg Deutschlands größtes Rechenzentrum und bieten unseren Kunden dort Cloud-Dienste nach deutschem Datenschutzrecht. Dazu gehört ja nicht nur die sichere Verwaltung von Kundendaten. Sondern zunehmend beziehen Unternehmen auch ganze Anwendungen nach Bedarf aus der Wolke, Software als Service (Software as a Service, kurz: SaaS) nennen das die Spezialisten. Und das schützen wir auf höchstem Niveau gegen Angriffe aus dem Netz.

Wir brauchen Standards – und wir müssen sie auch so pragmatisch und schnell wie möglich umsetzen. Und wir brauchen Plattformen, auf denen diese Daten ausgetauscht werden. Wie es gehen kann, macht das US-Schwergewicht General Electric vor, das jüngst seine Plattform Predix für (lizenzierte) Entwickler öffnete. Kunden können hier eigene Geschäftsanwendungen entwickeln und betreiben.

## Das industrielle Internet

Aus unserer Sicht wird die Transformation der Fabriknetze in ein „industrielles Internet" ein entscheidender Faktor. Es wird darum gehen, die Anforderungen an Echtzeit, Bandbreite, Systemintegration, an den sicheren Datenaustausch und an ein intelligentes und sicheres Zugriffsmanagement auch in einem industriellen Internet global zu gewährleisten. Ganz so, wie es heute innerhalb einer gut automatisierten Fabrik Standard ist.

Mit dieser Voraussetzung können die Wesensmerkmale der Effizienz heimischer Unternehmen in der vierten Industriellen Revolution gewährleistet werden. Wir unterstützen deswegen ausdrücklich die Bemühungen um diese Standards in den entsprechenden Gremien.

Denn die Zeit läuft ab: Mit Macht drängen neue Player in den Markt, die – wie die Erfahrung lehrt – auf historisch gewachsene Strukturen keinerlei Rücksicht nehmen. Die Hardware kommt aus Asien (Smartphones, Tablets, PCs), die Software und Internetdienste aus den USA (Google, Microsoft, Facebook, Apple). Vor allem die großen amerikanischen Anbieter haben es jüngst meisterlich verstanden, die Digitalisierung zu antizipieren und für sich zu nutzen. Das ist kein Zufall: In den USA wird nach dem Grundsatz verfahren, dass erlaubt ist, was nicht verboten ist. Das sehen wir in Europa anders, und gerade in Sachen Datenschutz auch mit guten Argumenten. Trotzdem sollten wir das Thema als Chance für Europa betrachten. Es muss möglich sein, Geschäftsmodelle zu entwickeln, ohne die Rechte jedes Einzelnen zu ignorieren. Wir plädieren deshalb für Rahmenbedingungen, die die Nutzung von Daten ermöglichen. Und zwar so, dass wir sie eben nicht einer amerikanischen Doktrin unterwerfen.

Es steht viel auf dem Spiel. Denn längst bringen sich die großen Internet-Firmen auch in einer Branche in Stellung, in der deutschen Unternehmen weltweit den besten Ruf genießen. Internet-Gigant Google stellte im vergangenen Jahr den Prototyp eines fahrerlosen Fahrzeugs vor. Samsung, hierzulande vor allem bekannt als Hersteller von Endgeräten, kauft die Batteriesparte des Automobilzulieferers Magna Steyr. Und schließlich ließ auch Apple aufhorchen, als bekannt wurde, dass Spezialisten aus der Automobilbranche angeheuert werden. Die deutschen Autobauer werden die Entwicklung sehr genau verfolgen.

Es ist ein Wesensmerkmal der Vernetzung, dass sie nicht am Werkstor halt-macht oder an Landesgrenzen. Wer daraus aber den Schluss zieht, dass es deswegen auch keine Rolle spiele, wo wir unsere Dienste beziehen, wo unsere Daten liegen und wer sie managt, unterliegt einem Missverständnis.

## Spezifische Lösungen mit unseren Partnern

So sehr wir für den Datenaustausch bei Industrie 4.0 Standards brauchen, so sehr braucht es spezifische Lösungen für die individuellen Herausforderungen. Wenn es um die Digitalisierung der Wirtschaft geht, verstehen wir uns deswegen als Partner, der zu diesen Herausforderungen Lösungen entwickelt.

Die Voraussetzungen dafür schaffen wir mit unserem zunehmend hybriden Netz. Heute sind wir alle noch an die Trennung von Mobilfunk, festem Breitbandanschluss und Wifi gewöhnt. Künftig werden wir unseren Kunden stets den besten Zugang zum Internet bieten – und zwar ohne dass sie sich um die Zugangsart überhaupt Gedanken machen müssen. Und auch bei den Themen Bandbreite, Sicherheit und Reaktionszeiten werden wir als integrierter Anbieter unsere Stärken ausspielen.

In den Anforderungen der Industrie ausgedrückt, heißt dies für uns: extrem hohe Netzverfügbarkeit und -zuverlässigkeit, variable Service- und Qualitätsklassen und das alles in größtmöglicher Sicherheit, in Echtzeit kontrolliert und visualisiert.

Was möglich ist, lässt sich schon heute an einer Vielzahl von erfolgreichen Projekten ablesen – und zwar an unterschiedlichen Stellen der Wertschöpfung und quer durch alle Branchen.

Landwirtschaft. In einem Pilotprojekt mit dem führenden Landmaschinenhersteller Claas wurden Mähdrescher und Traktoren mit Sensoren ausgestattet und über LTE miteinander verbunden, um den Ernteprozess zu verbessern.

Logistik. Im Hamburger Hafen nutzt die Hafenbehörde ein Cloud-basiertes Steuerungssystem für die bis zu 40.000 Trucks täglich, um den Umschlag der Waren zu erhöhen.

ÖPNV. Anonymisierte Mobilfunkdaten können Verkehrsbetrieben bei der Streckenplanung helfen. Smart Data sorgt so für bessere Anbindung, optimierte Fahrpläne, weniger überfüllte Busse und Bahnen. Rückschlüsse auf persönliche Daten sind dabei selbstverständlich ausgeschlossen.

Und genau dieses Thema ist mir besonders wichtig. Man muss ja nicht gleich so weit gehen und die Weltherrschaft des Silicon Valleys ausrufen, um auf negative Begleiterscheinungen der Digitalisierung hinzuweisen.

Aber: Der kompromisslose Schutz von Daten aller Art und die Sicherheit im Netz insgesamt, also auch die Sicherheit der Infrastruktur vor Angriff und Diebstahl, sind für jedes Geschäftsmodell eine unverrückbare Grundvoraussetzung. Wie bei allen neuen Technologien ist das Vertrauen der Kunden unabdingbar für dauerhaften Erfolg.

In einer zunehmenden Vernetzung und Arbeitsteilung der Industrien sowie durch neue Geschäftsmodelle von Industrie 4.0 werden der sichere Austausch und Zugriff auf Daten wettbewerbsentscheidend. Hierzu stellen wir schon heute speziell auf die Anforderungen der mittelständischen Industrie ausgerichtete Netzwerkkomponenten bereit, mit denen sie etwa Fertigungsparameter international zwischen verschiedenen Standorten genauso sicher austauschen können wie innerhalb einer Fabrik.

Die Bedrohung ist sehr real. Schon heute beträgt der Schaden durch Cyber-Kriminalität mehr als eine halbe Milliarde US-Dollar. Wir selbst erfassen diese besorgniserregende Entwicklung jährlich in unserem Cyber Security Report. Er bestätigt die wachsende Bedrohung: Neun von zehn deutschen Firmen (92 %) haben 2014 Angriffe von außen registriert – 14 % sogar täglich.

Es gehört deswegen nicht sehr viel Fantasie dazu, sich auszumalen, dass die Bedrohungen in einer weiter vernetzten Wirtschaft eher noch zunehmen. Und was für die Sicherheit von Unternehmensdaten gilt, trifft so auch auf persönliche Informationen zu. Umso wichtiger, dass wir uns auf einen umfassenden Datenschutz einigen, der für alle hier tätigen Unternehmen gilt. Egal, wo sie ihren Firmensitz haben. Einen Datenschutz, der die Analyse von Massendaten zulässt, dies aber im Einklang mit unserem europäischen Verständnis von persönlichen Freiheitsrechten. Es darf keine Rückschlüsse auf eine konkrete Person geben. Dafür setzen wir uns als Telekom ein. Artikel 1 des Grundgesetzes lautet: Die Würde des Menschen ist unantastbar. Wir sagen: Auch die digitale Würde des Menschen ist unantastbar.

## Die besondere Herausforderung für die Deutsche Telekom

Ich habe schon angedeutet, dass wir unser Netz immer weiterentwickeln werden, so leistungsfähig es auch aus heutiger Sicht ist. Das Netz bleibt auch in Zukunft für viele Millionen Kunden die Basis ihres digitalen Lebensstils, deshalb können wir uns nicht auf dem Stand von heute ausruhen.

Deswegen betreiben wir etwa die Entwicklung der nächsten Generation der mobilen Kommunikation unter dem Kürzel 5G. Unser Ziel ist ein Datendurchsatz, der 100-mal schneller ist als der heutige. Schon gibt es erste Meldungen, wie viele Filme man im Sekundentakt wird herunterladen können.

Aber es geht im Kern um andere Dinge. Zum Beispiel in der Industrie, wo eine neue Dimension der Mensch-Maschine-Kooperation Wirklichkeit werden kann. Möglich macht es das sogenannte *taktile Internet.* Während heutige Durchsatzraten optimiert sind auf den Transfer von Daten, wie zum Beispiel Sprache, Bilder oder Videos, ermöglicht das taktile Internet zukünftig den Austausch mit Endgeräten entsprechend den Anforderungen der menschlichen Wahrnehmung. Für eine wirklich intuitive Handhabung von Maschinen und Geräten im Netz braucht es kürzeste Reaktionszeiten von weniger als einer Millisekunde. Denken Sie an den Chirurg, der beim Ansatz des Skalpells den Widerstand der Haut spürt – obwohl er per Fernsteuerung operiert.

## Neue Technologien, neue Services

Die Weiterentwicklung unseres Netzes steht im Mittelpunkt. Aber unsere eigene digitale Transformation geht weit darüber hinaus. Jedes einzelne Glied der Wertschöpfungskette verändert sich – vom Netz über das Zugangsgeschäft und den Endgerätevertrieb bis hin zu Absatz- und Servicekanälen.

Das hilft uns, das eigene Innovationstempo hoch zu halten. Das entspricht unserem Selbstverständnis und unserem Anspruch: In einer komplexer werdenden digitalen Welt wollen wir das Leben der Menschen nachhaltig vereinfachen und verbessern.

Dafür müssen wir uns weiterentwickeln. Relativ junge Services wie etwa WhatsApp berühren das Kerngeschäft der gesamten Telekommunikationsbranche. Rund 40 Mrd. US-Dollar an Umsatz gehen ihr dadurch allein bis zum Jahre 2016 verloren.

Es gibt noch mehr Beispiele und im Kern stehen sie alle für den Umbruch, dem auch unser Unternehmen unterworfen ist. Die Transformation im Kerngeschäft findet ihre Entsprechung auch nach innen. Denn sie verändert fundamental, wie wir miteinander arbeiten.

## Telekom der Zukunft

Oder anders ausgedrückt: So wie Industrie 4.0 die Fertigung und Produktion verändert, so wie also das Auto der Zukunft auch in der Fabrik der Zukunft gebaut wird, so bauen wir auch an der Telekom der Zukunft, am smarten Unternehmen. Dabei kommt der innerbetrieblichen Aus- und Weiterbildung eine immer wichtigere Rolle zu. Immer kürzere Innovationszyklen verlangen beständig nach neuer Expertise. Es entstehen neue Berufsbilder, die wir antizipieren und entwickeln müssen. Gleichzeitig braucht es mehr Innovation, mehr Eigenverantwortlichkeit und mehr Unternehmertum.

Ja, unsere Arbeitsformen werden sich ändern. Und das Tempo der Veränderung nimmt weiter zu. Dennoch: Digitalisierung ist kein „Jobkiller" – zumindest nicht hier in Deutschland. Einer „Prognos"-Studie zufolge sorgte sie schon 2012 für fast 1,5 Mio. Arbeitsplätze.

Die Idee der Industrie 4.0 könnte diesen Trend verstärken. Nach Ansicht der Boston Consulting Group können in Deutschland in den kommenden zehn Jahren bis zu 390.000 neue Stellen entstehen. Es liegt auf der Hand, dass die Arbeit insgesamt IT-lastiger werden dürfte. Aber, so die BCG-Studie, die menschenleere Fabrik wird es nicht geben. Das wird auch aus den Beiträgen dieses Buches deutlich. Industrie 4.0 wird sich nicht allein messen lassen am Grad der Vernetzung und der Einführung neuer technischer Standards. Denn Automatisierung endet spätestens da, wo kreative Arbeit nicht maschinell ersetzt werden kann.

Ich komme deswegen zum Schluss noch einmal auf Erich Kästner zurück. Am Ende des beschrieben Kapitels gibt es einen großen Knall – es handelt sich schließlich um ein Kinderbuch, wo es gerne einmal kracht und raucht – und die ganze schöne Technikwelt wird aus den Angeln gehoben.

80 Jahre später liegt es an uns, weiter an der sinnvollen Nutzung des technologischen Fortschritts zu arbeiten. Die Voraussetzungen sind gut, und ich bin auch überzeugt davon, dass es uns gelingt. Aber: Ein Kinderspiel wird es nicht.

**Timotheus Höttges,** Jahrgang 1962, ist seit Januar 2014 Vorstandsvorsitzender der Deutschen Telekom AG. Von 2009 bis zu seiner Berufung zum Vorstandsvorsitzenden verantwortete er als Mitglied des Konzernvorstands das Ressort Finanzen und Controlling. Von Dezember 2006 bis 2009 leitete Höttges im Konzernvorstand den Bereich T-Home. In dieser Funktion war er für das Festnetz- und Breitbandgeschäft sowie den integrierten Vertrieb und Service in Deutschland zuständig. Unter seiner Leitung gewann T-Home die DSL-Marktführerschaft im Neukundengeschäft und entwickelte das Internet-Fernsehen Entertain zum Massenmarktprodukt bei gleichzeitiger Stabilisierung der Ertragskraft.

Höttges verantwortet das konzernweite Effizienzprogramm „Save for Service", nachdem er solche Programme bei T-Home und in den europäischen Mobilfunktöchtern erfolgreich durchgeführt hatte. Von 2005 bis zu seiner Berufung in den Konzernvorstand war Höttges im Vorstand der T-Mobile International für das Europageschäft zuständig. Von 2000 bis Ende 2004 war er Geschäftsführer Finanzen und Controlling und später Vorsitzender der Geschäftsführung T-Mobile Deutschland.

Höttges arbeitete nach seinem Studium der Betriebswirtschaftslehre an der Universität zu Köln drei Jahre in einer Unternehmensberatung, zuletzt als Projektleiter. Ende 1992 wechselte er zum VIAG Konzern in München, wo er seit 1997 als Bereichsleiter, später als Generalbevollmächtigter für Controlling, Unternehmensplanung sowie Merger und Acquisitions verantwortlich war. Als Projektleiter war er maßgeblich an der Fusion von VIAG AG und VEBA AG zur E.ON AG beteiligt, die am 27. September 2000 wirksam wurde.

# 14

# Fazit der Herausgeber

Thomas Becker, Managing Director, Russell Reynolds Associates, Carsten Knop, Verantwortlicher Redakteur, FAZ

Auf einer Pressekonferenz zur Eröffnung der CeBIT im Frühjahr 2015 konnte man erleben, wie sich die Welt verändert. Das Gleiche gilt für das „Wirtschaftsforum", das traditionell der Eröffnung der Hannover Messe ein paar Wochen später vorgeschaltet ist. Der niedersächsische Ministerpräsident, Stephan Weil, bezeichnete Industrie 4.0 dort als große Chance, er beschreib aber auch die in diesem Buch genannten Herausforderungen: Besonders in den Bereichen Fachkräfteförderung und der digitalen Infrastruktur sieht er großen Handlungsbedarf. Die Verbindung zwischen Industrie und Wissenschaft müsse gefördert werden – und die Politik und die Unternehmen im Digitalisierungsprozess besser unterstützen. Auch die Zitate aus der Konferenz rund um den eindrucksvollen Gründerwettbewerb „Code_n" auf der CeBIT kommen nicht von den Autoren dieses Buchs. Aber sie bestätigten das in diesem Werk Beschriebene, gleichsam durch neutrale Beobachter, in eindrucksvoller Weise.

„Der Begriff ‚Industrie 4.0' wurde nicht nur hier erfunden, die Maschinenbau-Nation Deutschland ist auch noch immer führend auf diesem Gebiet. Allerdings ist das schöne Schlagwort dabei, sich abzunützen. Wir müssen es begreifbar machen und mit Leben füllen, bevor es seinen Zauber verliert. Industrie 4.0 macht Deutschland noch wettbewerbsfähiger – das ist kein frommer Wunsch, sondern eine realistische Perspektive", sagte zum Beispiel Peter Leibinger, der stellvertretende Vorsitzende der Geschäftsführung des Maschinenbauers Trumpf GmbH + Co. KG. Denn die Gesamtproduktivität steige, wenn Maschinen und Anlagen untereinander und mit Zuliefer- und Kundensystemen intelligent verknüpft würden. Die Geschichte zeige es: „Immer dann, wenn es Produktivitätsgewinne gab, gab es auch zusätzliche

T. Becker (✉) · C. Knop
Frankfurt am Main, Deutschland

Arbeitsplätze." Allerdings werden, dass muss an dieser Stelle angefügt werden, dafür künftig völlig andere Qualifikationen der Mitarbeiter gebraucht – und der Übergang wird sich alles andere als reibungslos vollziehen. Nicht umsonst verweisen sehr viele Beitragsautoren in diesem Buch darauf, wie wichtig es sei, die Mitarbeiter auf dem Weg in die Industrie 4.0-Welt mitzunehmen.

Zudem wird es in der Industrie 4.0 möglich, individuelle Einzelartikel zum Preis von Massenprodukten herzustellen. Diese Einzelprodukte seien die Anforderung der Zukunft, betont Leibinger: Das wiederum sei in Vorteil für den Standort Deutschland – „denn Losgröße eins aus China lohnt sich nicht". Industrie 4.0 werde viel verändern, auch wenn im Moment noch niemand genau sagen könne, wohin diese Entwicklung genau führen werde. „Wir Maschinenbauer lernen zum Beispiel gerade, nicht nur in der dinglichen Welt zu denken, sondern in Geschäftsmodellen. Das können wir uns von den Softwareentwicklern abschauen – die wir immer zahlreicher bei Trumpf beschäftigen."

Leibinger hat mit seinem Ausführung völlig recht: Losgrößen sinken, während die Variantenvielfalt steigt. Eine Antwort auf diese Herausforderung heißt „Smart Factory": Durch intelligente Vernetzung und Datenanalyse wird die Fertigung effizienter, flexibler und produktiver. So lassen sich individuelle Einzelprodukte so wirtschaftlich herstellen wie Massenprodukte. Quasi als Abfallprodukt dieser Befähigung zur Mass Customization kommt eine deutliche Verbesserung vieler Abläufe in der Produktion. Diese Smart Factory ist ein Kernelement von Industrie 4.0 und besteht aus sich selbst konfigurierenden Produktionsressourcen und den dazugehörigen Planungs- und Steuerungssystemen. Zentraler Bestand eines solchen Netzwerks ist – natürlich – der Mensch, der die Fertigung dezentral steuert und überwacht. IT-basierte Assistenzsysteme unterstützen ihn dabei, die Fertigungsabläufe optimal zu organisieren. Über mobile Endgeräte kann er Betriebs- und Produktzustände in Echtzeit überwachen und jederzeit in die Produktion eingreifen. „Für die Geschäftsmodelle, die in diesem Zusammenhang entstehen, können etablierte Unternehmen wie Trumpf enorm von der Innovations- und Inspirationskraft der Start-ups profitieren", ist auch Leibinger überzeugt.

Das hat auch für die Beschäftigten erhebliche – positive – Auswirkungen: Wenn die Mitarbeiter problemlos mehrere Maschinen gleichzeitig bedienen können, wenn sie auf einfache Art und Weise Transparenz über verschiedene Vorgänge bekommen, können sie ganzheitlichere Aufgaben wahrnehmen. Sie sind nicht mehr nur „Knöpfchendrücker" an einer einzigen Station, sondern Prozessmanager, die ganze Produktionsprozesse eigenständig lenken und begleiten. Das bedeutet natürlich auch, mehr Verantwortung zu übernehmen.

„Im Zeitalter der Industrie 4.0 werden individualisierte Smart Services, die aus den Betriebsdaten der Produkte generiert werden, oft wichtiger als das Produkt selbst. Sie lösen damit die heute dominierenden Produkte und Dienstleistungen von der Stange ab. Wer Smart Services anbietet, der bestimmt die Beziehung zu den Kunden und erschließt sich neue Umsätze mit gänzlich neuen Geschäftsmodellen", ergänzt Frank Riemensperger, der Vorsitzender der Geschäftsführung von Accenture Deutschland, auf derselben Veranstaltung. Der Schlüssel für die Smart-Service-Welt seien Daten, die von den intelligenten Produkten der Industrie 4.0 bereitgestellt und auf neuen digitalen Plattformen gesammelt und verarbeitet werden: „Wir haben derzeit als deutsche Industrie eine einmalige Chance, unsere Leitbranchen in die digitale Zukunft zu führen." Tatsächlich geht es künftig um „As a Service"-Angebote, in denen Produkte und Services branchenübergreifend neu gebündelt und maßgeschneidert bereitgestellt werden.

Dienstleistungen, die physische und digitale Komponenten miteinander kombinieren, werden demnach über Markterfolg und Wachstum vieler deutscher Hersteller entscheiden. Die intelligent verarbeiteten Betriebsdaten der Produkte sind der Treibstoff für solche Angebote. „Wir haben hervorragend ausgebildete Fachkräfte und eine sehr gute Forschungsinfrastruktur", ist Riemensperger überzeugt. Deutschland kann die Smart-Service-Welt, in der komplexe, intelligente Produkte mit datenbasierten Diensten zu Gesamtpaketen verknüpft werden, anführen. Jetzt geht es also darum, schnell in die Smart Services einzusteigen und diese auch zu kommerzialisieren. Unternehmen müssen Daten um ihre Produkte herum sammeln, veredeln und monetarisieren.

Smart Services basieren auf der Auswertung von digitalen Daten aus intelligenten Produkten und verlängern damit die Wertschöpfungskette des Herstellers. Bisher endet diese bekanntlich, wenn etwa eine Landmaschine oder eine Flugzeugturbine die Fabrik verlässt. Zukünftig werden die Hersteller aber Zugriff auf die digitalen Nutzungsdaten aus den vernetzten Produkten haben. Das ermöglicht Geschäftsmodelle, die den gesamten Lebenszyklus abdecken. Die Hersteller können basierend auf der Analyse dieser Daten zum Beispiel neue Wartungsmodelle entwickeln, den Betrieb der Maschinen und Geräte beim Kunden optimieren oder auch branchenübergreifend neue Angebote entwickeln. Die Besonderheit ist, dass diese Services maßgeschneidert sind und auf der ganzen Welt angeboten werden können. Dafür werden Kunden bereit sein zu zahlen. „Wer den Kampf um die Datenhoheit gewinnt, wird das Geschäft machen", bilanziert Riemensperger – und teilt damit ebenfalls die Meinung vieler Autoren dieses Buchs.

„Letzten Endes ist es der Kunde, der die digitale Transformation eines Unternehmens antreibt. Die Digitalisierung, die im privaten, im Consumer-Bereich begonnen hat, verändert das Kundenverhalten. Der Kunde entscheidet wann, wie und wo er mit einer Marke, einem Unternehmen interagiert.

Die Unternehmensstrategie zur digitalen Transformation darf sich nicht nur auf die Transformation bestehender Prozesse und Geschäftsfelder fokussieren, sondern muss sich auch immer an der Frage orientieren ‚Was will mein Kunde in der Zukunft? Wie müssen Produktentwicklung, Vertrieb, Service und Marketing aussehen, um den Kunden zu erreichen und zufriedenzustellen?‘", führt Frank Engelhardt, der Vice President Enterprise Strategy für Zentraleuropa, des amerikanischen Softwarehauses Salesforce, einen weiteren Gedanken in die Diskussion ein: Denn Kundenzentriertheit wird einer der Schlüsselfaktoren zum Erfolg sein. Die deutsche Traditionsfirma Vaillant zum Beispiel nutzt die Vorteile der Digitalisierung, um smartere Services anzubieten, und hat den Kundenservice digitalisiert: Endkunden werden eingeladen, sich in einem Self-Service-Portal zu registrieren, sodass ihre Daten für Wartung und Service genutzt werden können. Sollte die Heizung einmal ausfallen, kann der Kunde dann beispielsweise Termine rund um die Uhr direkt mit dem Techniker disponieren. Der Kunde erhält einen schnelleren und besseren Service; das Call Center wird entlastet und kann schneller reagieren.

Die Digitalisierung ermöglicht Unternehmen auf diesem Weg, auch neue Geschäftsfelder zu erschließen. Engelhardt nennt als weiteres Beispiel die Deutsche Post/DHL, die früh erkannt hat, dass in der Verbesserung des Managements der Lieferketten große Potenziale liegen. Viele Kunden stehen vor großen Herausforderungen, wenn ihre Lieferkette unterbrochen wird. Denn ein ganzheitlicher Überblick fehlt oftmals und ein schnelles Reagieren ist häufig nicht möglich. DHL hat reagiert und auf der Salesforce-Plattform die „DHL Resiliance 360 App" entwickelt, die den DHL-Kunden hilft, ihre Lieferketten zu managen: In Echtzeit werden Störungsinformationen und Standorte innerhalb der Lieferkette sowie statistische Risikodaten mit Abbildungen zu geografischen Daten und Transaktions- und Transportinformationen bereitgestellt. DHL Resilience360 bildet im ersten Schritt die vollständige Lieferkette ab. Damit haben DHL-Kunden in Echtzeit eine Übersicht der für ihr eigenes Netzwerk relevanten Vorfälle, die zu Unterbrechungen führen könnten. Zusätzlich unterstützt die App dabei, Risiken zu visualisieren und zu bewerten. Auf diese Weise können Firmen besser einschätzen, an welchen Stellen Notfallpläne erstellt werden müssen.

Interessant ist zum Abschluss auch noch ein Blick auf Severin Schwan, den Vorstandsvorsitzenden des Schweizer Pharmaunternehmens Roche. Er führt nach eigenem Bekunden einen Konzern, der „auf Gedeih und Verderb" auf Innovationen angewiesen ist. Klingt das bedrohlich? Nicht für Schwan, der obendrein den Luxus hat, dass seine Aktionäre die Strategie, die zum Innovationszwang passt, über Generationen hinweg mittragen. Viele neue Entdeckungen werde die Menschheit erst noch machen, ist Schwan überzeugt. Das gelte auch mit Blick auf die Welt der Daten, die durch diverse neue Geräte

(„Wearables" wie zum Beispiel die Apple Watch) oder auch im Rahmen klinischer Studien gesammelt würden, und für eine mögliche Zusammenarbeit mit amerikanischen Informationstechnologie-Konzernen wie Google oder Apple, die erhebliche Anstrengungen auf dem Gebiet der Verbindung der Welt der Daten und derjenigen der Gesundheit unternehmen. Durch eine bessere Analyse solcher Daten werde man die Behandlungen im Laufe der Zeit deutlich verbessern können. Hier könne sein Unternehmen noch viel lernen.

Genau darum geht es: Der Aufbruch in die neue Welt der „Industrie 4.0" erfordert von allen Entscheidern, noch einmal neu zu lernen, die Grundlagen der Technik ebenso wie die ihrer alten und neuen Geschäftsmodelle.

Insofern ist dieses Buch ein Lehrbuch geworden, das dazu einladen soll, ein ganz neues Kapitel aufzuschlagen. Manager müssen zu Revolutionären in ihrer eigenen Welt werden.

Sie müssen dabei auch träumen dürfen, so wie es Revolutionäre tun, in diesem Fall von einer besseren Welt für ihr Unternehmen: „Denn Träume treiben die Welt an, nicht die Technik", wie es Jack Ma, der Gründer des chinesischen Internetkonzerns Alibaba, zur Eröffnung der CeBIT 2015 gesagt hat.

Einige von ihnen haben sich schon auf den Weg gemacht – und in diesem Buch vom Beginn ihrer Reise berichtet, wofür die Herausgeber von Herzen danken.

**Thomas Becker** wurde am 18. Juli 1959 in Mainz geboren. Nach seinem Abitur studierte er in Darmstadt und Mainz Betriebswirtschaftslehre mit dem Schwerpunkt Wirtschaftsinformatik.

Nach dem Studium war Thomas Becker ab 1984 in unterschiedlichen Führungspositionen im Vertriebs- und Marketingbereich bei IBM Deutschland tätig. In seiner letzten Aufgabe verantwortete er als Direktor der IBM Deutschland die nationale und internationale Betreuung namhafter Unternehmen der Finanzbranche.

1996 wechselte er zu Russell Reynolds Associates, einem international tätigen Unternehmen im Bereich Executive Search. 1999 wurde er zum Partner des Unternehmens ernannt. Thomas Becker berät Unternehmen in der Besetzung von Führungs-, Vorstands- und Aufsichtsratspositionen. Seine inhaltlichen Schwerpunkte liegen in den Bereichen Technologie, Digitalisierung (alle Industrien) sowie in kaufmännischen und Finanzpositionen. Darüber hinaus ist er seit mehreren Jahren für die Partnerschaften mit zwei globalen Technologiemarktführern verantwortlich.

Thomas Becker war als Country Manager für das deutsche Geschäft von Russell Reynolds Associates verantwortlich und ist heute neben seiner Beratertätigkeit Vorstandsmitglied der deutschen Landesorganisation der Association of Executive Search Consultants (AESC) und ebenso Mitglied in deren European Council.

**Carsten Knop** wurde am 10. Februar 1969 in Dortmund geboren. Schon vor dem Abitur am dortigen Humboldt-Gymnasium führte das Praktikum in einer Lokalredaktion der „Westfälischen Rundschau" zur langjährigen freien Mitarbeit bei dieser Zeitung. Während des Studiums der Betriebswirtschaftslehre mit dem Schwerpunkt Organisation und Personalwirtschaftslehre an der Universität Münster hat er die meisten Semesterferien mit Vertretungen für Redakteure verbracht. Dem Studium folgte 1993 das Volontariat bei der „Frankfurter Allgemeinen Zeitung" (F.A.Z). An die journalistische Ausbildung schloss sich 1995 die erste Redakteursstelle bei der ebenfalls in Frankfurt am Main erscheinenden „Börsen-Zeitung" an. Dort stand sehr schnell die Versetzung als Korrespondent nach Düsseldorf fest. Der Ortswechsel machte 1996 die Rückkehr in das Düsseldorfer Büro der F.A.Z. möglich, das schon die Außenstation des Volontariats gewesen war.

Nach drei Jahren Berichterstattung über die Unternehmen an Rhein und Ruhr ist er im Mai 1999 als Wirtschaftskorrespondent nach New York gezogen. Im April 2001 folgt der Umzug nach San Francisco, um die Wirtschaft an der Westküste der Vereinigten Staaten und besonders das Geschehen im „Silicon Valley" zu beobachten. Im Frühjahr 2003 Rückkehr in die Frankfurter Zentrale. Dort ist er bis Ende 2006 zuständig für die Branchen Pharma/Biotechnologie, die Informationstechnologie und die Seite „Menschen und Wirtschaft", danach für die Seite „Die Lounge". Seit Anfang 2007 arbeitet Carsten Knop als verantwortlicher Redakteur für die Unternehmensberichterstattung, seit Herbst 2014 auch für die Wirtschaftsberichterstattung.

Im Jahr 2011 erschien sein erstes Buch „Big Apple – Das Vermächtnis des Steve Jobs". Im Jahr 2013 folgte „Amazon kennt dich schon", im Jahr 2015 „Gescheiterte Titanen – Welche neuen Manager unsere Welt braucht".